图说中国近代史

鬼脸历史课

石不易 著

中华书局

图书在版编目（CIP）数据

鬼脸历史课.图说中国近代史/石不易著. —北京：中华书局，
2025.6. —ISBN 978-7-101-17168-6

Ⅰ.K209；K250.9

中国国家版本馆 CIP 数据核字第 2025AS1367 号

书　　名	鬼脸历史课·图说中国近代史
著　　者	石不易
策划编辑	李　猛
责任编辑	杜艳茹
装帧设计	严永亮　杨占江
责任印制	管　斌
出版发行	中华书局
	（北京市丰台区太平桥西里 38 号　100073）
	http://www.zhbc.com.cn
	E-mail：zhbc@zhbc.com.cn
印　　刷	河北新华第一印刷有限责任公司
版　　次	2025 年 6 月第 1 版
	2025 年 6 月第 1 次印刷
规　　格	开本/920×1250 毫米　1/32
	印张 17　插页 2　字数 420 千字
印　　数	1-5000 册
国际书号	ISBN 978-7-101-17168-6
定　　价	78.00 元

自 序

上大学之前，我做过一段时间的文艺青年，写过不少今天看起来都很矫情的文章。可能我当时已经预感到自己不会在文学上有什么建树，所以在填志愿的时候，直接没有考虑中文，而是选择了历史。

以我祖上八代都是贫农的家世看，或者以功利的就业形势看，我的选择都是极其错误的。尤其是上大学后，我一问周围的同学，就更加印证了，因为大家都是被调剂来的，只有我是第一志愿报的。

说实话，我很长一段时间都在怀疑自己是否走错了路。如果真走错了，那么我越努力，岂不是在错误的道路上越走越远？

直到我一个非常尊重的师长，在某次课间闲谈中说出的一番话，才算彻底解开我的心结。

他的原话我已经忘记了，大概的意思主要有以下三点吧。

一是要遵从内心。因为在一个世俗的社会里，喜欢历史的人可能有很多，但是能够接受专业和系统历史教育的人并不太多。如果你本身就很喜欢历史，又恰巧学了这个专业，那就说明你心里有一座灯塔，不要犹豫，朝着灯塔的方向前行，即使到不了大陆，也会爬上一座小岛。

二是无用之用方为大用。有人说，学历史能够明智晓理，通古博今，对个人、社会、民族以及国家都很重要；但也有人说，学历史没有什么现实作用，不能当饭吃，也不能当钱花，只能给人画大饼。而事实上，历史学习的最终目的，不是知晓典籍中的一个个小故事，而是学习和感悟里面的"道"。只有掌握了"道"，无用之用的历史，才会有大用。就好比同样一套《二十四史》，可以读出尔虞我诈、相互倾轧，也可以读出修身齐家与治国平天下。

三是小牌尽量不要单出。以历史专业来说，单出的话，确实是一个烂牌，但如果能与其他专业或技能相结合，便可能组成王炸。当然，在学好历史专业这个前提下，首先要做的是不能死读书、读死书，要尽量去读一些公认的好书。

于是，在这些话的引导下，我仗着之前做文艺青年时锻炼的一些文笔，开启了历史写作道路。

而在历史写作的过程中，我阅读了大量的古籍与史学专著。这其中，尤以中华书局出版的最多。用我当时专业课老师的话说，如果你不知道一本历史专业书籍是否可读，有个很简单的筛查方法，那就是看出版社。然后他列举了几家出版社，其中重点提到了中华书局。那种感觉，除了有认可，还有信任，就像信任一位多年的老朋友那样。

可惜的是，我后来更多的是从事通俗历史的创作，在历史学术研究这块，可以说一无所成，从来没有奢想过能在中华书局出版自己的作品。

但其实，中华书局作为一家在行业内享有极高声誉的出版社，也一直在变与不变中成长。他不变的是，始终以现代人的精神家园为阵地，在传承和发展中华优秀传统文化；而变化的是，他不断身体力行向普罗大众，甚至是青少年去普及中华优秀传统文化。

这大概是我的这本《鬼脸历史课·图说中国近代史》能在中华书局出版的重要原因。

至于本书的内容，我是不愿意在这里多说的。首先，中国近代那段历史过于沉重，算是刻在每个中国人心口上的一道伤，也是我心理上很难迈过的一道坎；其次，我还是更愿意让读者通过阅读书的内容，来使大家明白这样一个道理——

落后真的会挨打，如果还没有挨打，那是因为别人还不想打。

另外，需要说明的是，这本书最早写于2010年初，于2012年6月第一次出版后，多次加印和再版，至今已历经十余年时间了。在这十余年时间里，我的思想和认知发生了很大变化，现在回头看看当初写的内容，有不少遗憾。好在这次出版，中华书局编辑在审稿过程中，针对这些遗憾进行了严谨细致的核查，并做出了妥善修改，在此表示万分感谢。

当然，即便如此，囿于个人知识的局限性，书中难免还会有一些问题与不足，希望你们在阅读的过程中，给本书多提一些意见和建议，将来如有机会再版，定将逐一斟酌修订。

作为一个序言，本来写到这是可以结束的，最后我想了想，觉得还是多加两句吧。就是对于一本书而言，其实和人一样，是有寿命的，只不过一本书寿命的长短，取决于读者的认可度。希望这本书能得到你们的认可，也希望这本书的寿命能一直延续下去。

石不易

2024年9月25日

目 录

第 7 章 师夷长技以制夷
强大才是硬道理

第 8 章 边疆危机
是可忍说明我还能忍

第 9 章 中法战争
战胜是投降的资本

第 10 章 甲午中日战争
睡狮变成了病猫

第 11 章 瓜分中国的狂潮
其实这是一场戏

第 12 章 戊戌变法
流血的康庄大道

第 13 章 义和团运动和八国联军侵华战争

悲情闹剧

第 14 章 民主革命的兴起

野孩子的倔强劲儿

第 18 章 军阀的纷争
玩的就是心跳

第 19 章 新文化运动
大师们的"呐喊"

参考书目 /531

第 1 章

鸦片战争

烟枪与洋枪的对抗赛

林则徐将要面对的
是一场烟枪对抗洋枪的战争。
烟枪和洋枪虽然都冒火,
但一个危害的是自己,
一个危害的是敌人。

1. 鸦片与"炸弹"

道光十六年(1836)四月的一天，天气晴，道光帝的心情却阴云密布，因为太常寺有个叫许乃济的少卿给他上了一道奏折，在朝野中引爆了一枚憋了很久的"炸弹"。

这枚"炸弹"的导火线是鸦片。

许乃济奏折的中心思想是主张弛禁鸦片，理由是吸食的人太多，禁绝不了，不如变害为利，准许公开买卖，还能像盐铁那样为国家的税赋创收。当然，我大清朝也不是开烟馆的，不能全民总动员，大家都去吸，只需要杜绝官员、兵丁沾染，这样就能控制局势，可保帝国永固。另外，为抵制"洋货"，应积极提倡内地广种罂粟(鸦片即由罂粟的汁液提炼而成)，以缓和白银外流之窘境。

这当然是个馊主意。

因此，这个主张一出，立马遭到不少大臣的抗议。有私心的人暗想，凭啥只让老百姓吸，我们当官的也是人，每天工作也很辛苦，得靠鸦片提神才能为君分忧；有公心的人则认为，鸦片乃害人之物，我堂堂天朝不去禁绝反而去征税，太不成体统，这是自己往自己脸上抹粪啊——想不遗臭万年都不行，所以应用重刑严禁。

道光十八年(1838)闰四月，鸿胪寺卿黄爵滋上奏说："耗银之多，由于贩烟之盛；贩烟之盛，由于食烟之众。"根绝这个问题的最好办法就是用"重治吸食"来处理那些烟民，因为只要没有吸鸦片的，就没有卖鸦片的，自然也不会有走私鸦片的。所以，应限令吸食者一年内戒绝鸦片，凡是戒不了的，百姓处死，官吏治罪，以后他们的子孙参加各种升学考试也将被禁止。

此建议一出，又引起一番讨论，那些靠鸦片自肥的官员更是旗帜鲜明地表示反对。道光帝看下面的两拨人吵成一个蛤蟆坑，知道若再不想出有效对策进行调节，万一发展成肢体冲突，这朝堂就有可能瞬间成为某些人的灵堂，于是就摆摆手让大家安静下来，说大家别吵了，你们再怎么吵也炒不出一盘菜，不如这样吧，还是先谕令各省将军、督抚，看看他们的意见，毕竟他们常年工作奋斗在"一线"，比我们更了解情况。

道光帝全身像。

禁烟派表示同意，反对派也表示没意见，所以这枚"炸弹"虽然响了，但没造成具体的人员伤亡。

谕令发出后，不久各地的意见就都反馈回来，共有29份，经过统计，小部分人主张武力严禁，大部分人则表示吸食鸦片的人太多，靠重典让人憋着不吸工作量太大，也不现实，不如严防海口，杜绝鸦片走私，从源头上根除这个问题。

于是，道光帝总结各方面的意见和建议，做会议总结：既要重治吸食者，打击走私贩运人员，又要严禁内地种植罂粟。

最后，这次长达两年有余的大会讨论在一片"温馨祥和"的气氛中落下帷幕。

2. 西方的郁闷

上面这件事情只是晚清有关鸦片问题的一例，道光帝更是在位期间一直都在和鸦片周旋。因此，尽管清朝后期吏治腐败，各种社会矛盾比较突出，但皇帝们的勤勉操劳，和力图改变社会现状的干劲儿还是有目共睹的。

拿鸦片来说，其实早在嘉庆元年(1796)皇帝就曾下令停征鸦片税，严禁鸦片进口、贩卖、生产和吸食。但有法不依、有令不行是清朝不少官吏的工作作风，口号喊得震天响，却很少见人去认真执行，鸦片每年继续呈上升趋势流入中国。

等到了道光十五年(1835)，流入中国的鸦片已在全国培养了200万忠实烟民：上至文武大臣，下至百姓兵弁，甚至有些和尚道士也是上班时香火弥漫，下班时烟雾缭绕。

中国有这么多的烟民，国内又禁止种植，哪儿来这么多的鸦片？答案是"进口"——确切地说是走私进来的。

向中国走私鸦片的主要是英、美、葡萄牙等国的商人。这些国家本身不产鸦片，其来源主要是各自的殖民地。如英国自从占领鸦片产地孟加拉后，就开始强制推广种植罂粟，产量惊人——英国本国人民用其当饭吃估计都富富有余。

而此时的中国，很多国人饭可以不吃，鸦片却不可以不吸。

1834年4月22日，英国废除了一项长达53年的法令，即正式取消东印度公司(创立于1600年，全称"伦敦商人在东印度贸易的公司"，是英国政府特许成立的一个殖民贸易公司，于1781年取得对华贸易垄断权。)对华贸易的垄断权。也就是说，以后任何一个英国商人都可以自由与中国做生意。商人们欣喜若狂，因为他们将要面对的是

清末外销画中的鸦片烟民。当时，能让烟民躺下来抽鸦片的房间一般都摆着许多木床，床上有枕头可以倚靠，方便烟民吸食鸦片。

一个庞大的市场。

市场大就意味着手里的商品有销路，商品有销路就意味着有白花花的银子……如此下去，真是越想越高兴。

可没高兴多久，他们便发现事情没有想象的那么乐观——中国对大机器生产出来的商品不感兴趣。

理由很简单，中国是自然经济。

你可别小看自然经济，西方侵略者后来虽然用大炮轰开了清朝闭关锁国的大门，却在很长一段时间内没能轰开中国的市场，自然经济可谓功不可没。自然经济的最显著特点就是以家庭为生产单位，男耕女织，自给自足，没事绝不逛街购物，对市场依赖非常小。即使真和市场扯上关系，那也是因为家里有一篮子鸡蛋吃不完、有几尺土布穿不完而拿到集市上去卖。

令欧美商人最气愤的是，自己的商品在中国卖不掉不说，偏偏中国的那些土特产，如茶叶、生丝和土布在欧美市场又受欢迎得不得了。欧美本来想从中国大赚一笔，没料到自己的腰包却越来越瘪。有人统计，自18世纪初到19世纪20年代，经欧洲商人之手流入中国

东印度公司位于英国总部的大楼(佚名/绘)。

的白银至少有5亿两。

　　也就是说，在鸦片战争之前，西方国家和中国做了百余年的赔本生意，并且无力也无法缓解这种状况。

　　直到鸦片贸易出现。

3. 鸦片是怎么来到中国的

　　鸦片不是中国的玩意儿，它在唐朝时是作为药材由阿拉伯少量输入中国的，而吸食鸦片的方法到了晚明时期才传入中国。

　　中国人向来喜欢吸收外来文化，但有时候也会不小心吸收一些糟粕，比如鸦片。

　　欧美商人和中国做正经的生意赚不到钱，就把主要的精力放在了走私鸦片上面。和今天国际大毒枭走私毒品偷偷摸摸不一样，当

晚清中国人吸食鸦片的场景。

时走私鸦片可谓在光天化日之下光明正大地进行。

而能做到"光明正大"这样理直气壮,清朝的官吏可以说"功不可没"。根据当时英国鸦片贩子和中国沿海缉私船的约定,负责这事的官员"每箱鸦片收五元到十元"的贿赂,一个月下来能有好几万——即使刨去孝敬上级的钱,也很令在其他衙门靠死工资生活的同僚羡慕不已。

于是,一个自下而上的利益团体就形成了。因此,鸦片至少在那些与此有利益瓜葛的尤其是好这口的官吏眼中,绝对是个不错的东西。

官员们的确是爽了,但清帝国的当家人道光帝却不爽了——鸦片如果不禁绝,这和挖我家祖坟有什么区别?

4. "外科大夫"林则徐

道光帝最后选择了林则徐作为切除鸦片毒瘤的"外科大夫"。

与此同时，"民族英雄"这顶历史长河中最耀眼的帽子也同样选择了林则徐。

有人说林则徐能够成为民族英雄有很大的偶然性，因为按照当时朝廷治理鸦片的决心，谁去都能成为民族英雄。这话听起来有点道理，但历史既然选择了林则徐，就是为了证明成为民族英雄这件事是没有任何偶然性的。

因为但凡获得"民族英雄"这项伟大荣誉的人，都是靠自己伟大的人格魅力和努力奋斗得来的。而作为颁发这项荣誉的评委——历史——可以说把苛刻、固执、公平发挥到了极致。

林则徐崛起于草根阶层，他的父亲是一个教书先生。由于家里人丁兴旺（林父共育有11个子女），他父亲的那点工资连糊口都不够，还得靠母亲做女红帮补家计。

为了摆脱窘境，林则徐打小就勤奋读书，14岁中了秀才，20岁中了举人（我们熟知的范进同学达到这个级别时是54岁）。然而，中举后林家的生活并没有得到什么改善，林则徐只好一边备

林则徐画像。

考，一边工作。

嘉庆十一年(1806)，林则徐应聘到厦门当海防同知书记。同年，因受到新任福建巡抚张师诚的赏识而被招入幕府。

嘉庆十六年(1811)，27岁的林则徐考中进士，开始步入仕途。至道光十八年(1838)十一月被授命为钦差大臣之前，他已官至湖广总督，成为极有权势的地方大员。

虽然林则徐已经被任命为钦差大臣前往广东禁烟，听上去和看上去都很拉风，但事实上谁都知道这是一个不好干的工作，平常人躲还躲不及呢。

可就是这个平常人避之不及的工作还是林则徐费了很大力气争取到的。在晚清官场，林则徐绝对是那种埋头苦干且没有任何私念的人。做湖广总督的时候，他力挺好友黄爵滋的主张，并提出六条具体禁烟方案，在两湖地区实施，成绩斐然。随后他又上奏表示，"当鸦片未盛行之时，吸食者不过害及其身，故杖徒已足蔽辜；迨流毒于天下，则为害甚巨，法当从严。若犹泄泄视之，是使数十年后，中原几无可以御敌之兵，且无可以充饷之银"，把鸦片问题上升到关乎国家民族存亡的大问题层面。

道光帝看完奏折后眼见再不禁烟就要危及祖宗基业，马虎不得，连忙让林则徐进京，并且前后8次召见，商讨对策。林则徐于是借机进一步陈述禁烟的重要性和禁烟方略，得到道光帝的认同。

道光十八年(1838)九月，道光帝谕令各省认真查禁鸦片。尽管上面有禁烟的谕令，但是很多地方还是没太当回事。而林则徐不但认认真真地去干了，且干得轰轰烈烈、有声有色。他收缴烟具、烟土和烟膏，还专门配制了戒烟丸广为发放，很有成效，就连一些资深瘾君子也把烟瘾给戒掉了。

看着那些戒掉烟的人逐渐容光焕发，能吃能睡能干，林则徐感觉很欣慰，也积攒了越来越多的信心。

这一年的十一月，道光帝任命林则徐为钦差大臣，节制广东水师，前往广州禁烟，查办海口。在此之前，道光帝还顺道做了一件事，就是让本书开头那个上奏折的许乃济同志回家养老，以示自己

1824年，广东伶仃洋上来往的外国鸦片船。

的禁烟决心。

次年二月，林则徐抵达广州后，立即与两广总督、亲密战友邓廷桢（邓廷桢，江苏江宁人，嘉庆六年进士，官至云贵、闽浙、两江总督，是林则徐的亲密战友，并配合他查禁鸦片，击退英舰挑衅。他是第一个公开反对割让香港岛的大臣，但鸦片战争后，朝廷却对他从重处理，同林则徐一起被发配伊犁效力，好在几年后又被起用。）联手整顿海防，惩治走私烟贩，查处受贿官吏。

虽然禁烟运动有了些许成效，但是欧美鸦片商贩并没有受到多少打击，因为商贩们储存鸦片的趸船依旧停留在伶仃洋上。这些趸船装备先进，个个都配有大口径的舷炮，加上内有武器库，外有护卫的炮艇，简直就是一座座浮动的堡垒。

外国商船如果运来鸦片，就先卸到趸船贮存，由兵船加以保护，接着才能轮到蚁聚在趸船周围的中国烟贩和水手把鸦片装上一艘艘叫作"快蟹"的快船运到广州，将鸦片交给各个大小批发商店（称作"大窑口"），然后再由"大窑口"转卖给遍及城乡市镇的鸦片包卖户。

林则徐虽然打击了终端销售网络,却不能根除鸦片的来源。伶仃洋上的趸船多时能达到30余艘,按照每艘趸船储存1000箱鸦片来计算,有3万多箱。所以,林则徐认为,只要趸船还停留在那里,就不能算圆满完成禁烟运动,也就不能算圆满完成皇帝交付的任务。

　　于是,夜不能寐就成了这一时期林则徐夜生活的关键词。

5. 结束是另一个开始

经过若干个不眠之夜，林则徐不但没有变迷糊，反而愈加清醒地认识到，自己这次是遇到了真正的对手。遇到对手不可怕，可怕的是他到现在还不知道对手到底有多少只手。

林则徐在昏黄的烛光下看了看自己那双已经干枯和沧桑的手，心里突然有种莫名的不安。突然，一股细风被烛光吸引，潜入屋内，围绕着火焰激情舞蹈，把烛光摇曳得癫狂起来。而林则徐那双手的影子，也开始在墙壁上舞蹈起来，幻化成无数双手。

看到这里，他激动起来：我只有一双手不假，但在我这双手后面，还有无数双手——无数双老百姓的手。他们的手强劲有力，能扭得断敌人的脖子，更能扭得断洋人的手腕。

我，不是一个人在战斗！林则徐无比坚定地想。

但这还不能算高枕无忧，中国用兵作战讲究的是知己知彼，了解敌人才能明确对方的弱点，才能使有限的力量发挥无限的威力。

林则徐为此做了以下准备。

首先，他在1839年3月18日这天发布了两道命令，声明"若鸦片一日未绝，本大臣一日不回，誓与此事相始终，断无中止之理"，表明自己的决心，好让对方不要心存侥幸；同时也告诫他们：不要欺负我年纪大了，想把我给熬死，我这人有个习惯，死前不留心愿，不等你们把我熬死我就已把你们给弄死！

其次，他让那些平日里手脚不干净的行商给外商传话，限他们三天内将趸船上的鸦片造具清册，老实待在那里别动，好等着官兵去收缴；另外，他还让外商用英、汉两种文字出具甘结(旧时交给官府的一种字据)，发誓以后"来船永不敢夹带鸦片，如有带来，一经查出，货尽没官，人即正法，情甘服罪"。

最后，他抓紧时间整饬海防，惩治手脚不干净的官员，抓捕烟贩，好让外商的鸦片砸在手里，进退两难。

如此看来，林则徐准备得还算充分。可惜他还有两点认识有些不足：一是对方是商人，你让他们乖乖交出鸦片，等于伸手去掏他们口袋里的钱，这和要他们的命没什么区别，命都不要的人，还能怕你的威胁？二是对方确实不是吓大的，在他们的国家，商人已经不是什么二等公民了，尤其是英法两国的商人，最喜欢干的事就是四处挑事，等事闹大了就坐等各自的老大（政府）出面摆平，然后坐收渔利。

当然，这是后话了。

但不管怎么说，从当时的形势来看，事情进展还在林则徐的掌控中。而林则徐要做的就是耐心等待对方露出破绽。

可那些外商烟贩哪有耐性去等，对他们来说时间就是金钱，干耗一天损失的钱都能让他们心疼半辈子。权衡利弊，有些了解清朝官员做事风格的外商认为林则徐有可能也是在走个形式，于是就象征性地交出千余箱鸦片准备蒙混过关。

这种侮辱人智商的举动让林则徐和他的助手邓廷桢彻底愤怒了，邓廷桢随即下令封锁广州海岸，围困广州商馆，并逮捕了英国大鸦片贩子兰士禄·颠地。

这时，英国驻华商务监督查理·义律坐不住了，3月24日，他为了庇护自己国家的大鸦片贩子颠地逃跑，特地从澳门赶到广州十三行（清代设立于广州的经营对外贸易的专业商行，但并非固定为十三家。十三行在清政府与外商交涉中起到中间人作用，担负有收缴洋人税饷、管理外洋商船人员等任务。另外，十三行还享有对外贸易特权，所有进出口商货都须经其才能进行买卖。）。没承想事没办好反而把自己搭进去了——商馆不但被人包围，而且断水断粮断通信。

而另一边，为了尽快使对方屈服，林则徐还下令中止中英贸易，禁止停泊的洋船装卸货物，断绝广州与澳门间的交通等。

48小时后，义律屈服，表示同意缴出全部鸦片，并以英国政府赔偿损失的保证劝告美国烟贩同时缴烟。至5月21日，中方共收缴鸦片

十三行是清朝设立在广州的经营对外贸易的专业商行，但没有固定为十三家。十三行是对外贸易的中间人，负责收缴洋人税饷、管理外洋商船人员等。另外，十三行还享有对外贸易特权，所有进出口商货都必须经过十三行才能进行买卖。

2万余箱，计230多万斤。6月3日至6月25日，林则徐率领地方官吏在虎门海滩将缴获的全部鸦片当众销毁。

禁烟运动到此告一段落，民众很高兴，但林则徐却知道，这不是结束，而是另一个开始。前方的路还很长，他想继续走下去，即使走不到尽头也无所谓，能走多远就走多远吧。

因为这是他决心要做的和必须要做的。

6. 争论背后的真相

虎门销烟开始于1839年6月初，但直到当年的8月，林则徐收缴和销毁鸦片的消息才传到英国。虽然事情已经过去了两个多月，可这个消息在英国资产阶级内部所引起的震动一点也没有减弱。

需要说明的是，在当时的世界（包括英国），鸦片贸易是合法正常的，只不过吸食鸦片在英国没有市场。而直到1868年英国才制定《毒品药店法案》，对英国本土的鸦片贸易给予一般性限制，真正禁止鸦片则是在1914年。

所以，英国资产阶级和鸦片贸易集团在听到禁烟的消息后反应非常强烈。有人叫嚷："中国方面的无理举动，给了我们一个战争的机会。……这种机会也许不会再来，是不能轻易放过的……大不列颠现在极应以武力向中国要求'恢复名誉'了。"于是，他们形成了这样一个理直气壮的看法：我们做的是正常的自由贸易，赚的是辛苦钱，你中国没来由就把我们的鸦片没收销毁，我们得给你点颜色看看，好让你知道这个世界是多么多姿多彩。

但是，英国政府对鸦片贸易这件事一直比较避讳。一方面，鸦片税收在英国的财政收入中占有非常高的比重；另一方面，英国政府并不想把自己变成一个事实上的贩毒集团。因此，反对鸦片贸易的呼声在英国从来没有断绝过。

有意思的是，林则徐的老对手，英国驻华商务监督查理·义律本身就是一个铁杆的鸦片贸易反对者。他认为鸦片贸易比较缺德，是大英帝国的耻辱。他在给伦敦的报告中甚至写道：鸦片贸易"给打着天主教旗号的国民丢脸"。

除了查理·义律，英国政府对鸦片贸易的态度最初也比较明确。

1839年6月3日，林则徐下令在虎门海滩当众销毁鸦片，至6月25日结束，历时23天。图为虎门销烟的场景。

英国外交大臣巴麦尊在发给义律的有关指示中曾明确强调："女王陛下政府绝不怀疑中国政府有权禁止将鸦片输入中国，并且有权查获和没收那些外国人或中国臣民不顾适当制定的禁令而输入中国领土内的任何鸦片。"当义律被免职后，巴麦尊在发给新任全权大臣的长篇训令中再次重申："女王陛下政府对于这件事情（指禁止鸦片）不提出任何要求，因为他们没有权利这样做。中国政府完全有权禁止鸦片，如果它愿意的话，从事一项违禁品贸易的英国臣民必须承担这样做的后果。"

也就是说，中国的虎门销烟不但顺应本国民意，连英国政府都表示相当理解。这就可以解释为什么有人在叫嚣着应该用武力教训一下中国时，得到的并不是想象中的排山倒海般的响应。

所以，要想让议员们贸然同意为不道德的鸦片交易进行一场战争，绝对不是一件容易的事。就连素有"第一雄辩家"之称的议员威廉·尤尔特·格莱斯顿也说："我不知道而且也没有读到过，在起因上还有比这场战争更加不义的战争，还有比这场战争更加想使我国蒙受永久耻辱的战争。站在对面这位尊敬的先生竟然谈起在广州上空迎风招展的英国国旗来！那面国旗的升起是为了保护臭名远扬的走私贸易。假如这面国旗从来没在中国沿海升起过，而现在升起来了，那么，我们应当以厌恶的心情把它从那里撤回来。"这种讲演极富煽动性，让不少首鼠两端的人都开始站在反对鸦片贸易的一方。

但是，鸦片贸易虽然不道德，却将英国对中国的巨额贸易赤字变成巨额盈余，其数额足以支付英国从中国进口茶叶、生产向印度出口的工业制成品的费用和英国殖民者统治印度的大部分行政费用。所有的这些，都是大家能够看得见、摸得着的。因此，纵然鸦片贸易不光彩、不道德，也是支撑大英帝国利益的支柱，一定不能让它倒塌。

正是在这一理念的驱动下，那位曾经对鸦片贸易感到耻辱和罪恶的义律，也率先要求英国政府为保护这一贸易而对华用兵。

1840年4月，议会通过辩论投票，最后以271票对262票的微弱多数通过了对华用兵军费案和要求中国赔偿的决议。

善恶往往就在有些人的一念之间。

战争爆发后，英国国内反对声音四起，比如"鸦片战争"的名字就是当时一位报道战争的英国记者为了讽刺英国政府而起的。

7. 当烟枪遇到洋枪

商人是为了逐利而来到中国的，现在钱没赚到，货还没有了，要是这事解决不好，那以后大英帝国的商人也别在地球上混了。林则徐知道，暴风雨即将到来，他需要未雨绸缪，所以在英国还在决定是否对华动武的时候，他已经做最坏的打算，进行战争准备了。

林则徐出身于书香之家，从小读的是四书五经，骑马耍枪和他不沾边。他读过《孙子兵法》，指挥衙役打几个装大爷的无赖还行，对付人高马大的洋人就不好说了。他剿过几股山林土匪，但那再怎么说也是在陆地上，洋人来去可都是坐着铁甲舰的，真要是打败了，损失可就大了去了。

朝廷肯定靠不住，皇帝派他来是为了解决问题，不是为了制造问题。大部分官吏也不行，他们工作的内容是生产麻烦，不是为君分忧。士兵就更不用提了，他们摸一千次烟枪也不会碰一次大刀。

林则徐将要面对的是一场烟枪对抗洋枪的战争。烟枪和洋枪虽然都冒火，但一个危害的是自己，一个危害的是敌人。林则徐很无奈，可他并不是那种一遇到难事就怨天尤人的人，真有那个时间，还不如上床眯会儿。

好在靠得住的人虽然不多，也不是一个都没有。道光二十年（1840）正月，林则徐刚刚接任两广总督，就立即与广东水师提督关天培密切合作，在虎门海口安设拦江木排和铁链，增设炮位，并购置和仿制西洋大炮300门，操练水师。

在这个过程中，林则徐看到人民大众在对待抵御外敌这件事上表现得非常积极，深感"民心可用"，于是他招募渔民、疍户（散居在东南沿海地带的渔民，以船为家，从事捕鱼、采珠等劳动，社会地位

"疍户"又称疍族、疍民，是我国水上居民的旧称，主要分布在两广和福建东南沿海一带。疍民一般在江海沿岸聚居，由于他们长期生存于水上环境之中，又很少和陆上居民往来，因而形成了独特的生活方式和文化习俗。

很低，不许陆居，不列户籍。明洪武初始编户，名曰"疍户"。清雍正初削除旧籍，被编入平民户籍。）丁壮5000人编为水勇，教之夜袭火攻之法，配合水师作战。

当然，这些准备还不够，中国人打仗讲究的是知己知彼，自己刀耍得再好，贸然冲上去，别人一枪就能撂倒。了解敌人就好比给自己穿了防弹背心，有备无患。

于是，林则徐找来一帮懂外语的人，组织翻译西方的书报，初步了解西方国家的历史、地理、政治、经济情况，然后根据所译资料，亲自润色编成《四洲志》等书，成为近代中国最早一批介绍外国的文献。

一切准备停当，林则徐站在虎门海口眺望海天之际，心想：对手，我已经准备好了，你呢？

8. 就怕贼惦记

中国有句古话叫"不怕贼偷，就怕贼惦记"。英国的野心家为了这一天已经等了很久，早在道光十二年（1832）正月，东印度公司就曾派遣"阿美士德号"假装为商船偷偷从澳门出发，测绘中国的沿海地形，搜集沿海驻军人数、武装、炮台设施等情报。

虎门销烟后，英国头号鸦片贩子查顿溜回伦敦，随身带的就是一份在中国历年刺探得到的地图、表册等情报资料。后来，在鸦片战争中，英国侵略军的行动纲领，从作战部署到《南京条约》的签订，很

欧洲人绘制的《广州城鸟瞰图》。

多都是按照查顿等鸦片贩子的建议进行的。

英国商人这么做，是因为他们知道大英帝国迟早要拿清政府开刀。即使帝国不愿动刀，他们也会把刀绑在它的手上帮助它动。否则的话，先前做了那么多的准备岂不是白做了？反正大家都是一条船上的海盗，要么吃鱼，要么喂鱼。

其实在英国决定对华动武之前，中英两国已经进行了一次较量。

1839年7月，也就是在虎门销烟过后没几天，由于鸦片被销毁，几名英国水手眼见赚钱无望，心情郁闷，就上岸在九龙尖沙咀喝酒消愁，没想到喝完酒后酒上头，没有付钱就要走。店老板一看，我这是小本买卖，你们不能吃白食啊，就向他们要钱。

这帮英国水手正愁喝完酒后没有娱乐项目，二话不说就给店主一顿饱打。在场有位叫林维喜的村民看不过去，就上前劝架，英国水手便打一送一，也给他一顿饱打。结果，林维喜因为消受不了英国水手大型号的拳脚，第二天就不幸身亡。

1839年穿鼻洋海战中，英方军舰攻击中方战船的场景。

闹出了人命，这事就变得严重起来。林则徐得到消息后，立马与英国驻华商务监督义律交涉，要求他交出凶手。义律敷衍塞责，企图花钱与死者家属私了。林则徐不乐意了，心想我的地盘我做主，哪能轮到你撒野？于是就下令停止向英国人供应柴米衣物。矛盾因此激化起来。11月，英舰在穿鼻洋水面向中国水师开炮，水师提督关天培率官兵击退对方。

1840年1月，道光帝命令林则徐断绝中英一切贸易（虎门销烟后，中英间的正常贸易并未受到太大影响），并罗列英国的罪状宣告各国。

到了这个份儿上，英国就是想不打都不成了，除非它甘愿放弃中国这块大蛋糕。

1840年2月，英国政府任命乔治·懿律为侵华英军总司令和全权代表，他的堂弟查理·义律为副全权代表。4月，英国议会通过对华军费案。6月，乔治·懿律率领由16艘兵船、4艘武装汽船、28艘运输船、540门大炮和4000余名士兵（后增至1.5万名）组成的"东方远征军"，驶抵广东海面，封锁了广州海口。

鸦片战争正式爆发。

9. 英国叫板的底气

为了让大家更深入地了解这场战争，在开战之前，我们还是先对比一下中英两国的实力。因为英国在国际舞台上有极强的表现欲，喜欢出风头，所以我们还是先从英国开始介绍。

英国当时是资本主义世界的老大，像后来比较牛气的美国、德国那时在他面前只能算是小弟弟。英国的强大得益于始于18世纪60年代的工业革命，据统计，鸦片战争开打前，英国的工业产值差不多占到世界总产值的一半。

由于工业太发达了，自己生产的东西根本用不完，而同时世界上还有很多地方的人又都处在缺衣少食的状态，英国就想着把这些商品运往全球各地供人使用。当然，这不是免费的。

为了让更多地方的人能够用上大机器生产的商品，英国用枪炮

1733年，约翰·凯伊发明了飞梭，织工一个人可以完成织机上的所有工作，不需要找助手帮忙，大大提高了织布效率。18世纪60年代，詹姆斯·哈格里夫斯发明了珍妮纺纱机，使纺纱效率增加了几倍，揭开了工业革命的序幕。图为凯伊发明飞梭的场景。

道光皇帝在午门阅兵（英国／托马斯·阿罗姆）。

披荆斩棘，开拓市场，使大英帝国的国旗每时每刻都沐浴在阳光下。然而，尽管有这样的成绩，英国也没有骄傲自满，他们认为自己做得还远远不够，因为你看，中国还有四万万人没有穿上我们的布料做成的衣服呢。

我们的使命才刚刚开始。

但是，中国百姓已经穿惯了土布做的衣服，对洋布一点都不感冒。英国商人很着急，政府则显得很平静。大英政府的确没有时间也没有精力去说服每一个中国人使用洋货，可是大英政府自信能够说服清政府，而这个自信来自他手里的"大棒"。

英国的"大棒"是当时世界上威力最强的"大棒"。"大棒"上不仅布满了倒刺（由火枪、大炮、舰船构成），而且还滚上了花椒、大料、糖稀，不知道的人还以为那是巨型棒棒糖。一不小心被它挂上，不死也得躺在床上"爽"半月。

再看看那时的中国——清政府还没有从天朝上国的美梦中醒过来。像英国这样的"外夷番邦"，在他们眼里和东南沿海的倭寇没什么区别。虽然当时中国的国民生产总值在世界上仍居榜首，但那只不过是靠人海战术累积出来的。至于蒸汽机、铁路、轮船，清朝举国上下更是闻所未闻。

于是，当英国商人忙着满世界赚钱的时候，清朝的士绅正忙着绞尽脑汁盘算着怎样才能实现"三年清知府，十万雪花银"；当英国士兵挎着长枪忙着满世界开疆拓土的时候，清朝的官兵正忙着端着烟枪吞云吐雾、逍遥自在；当英国的炮弹在广州海口爆炸伤人的时候，清政府却还以为是谁在自家门口放烟花……

这场原本惨烈异常的战争就在这种种对比中变得毫无悬念，索然无味。

在这里，无须列举中英武器具体的差异，因为当时哪怕双方使用一样的武器，清政府也无法挽回战败的命运。

真正决定战争胜负的因素，从来都不是武器，而是使用武器的人。

10. 琦善的能耐

1840年6月，早已做好战斗准备的林则徐严阵以待，打算采用"以守为战，以逸待劳"的策略：你英国不是要报仇吗，那么尽管朝我开火，我保证你们个个有来无去。

侵华英军开始确实是冲着广州来的，但攻打了一段时间发现这里的海防像林则徐的骨头又老又硬，肉没啃到还很硌牙，几次进攻都无收获，于是英军只好放弃广州，按另一个计划北犯，于7月初抵达福建，进攻厦门。谁知负责厦门海防的是已调任闽浙总督的邓廷桢，此人深得林则徐真传，英军也没占到便宜。

没办法，那就继续北上吧。接着，英军来到浙江，攻陷了防御薄弱的定海，终于打了一次胜仗，尽管成就感小了点。

但要想真正挣回大英帝国更大的颜面，唯一的办法就是继续北上。

8月初，英军抵达了天津海口。为了表示"诚意"，英军并未立即开火，而是先向直隶总督琦善递交了英国首相给清政府的照会，提出割地、赔款、通商等要求。

此时清政府内部早已炸开了锅，以穆彰阿、琦善为首的投降派更是积极地散布消极言论。

琦善说："这次战争归根结底是由林则徐引起的，如果没有他的禁烟运动，就不会惹来外夷兵燹。"

道光帝听后直犯嘀咕，若追根溯源，还是我让林则徐去禁烟的，这战争岂不是我引起的？不过随后他又安慰自己，这关我啥事，我让你林则徐禁烟，又没让你惹事，现在捅了这么大一个娄子，只能说明你的差事没有办好，深负朕望。

1840年6月底，英军到达舟山。7月4日，英军军舰围港。总兵张朝发受邀登上英军军舰，与伯麦等人会谈，英军重申最后通牒。张朝发收下了战书，但拒绝投降。图为西方人绘制的张朝发与英军会面的场景。

不过事情既然已经发生，秋后算账还有点早，那么现在首先要做的就是如何进行弥补。于是道光帝给直隶总督琦善做出重要指示："我们是天朝上国，不要和那些不懂规矩的洋人一般见识。他们要是来旅游呢，我们就好生招待；他们要是来砸场子呢，我们就……看看他有什么困难需要帮助，毕竟大老远来一趟不容易。"

这话正合琦善心意，他身为直隶总督，多少知道一些外国的情况，真要是死磕，自己肯定落不到好果子吃。以军事重地山海关为例，全军上下连一尊能用的大炮都没有，而京师门户天津，满打满算守军也不过800来人。靠这点实力和英国的坚船利炮对抗，当炮灰估计都不够用。

琦善与英军谈判的地点是在天津海口。他在谈判中表示："其实这都是一个误会，要怪只能怪林则徐不会办事，挡住了诸位爷的财路。不过你们放心，我回去一定让我们的老板好好教训一下他，然后另派一个懂事的大臣配合你们今后的工作。"

英军一看迎接他们的不是不长眼的炮弹，而是阳光灿烂的笑脸，怒气就消去大半，认为清政府已经屈服认错，自己的目的也就达到了。再加上现在时值深秋，天气变冷，要是再留着不走，军舰有可能被冻成海上的靶子——而且是死靶子。

于是，懿律表示对琦善的答复很满意，遂在9月中旬率军南下。

道光帝一看琦善如此轻易地就把这群瘟神请走了，惊叹他真是个人才，既然你能耐这么大，那就别干直隶总督了，封你为钦差去广东继续负责中英交涉吧。反正你和英国人也算见过面，已经混了个脸熟，应该更好办事。

至于林则徐，则被革职留粤以备查问，后和邓廷桢在1841年7月一同被发配到伊犁。

11月6日，两江总督伊里布与懿律签订《浙江停战协定》。道光帝随即又颁布开放烟禁的上谕，向英军表明诚意。

11月29日，琦善到达广州，撤销一切防御设施，裁减水师，遣散

1841年1月7日，英军突然向清军发动袭击，出动海陆军攻占虎门的沙角、大角炮台。图为当时中英海战的场景。

水勇，听任英军小艇驶进内河探测水道。所有的这些只有一个目的，就是让对方满意。

不过，琦善的讨好并没有收到好的回报。

英方全权代表义律(懿律因病回国，由其接任)要求琦善必须满足他的两个条件：一是赔偿烟价600万元(银元)，二是割让岛屿或增开口岸。

琦善回复说赔烟价可以，不过你得先交还定海，而开通口岸这事，则只能答应你在广州之外再增开一处。

义律和琦善过了几次招，已经摸透了清政府的脾性，知道暴力是对方唯一能够听得懂的语言，所以在谈判过程中就逐渐失去了耐性。

1841年1月7日，英军突然向清军发动袭击，攻占大角、沙角炮台，副将陈连升、陈举鹏父子以及守台600多名官兵全部牺牲。

琦善一看英军动武，立马慌了手脚，不过他首先想到的不是抄家伙带人进行反击，而是连忙让人去穿鼻洋找义律求和。义律于是趁势提出包括割让香港岛、赔偿烟价600万元、恢复广州通商在内的要求。

琦善此时虽吓得只剩下"同意"这个动作，但又怕皇帝事后算账，最终只是同意把香港岛"泊舟寄居"给英国。

而义律根本不理会这些，直接派兵强行占领了香港岛。

鸦片战争第一阶段结束。

11. 道光帝的面子问题

道光帝原本想只要罢免了林则徐的职务，让"得力能干"的琦善同英方多说点好话，赔点钱把定海给要回来，这事就算结了。谁知英国不但没有交还定海，反而武力占领了大角、沙角炮台。

道光帝觉得这事弄得自己太没面子：我大清国还从来没有这么跌份儿过。

于是，他决定给英国上一堂军事课，顺便秀一下自己"健硕"的肱二头肌。

1841年2月，道光帝任命自己的侄子、御前大臣奕山为靖逆将军，户部尚书隆文和湖南提督杨芳为参赞大臣，一同率领1.7万人的兵力前往广州讨伐英军。

由于汉奸的通风报信，所以义律很快就获知清政府调兵遣将的消息。于是，他便趁着广州防务已被琦善破坏而奕山等人尚未到达之际提前做了准备，决定先发制人，在2月下旬进攻虎门炮台。

广东水师提督关天培此时已年逾六旬，面对强敌，亲临炮台指挥，负伤十余处仍亲自开炮还击敌军。

而仍在广东主事的琦善则把这次战斗当成一次"盛大的焰火晚会"，没事似的看热闹，直接导致关天培及其部下400余人弹尽援绝，壮烈殉国。不过好在琦善没蹦跶几天就被道光帝以私割香港岛为由，锁拿进京，抄没家产。

3月，参赞大臣杨芳率军先期到达广州，与义律达成休战协定，恢复了贸易。4月，奕山及各省援军先后到达广州。

奕山一到广州，就立马给热情的广东百姓和官兵分别扣上一顶大帽子——汉奸和贼党。奕山认为"患不在外而在内"，应该"防民甚

中英双方交战的场景。

三元里人民抗击英军的场景。

于防寇"，因此他的军队主要是由外省的"客军"和福建的水勇组成。

林则徐这时还留在广州，看奕山用兵好比打网游，全没当回事，就建议他应恢复海防设施，做好防范。

奕山一口否决了林则徐的建议，却同意了愚昧顽固的杨芳"以邪制邪"的"妙计"，即把马桶载于木筏之上，试图以"克邪"制胜敌军。

结果"妙计"失效，英军长驱直入，直逼广州城下。

5月21日，奕山为了邀功请赏，又贸然发动了一次对英军的夜袭，谁知天亮一看，才发现夜间所袭全是民船。

英军于是以此为口实，大举进攻，奕山所居住的贡院也被炮弹击中，清政府在广州的高级官员乱成一团。奕山旋即在城上悬起白旗，并派广州知府余保纯出城乞和。5月27日，奕山在未经清廷同意的情况下，与义律签订《广州和约》，答应清军在6天内撤离广州60英里，并在一周内缴纳600万元赎城费、30万元英国商馆损失费。

鸦片战争第二阶段结束。

12. 当打仗成为游山玩水

1841年4月，英国政府收到义律的关于割占香港岛以及要求清政府赔款的报告后，时任外务大臣的巴麦尊勋爵表示强烈不满。他认为这些条件过于宽松，大英帝国派兵跑那么远、费那么大劲儿才获得这么一点利益，连路费都没挣回来。而香港岛更被他批评为"鸟不生蛋之地，一间房屋也建不成"。因此，他斥责并撤换义律，改派在印度干了40年左右殖民勾当的璞鼎查为驻华商务监督及英方全权代表。

璞鼎查于8月到达澳门后，随即投入紧张的工作，当月就率领英军袭击了厦门。海坛镇总兵江继芸力战而亡，厦门丢失。9月，英军继续北犯，定海三总兵葛云飞、王锡朋、郑国鸿和五千守军奋战六昼夜后全部壮烈牺牲。

其中葛云飞的牺牲经历最具传奇色彩，据文献记载，这哥们儿生前作风良好，生活简朴，爱兵如子，在定海血战中，由于打仗太忙，顾不上吃饭，"日仅啖饼八枚"。最后他看阵地要保不住了，就令人把200斤火药装在两只木桶里，用燃香接好引线，然后在上面朱笔亲书"行营军饷"四个大字（不知英军是否能看得懂汉字）。后来英军冲上阵地，发现已无一人，只有两桶"行营军饷"，便上前搬动，结果都成了炮灰。

定海再次失陷后，英军接着又进攻镇海。主持浙江军务的钦差大臣、两江总督裕谦（蒙古族）表示坚决抵抗，并亲自登城指挥战斗。结果总兵谢朝恩战死，镇海失守，裕谦亦投水殉国。而宁波城内的浙江提督余步云，则在英军攻击时，不战而逃。后来等到鸦片战争结束，清政府算总账，奖罚官员将士，余步云被处斩。

这件事告诉我们，如果逃避和坚持的代价是一样的，千万不要去走那条冤枉路——累人不说，还费鞋。

定海、镇海、宁波丢失后，道光帝渴求和平的梦想破灭，清政府终于又坐不住了。

为了挽回颓势，道光帝只好于10月18日任命协办大学士、自己的另一个皇侄奕经为扬威将军，在侍郎文蔚和副都统特依顺的陪同下，一起前往浙江办理军务。

奕经和前面所讲的奕山不愧是同宗同祖，领兵打仗的才能谁最低下不知道，但寻欢作乐的功夫绝对不分伯仲。这哥们儿接到圣谕后火速离京（估计是憋闷坏了），一路游山玩水，直到12月初才走到苏州。

虽然还没有到达目的地，但奕经已找到了自己这次出差的工作重点：宿娼酗酒，索财贪贿，铺张靡费。至于皇帝的差事，直到两个月后他方才想起来——还不错，毕竟没有忘掉——于1842年1月下旬终于到达嘉兴。

到了嘉兴后，奕经睡了几天觉，做了几个梦，与敌人在梦中打了几仗，且看见"洋人纷纷上船，窜出大洋"的场景，就把这个梦说给周

英军向定海发动总攻。

围的官员听。

官员拍马屁不分时候，都说梦不赖，应充分利用好这个彩头。

奕经受到官员的鼓动，便在2月25日移驻绍兴后，一拍大腿就决定了从绍兴分三路进兵，发起全面反攻的策略，准备一举收复定海、镇海、宁波三城。

哪知到了绍兴后，奕经又把军事行动抛在脑后，每天在醉乡流连忘返，直到3月10日才下令各路大军冒雨按计划袭击三城。而此时距计划敲定的时间已过去一个月。

至于战争结果，自然是毫无悬念可言。

清军溃散后，奕经逃到杭州，再不敢战。接着，他整顿一下心情，揪了两下脸皮，发现足够厚，然后给皇帝奏报说，敌人太多，火力太猛，加上浙江"到处汉奸充斥"，英军借以里应外合，才使我军受挫——把失败的责任推得一干二净。

真是人至贱则无敌啊。

好在百姓的眼睛是雪亮的，仅用一副对联就把奕经等人钉在了历史的耻辱柱上。对联的内容是："红鬼、白鬼、黑鬼，尽由内鬼；将军、抚军、制军，都是逃军。"

而这次战败，也消磨掉道光帝的最后一丝脾气，他哀叹清军"既不能冲锋击贼，复不能婴城固守，一见逆夷，辄即纷纷溃散"，"可见将懦兵疲，全无斗志，非逆夷凶焰竟不可当，实我兵弁临阵脱逃，几成习惯"。

在这种情况下，道光帝又具体分析了一下形势，最后决定停止进兵，任命盛京将军耆英为钦差大臣，与曾被革职后又重新起用的伊里布共同前往浙江寻求谈判途径。英军这时正打在兴头上，认为胜利得还不够彻底，见有人来求和，不但拒绝，而且大举侵入长江下游地区。

1842年5月，英军抽出宁波和镇海的兵力，集中起来进犯江浙海防重镇乍浦，攻陷乍浦后又举兵攻打吴淞炮台。两江总督牛鉴闻风逃遁，留下年近七旬的江南提督陈化成率军抵抗，最后英勇战死。

接着，宝山、上海、镇江相继陷落，直到英军8月初侵入南京下关江面，与等候在这里的耆英、伊里布会面，战争才终于停止。

中方被迫接受璞鼎查提出的全部条款。

1842年8月29日，耆英、伊里布与璞鼎查在南京下关江面的英舰"康华丽号"上签订了中国近代史上第一个不平等条约——《南京条约》。

历时两年多的鸦片战争至此结束。

13. 一头中了毒的牛

鸦片战争以清政府的失败而告终，既然失败了，就需要有反思。清政府反思的结果是这样的：我大清帝国虽然牛，但是是一头染上鸦片瘾的牛，也就是说，这是一头中了毒的牛。

然而，清政府可能不知道的是，它这头牛所中的毒可不止鸦片一种，让我来数数吧……唔，还是算了，看得我眼晕，根本数不过来。但如果你实在感兴趣，我也不介意给你挑几种体格大、威力猛的病毒展示一下。

先说吏治腐败。

吏治腐败每朝每代都有，而且绝大多数王朝都比清朝厉害。在以前，只有吏治腐败到一定程度，百姓实在活不下去了，才会造反。鸦片战争前的清朝，百姓日子其实还算凑合，官员吃肉，百姓至少还能喝上汤。但是，鸦片战争把这一切都暴露在阳光下，让再小的病毒都变得异常明显。

和珅可以说是千古第一贪，贪污数量据说相当于清政府10年财政收入之和，确实够猛。然而你别忘了，他能贪这么多恰恰说明国家有这么多钱让他贪，说明康乾盛世确实不是盖的。

后来到了嘉庆、道光年间，国家情况虽然赶不上康乾，但在世界上还绝对算得上是响当当的。中国真要是好欺负，列强也不会等到19世纪中期才开始动手。

不过，清政府的腐败确实是不争的事实。如广东巡抚百龄刚上任的时候连路费都是借的，后来他升任两江总督，竟动用2000多人搬运个人财物。道光年间的诗人张际亮在给鸿胪寺卿黄爵滋的信中，更是对吏治腐败作了生动描述："为大府者，见黄金则喜；为县令

清朝高官家中的晚宴(英国/托马斯·阿罗姆)。

者,严刑非法以搜括邑之钱米,易金贿大府,以博其一喜。至于大饥
人几相食之后,犹借口征粮,借名采买,驱迫妇女逃窜山谷,数日夜
不敢归里门,归而鸡豚牛犬一空矣。"

　　知道了这些,再联想一下孔子那句"不患寡而患不均",你就明
白为什么清政府在遭遇外患时不但没有获得百姓的同情,反而还爆
发了中国历史上最大规模的农民起义——太平天国运动。

　　其次是武器和军队问题。

　　清朝当时的军费是2000万两白银,相当于财政收入的近三成,
开支不可谓不大。但我们还是先来看下他们的装备吧。

　　清军当时的武器多是一些弓箭、矛戟、刀斧等冷兵器。也有一些
像火绳枪、滑膛枪等能冒烟的,不过很多都是用来凑数的,能否打得
响,估计连枪自己都不知道。而海防大炮,要么是蜂眼很多、偷工减
料做成的土炮,要么是300年前明朝的古董炮,真要装上弹药,那绝
对就是一枚威力巨大的炸弹啊。难怪曾刺探中国沿海炮台军情的德
籍传教士郭士立说:"我确信有些大炮对炮手们的威胁要比对他们
所瞄准的敌人的威胁大得多。"至于战船,多数也是由"薄板旧钉"制

成的，多上去俩人，不沉也得散架。

武器不行也就算了，毕竟我们是农耕国家，和英国大工业国相比还差一个级别。英军武器总体比我们先进我们也能理解，但要较起真来，那时的洋枪比起弓箭，除了射程远其实也不占太大的优势。因此，只要我们军队争气，守住陆地，他们也不能把咱们咋样。

清王朝在鸦片战争前拥有22万八旗兵和66万绿营兵；英军方面，战争期间最多也不过1.5万人。这么大的差距，我们就是派个零头去打还得防止有人说我们以多欺少，谁知结果还是惨败。真搞不明白作为清政府爪牙的军队，到底是用来保家卫国的还是用来挠痒的。

事后有人研究其原因，才发现清军原来是用最不擅长的去打英军最擅长的。

清军最擅长的是吃喝玩乐，最不擅长的则是打仗。英军方面呢，前者虽比不过清军，但发展比较均衡，单挑群殴都不含糊。因此，多数清军欺负一下百姓还行，真要遇见硬茬，没开打估计就跑了。

最后是阶级矛盾。

中国封建社会的主要阶级矛盾说专业点是农民和地主的矛盾，说糙点就是没饭吃的和吃饱撑的之间的矛盾。通常来讲，这种矛盾

当时民间绘制的英国军舰。

在封建王朝的后期表现得最为尖锐，清朝也不例外。

和以往一样，清朝的阶级矛盾也是以农民起义的形式表现出来的。在鸦片战争之前，以1796年到1804年的白莲教起义影响最大。这次起义前后有数百万的农民参加（都是没饭吃的），波及鄂、川、豫、陕、甘五省，清政府使出浑身解数，耗费两亿两白银才把这场起义给摁下去。也就是说，在英军发动战争之前，清政府已经受过一次严重的内伤。

至于一些小的农民起义，更是多如牛毛，每时每刻都在"腐蚀"着这架已经千疮百孔的国家机器。农民问题，没有问题就是没有问题，一有问题那都是大问题，这个道理古今皆然。

显然，清政府没有处理好这些问题。

14.《南京条约》及其他:
国人心中的疤

　　上面所讲的是鸦片战争清朝失败的内部原因,此外还有一些小的原因,如皇帝用人不当,清军统帅骄傲自大、判断失误、对敌人缺乏了解等。当然,还有一个同等重要的原因,就是英国实力的强大。

　　毕竟,就算清帝国这头牛再怎么健壮有力,也比不过英帝国这

中英两国代表在英军军舰"康华丽号"上正式签订《南京条约》。

台工业化的蒸汽机。

在这里,附上这次鸦片战争的"战果"——《南京条约》及其相关条约,以示读者。

中英《南京条约》(又称《江宁条约》)的主要内容有:

一、割香港岛给英国;

二、赔款2100万银元;

三、开放广州、厦门、福州、宁波、上海五处为通商口岸;

四、中国海关收取英商进出口货物的关税,由双方商定等。

需要说明的是,条约中虽然说将香港岛割让给了英国,但是清政府出于面子的原因,对内的说法是"暂行赏借"——我们仅可以打

败，份儿绝不能丢。

1843年，英国又与清政府签订中英《五口通商章程》和《五口通商附粘善后条款》（又称《虎门条约》），作为《南京条约》的附件。通过附件，英国又取得了一些重要特权：

一、领事裁判权。（简单点说就是，以后如果英国人在通商口岸犯罪，犯罪嫌疑人哪怕是杀人犯也需要交给英国政府处理，至于怎么处理，清政府无权干涉。这个规定的后果很严重，因为它不但破坏了中国的司法权，还开创了外国人在中国不受中国法律约束的先例。）

二、片面最惠国待遇。（此项条款的意思是，以后如果别的国家在侵略中国的过程中获得一些权利，英国也自动享受这些权利。）

三、在通商口岸租赁土地、房屋和永久居住的特权。（这条意思很明白，不多解释。）

鸦片战争中，美国没有实际参与作战，但曾以"保侨"的借口派遣军舰驶进珠江，为英军鼓劲助威。与此同时，美国又利用"中立"身份，以及清政府对"外夷"区别对待的政策，包揽了广州几乎所有的进出口贸易。当然，鸦片走私这种一本万利的生意更没落下，美国商人"即使不是以公司身份，至少也是以个人身份积极从事这种贸易"，甚至连美国驻广州副领事也参与其中。

此外，美国商人还大力帮助英商运输货物，使"每一种能够浮得起的船只，都硬被投入服务"，不但赚了钱，还帮了英军的大忙。这使得美国在中英《南京条约》签订的时候也捞了不少油水。

1843年，美国为了进一步获取在华利益，又派专使凯莱布·顾盛来到中国。顾盛是马萨诸塞州新堡港一个船主的儿子，从小就对中国非常熟悉，再加上他曾当过律师，又通晓外交，所以成为使华的合适人选。

顾盛是从澳门上岸的，他先是利用清政府的恐惧心理，佐以恫

1843年7月，中英双方达成海关税则，英方在香港公布《五口通商章程》。10月8日，清朝钦差大臣耆英和英国全权公使璞鼎查共同签订《虎门条约》。图为英国官员接待耆英的场景。

16世纪晚期，葡萄牙人在澳门建起圣保禄教堂。葡语中"圣保禄"的发音接近粤语的"三巴"，所以圣保禄教堂也称"大三巴教堂"。1835年，教堂毁于大火，只剩下耗资三万两白银建造的前壁，就是今天的大三巴牌坊。

吓威胁，然后又照会两广总督说"不日进京"，"约一月之间，兵船满载粮食，即驶往天津北河口而去"。两广总督奏报清廷说美国要效仿英国，不给点肉，估计不太好摆平。道光帝一看，想还没睡几天安稳觉怎么又来一个瘟神，但也没办法，只好于1844年7月3日又派耆英与顾盛在澳门的望厦村签订了《望厦条约》。

条约规定，美国享有英国在《南京条约》及其附件中所取得的除割地、赔款以外的所有特权，同时还增加了诸如美国兵船可以任意到中国各通商港口"巡查贸易"，美国人有权在通商口岸"开设医院，建立教堂"等侵略条款。

中美《望厦条约》签订后，作为欧洲老牌强国之一的法国，自然也不放过这次揩油的机会，派专使拉萼尼来中国进行讹诈。1844年10月24日，清政府再一次(大家请注意我用的这个词，很讲究的)派耆英在广州黄埔的一艘法国兵船"阿吉默特号"上与拉萼尼签订了《黄埔条约》。

条约规定，法国除了享有美国在《望厦条约》中取得的一切特权，其传教士还可以在通商口岸自由传教，修建坟地。清朝地方政府则负责保护教堂和坟地。至此，从康熙末年开始实施的天主教禁令被废除。西方国家在向中国输入商品的同时也开始源源不断地输入意识形态。

随后，比利时、瑞典、挪威等欧洲小国也排队来到中国，要求"援例"订约。清政府只要看是高鼻子、蓝眼睛的人，都有求必应。葡萄牙更是趁火打劫，1849年武力强占澳门。

中国，就这么跟跟跄跄地被人推上了世界舞台，不管她是否愿意。

15. 战前千年不变，战后十年一变

　　鸦片战争对近代中国的影响巨大，著名历史学家唐德刚说过，中国"战前千年不变，战后十年一变"。也正是这场战争让沉醉于鸦片的国人开始逐渐清醒——原来世界上不止我大清帝国一个牛国。

　　是的，这世界上的确不止清帝国一个牛国，而且你只要耐住性子看下去，就会发现，清帝国在牛国环视的情境下，其实只能算是装强。遗憾的是，自我感觉非常良好的清政府至死都没有意识到这一点。

　　这里，就介绍一下鸦片战争对当时中国产生的一些影响。

　　首先是政治上的变化。

19世纪60年代，香港维多利亚港商船来来往往，一派繁忙景象。

在战争之前，中国的主权是完整的，领土也没有缺口，自己关起门来搞建设，谁也管不着。清政府的官员呢，在自己的地盘上我行我素，捅破天也没人管。战争之后，作为中国领土一部分的香港岛，则被英国侵占。在五大通商口岸，清政府的官吏要负责给洋人看家守院，气焰自然比以前小了不少，嚣张的时候还得看看周围有没有洋人，别不小心弄脏了人家的衣服。

最郁闷的要数老百姓，以前欺负自己的都是中国人，对方再牛，但要打死人了也难脱干系，现在倒好，洋人在中国无论犯什么法，咱们都拿他没办法，为避免不必要的麻烦，但凡见到和中国人长得不太一样的就得绕道走，活得那叫一个憋屈。

其次是经济上的变化。

关于中国是自然经济的事情前面已有讲述。西方资产阶级认为只有一个广州不足以打开中国的市场，于是发动战争、签订条约，一口气撬开了中国五个沿海城市的大门。

璞鼎查回到英国后，对国内的资本家说，他已经为他们的生意开辟了一个新天地，就是兰开夏（英格兰西北部的一个郡）所有的工厂都开工，生产的布料也不够给中国一个省的人每人做两件大裤衩。

于是，欧美商人把大量的商品运到中国来销售，甚至还包括他们惯用的餐具——刀叉。英国输华商品总值很快由1837年的不到100万英镑飙升到1845年的239万英镑。虽然中国自给自足的自然经济进行了顽强抵抗，但随着时间的推移，有些地方很快就开始"缴械投降"了，尤其是五口通商地区。如厦门开市通商后，内地商贩把物美价廉的洋布洋棉运入各府销售，大受欢迎，"民间之买洋布洋棉者，十室而九"。

除了向中国输入工业产品，鸦片走私仍是侵略者进行对华经济掠夺的重要手段。禁烟之前，外国每年向中国输入鸦片5万箱，到了19世纪50年代，每年平均近7万箱。鸦片税在英国政府的财政收入中所占的比例，更是由原来的十分之一上升到六分之一。

于是我们应该可以得出这样的结论：一是林则徐虎门销烟的实

鸦片战争后，广州的工人正在装载运往欧洲的茶叶。

际作用有限；二是从鸦片走私的数量来看，中国烟民人数逐渐呈上升趋势；三是中国白银外流的口子越来越大了。从这几点来看，鸦片战争后，清政府的毒不但没有排干净，而且越积越多。

不过，西方资本主义国家在向中国扩大输出的同时也从中国扩大进口，但多是一些土特产，如茶叶、丝绸等。

由于这些东西的需求量很大，所以很多农民都放弃种粮转而种桑植茶。湖南、福建、浙江等一些地方还设立茶厂专门加工制作适合外国人口味的茶叶。然而，转行种经济作物的农民并没有随着贸易的扩大从中获益，中国的茶、丝买卖，几乎完全被外商操纵。由此，中国的农业生产开始走上了依附外国资本的道路，并逐渐沦为外国资本的原料供应地。

最后是社会阶级结构、主要矛盾和革命性质的变化。

社会阶级结构的变化主要是战后在通商口岸出现了一批买办商人。买办商人主要做两件事，推销外国商品和为外国商人购买土货。他们与外国侵略者有很深的利害关系，是中国近代买办资产阶级的前身。另外，在外国资本家投资兴办的一些企业里，出现了中国最早的一批近代产业工人。

矛盾方面，由以前的一对变成了现在的两对：一是封建主义和人民大众的矛盾，二是列强和中华民族的矛盾。

从革命性质的变化来说，国人的反抗斗争可以有选择了，既可以反封建(如太平天国前期运动)，也可以反帝(如义和团运动)，或者两个一起反(如五四运动)。

16. 战争造就的超级牛人

鸦片战争后，中国社会经济的变化必然会引起思想文化领域内的反应。

在封建士大夫集团内部，不少有识之士从"天朝上国"的迷梦中惊醒，开始继承和发展明清之际讲求的"经世致用"传统。他们初步认识到，经济技术是最实在的东西，而空洞无物的理学和烦琐考证的训诂学都不太靠谱。西方的军事技术比我们强，我们可以去学，学好了才能保证中国不再被外敌欺负。

这里给大家介绍几个比较冒尖的人物。

先出场的是林则徐。这个人我们比较熟悉，前面的章节中已经有了很高的出镜率，但这里主要讲述的是他的个人能力。

一般来说，世上的人可以分为这么几种：无见识无能力；无见识有能力；有见识无能力；有见识有能力。第一种人最可悲，中间两种人需要正确的引导，最后一种指的就是林则徐这样的人。

林则徐聪明能干，一生中取得的成绩多得让人眼花。但我认为他最值得称道的应该是见微知著的功夫。他初到广州禁烟时，知道肯定少不了与外国人打交道，于是立即着手设译馆编译西方书刊。经他亲手润色编撰的书刊就有《四洲志》和《澳门月报》(分《论中国》《论茶叶》《论禁烟》《论用兵》《论各国夷情》五辑)等。当时，中国虽然也有大炮，但发射炮弹时则是跟着感觉走，没有科学的瞄准之法。林则徐不仅组织人翻译和收集相关内容，还研究外国战船图式，力图打造一个实力强大的国防。

在编译洋报的过程中，林则徐还觉察到沙俄觊觎中国西北边疆的野心。后来他被发配新疆，曾亲自深入边塞进行调查研究。直到逝

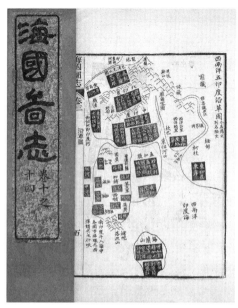

魏源和他的《海国图志》。

世前几个月，他还劝人提防俄国。可惜的是管事的人没听见，即使听见了估计也不会放在心上。

除了借助西方书刊进行了解，林则徐还派遣不少由洋商、通事（翻译人员）、引水（引导船舶进出港口或在内海、江河的一定区域内航行的专职人员）组成的"间谍"去澳门外国商人聚集地打探消息。当听说有两个孟加拉人因遭遇风暴漂到福建后，他立马派人询问他们有关鸦片的情况。

上述当然只是林则徐的超人见识中的一部分，但已足够使他获得"近代中国'开眼看世界'第一人"这个荣誉称号。

魏源（1794—1857）是林则徐的朋友，进士出身，湖南邵阳人，一辈子当过最大的官是高邮知州（从五品），与写过"我劝天公重抖擞，不拘一格降人才"的龚自珍齐名。

他很早就认识到鸦片贸易的危害，是禁烟运动的铁杆拥护者。

他主张变法革新，认为"天下无数百年不弊之法，无穷极不变之法"，只有"变古愈尽"，老百姓才能真正得到实惠。

他受林则徐的嘱托，在《四洲志》的基础上，增补而成《海国图志》一书，并提出了"师夷长技以制夷"的口号，产生了极大的影响。

他批判顽固保守派把西方的机器称为"奇技淫巧"，认为"有用之物，即奇技而非淫巧"。他提出一整套具体的富国强兵方案，认为不光要学西方的养兵、练兵之法，还得建立属于自己的近代工业。只有这样，才能"尽得西洋之长技为中国之长技"，逐步改变中国的落后面貌，从而达到"制夷"的目的。

他有很强的民族自豪感，认为中国人都倍儿聪明，相信只要中国人掌握了西方的新式生产技术，就可以逐步"不必仰赖于外夷"，从而富强起来，并能赶超西方资本主义国家。

他还评说了西方的民主政治制度，认为西方政治制度的优点在于废除世袭制和终身制，打破了封建家天下的局面，真是有胆识、有见识。

他的书传入日本后，对日本的学术和政治也产生了很大的影响。

总之，魏源是个自带魅力的实力派爱国主义者。

最后介绍两个名气不大却非常重要的人，一个是姚莹，一个是徐继畬。

姚莹（1785—1853），安徽桐城人。他的从祖很厉害，是桐城派古文主要创始人姚鼐。姚莹和林则徐、魏源也是铁哥们儿。鸦片战争期间，他任台湾道员，严禁鸦片入内，和台湾总兵达洪阿积极组织抗英战斗，打死英军32人，俘虏133人，之后又多次击退英军。

战争结束后，姚莹是怀着领赏的心情被以"冒功欺罔"的罪名革职入狱的。不平等条约的签字机器耆英致书京师权贵，厚颜无耻地声称："不杀台湾镇道，我辈无立足之地。"唉，这上哪儿说理去，自己没本事，还不让别人有两把刷子。最后，在舆论的压力下，清政府也只能被迫将姚莹贬谪到川藏。

道光二十五年（1845），姚莹在西南各地进行实地考察的基础上，开始编著《康輶纪行》一书。该书除了对西藏的地理、历史、政治、宗教、风俗习惯等做了考察，还揭露了英、俄侵略中国的野心，并建议政府加强沿海和边疆防务。

他致力于研究世界各国的情况，"欲吾中国童叟皆习见习闻，知彼虚实，然后徐筹制夷之策。是诚喋血饮恨而为此书，冀雪中国之耻，重边海之防，免胥沦于鬼蜮"，主张学习西方的自然科学，并介绍了英国的议会制。

姚莹是属于那种呐喊型的，别人是否听得到，是否重视，不得而知。但他的做法还是值得肯定的，至少要比那些欲言又止装糊涂的人强些。

徐继畬（1795—1873），山西五台人，道光进士，历任广东按察使、福建布政使、闽浙总督、总理衙门大臣以及首任总管同文馆事务大臣，是近代著名的地理学家，曾被美国《纽约时报》称为"东方伽利略"。

他曾因工作上的事与林则徐有过龃龉，但为人还算朴实。他在东南沿海做官多年，有机会接触一些外国人，就广泛收集西方书籍，加上自己的见解，于1848年撰成《瀛环志略》10卷。《瀛环志略》的内容和魏源的《海国图志》差不多，都是介绍世界各国历史、地理的书，其中对亚、欧、北美的介绍尤为详细。

徐继畬还对欧美的民主政治制度做了比较系统的介绍。他是美国总统华盛顿的粉丝，对其丰功伟绩及其建立近代西方民主政治制度的创举，给予了极高的评价，其认识高度至今难有人超越。在这里愿与大家分享：

> 华盛顿，异人也。起事勇于胜广，割据雄于曹刘。既已提三尺剑，开疆万里，乃不僭位号，不传子孙，而创为推举之法，几于天下为公，骎骎乎三代之遗意。其治国崇让善俗，不尚武功，亦迥与诸国异。余尝见其画像，气貌雄毅绝伦。呜呼，可不谓人杰矣哉！……米利坚合众国以为国，幅员万里，不设王侯之号，不循世及之规，公器付之公论，创古今未有之局，一何奇也！泰西古今人物，能不以华盛顿为称首哉！

1783年9月3日，英国正式承认美国独立。图为11月25日华盛顿率军进入纽约。

另外，在这一节的最后，我还要说几句话，那就是感谢林则徐、魏源、姚莹、徐继畬及像他们一样的人。正是因为有了他们，我们今天再回望那段历史的时候，才有可咀嚼的东西。事实上，他们是一批试图为帝国解毒的人，也是最早的一批。

清帝国正是有了这批人，才使得自己有了调整的机会，不至于立马毒发身亡。

第 2 章

太平天国运动的兴起

矛盾碰碰撞

太平军从起事到现在
能够做到势如破竹，
不是因为这帮吃不饱饭的农民
多么能打，
而是因为那帮吃饱撑的清军
多么不能打。

1. 鸦片战争引发的蝴蝶效应

鸦片战争后，外国商品潮水般涌入国门，中国白银潮水般涌出国门。这一进一出，造成了两个可怕后果：一是部分传统的手工业受到破坏，一些人因此失业；二是国内白银减少，使得银贵钱贱。

假如以战争前例银1两兑制钱1000文为参照系数，那么战争后，有可能是1两银子兑换1500文钱。因为农民交租必须使用白银，而出售粮食得到的都是制钱，在物价不变的情况下，农民的负担就会平白无故地增加五成。那么，以前能吃馒头的现在就得喝稀粥，以前喝

捻军与湘军、淮军作战的场景。

稀粥的现在就只能喝凉水。喝凉水的结果只能是死，反正都是死，于是就有很多人在死之前选择起义。

在鸦片战争后的10年间，全国各地农民起义不下100次。各股势力的斗争你不让我，我不让你，此起彼伏，好不热闹。以太平天国运动爆发前，广西的天地会起事为例，有数十处，每处"少者数百人，多者三四千人不等"。有位地主文人惊叹："粤西近日情势，如人满身疮毒，脓血所至，随即溃烂……终必有溃败不可收拾之一日。"

然而，起义的地方虽多，却无统一的组织，大家互不统属，"饥则蜂起，饱则远扬"。清政府或各个击破，或分化瓦解，像捉虱子似的逐一清理，倒也没有伤筋动骨。

直到洪秀全创立了拜上帝会，才改变了这一状况。

2. 秀才都考不上的洪秀全

　　洪秀全(1814—1864)是广东花县(今广州市花都区)人,阶级成分为农民,但"薄有田产",经济条件在当地算是好的。

　　他上有两个哥哥,从小受宠,7岁入本地私塾读书,几年后考为童生。老师和家人都对他抱有很大的期望,认为他一定能取得功名,以"显父母,光宗族"。

　　谁知在考取童生之后的20多年时间里,洪秀全共计4次参加考试,却连秀才都未考中。如果不是不勤奋,那么只能说明洪秀全的应试水平实在不咋的。

　　14岁那年,因家道中衰,洪秀全辍学回家务农,两年后受聘本村私塾,成为一名乡村教师。

　　1837年,洪秀全第三次应试失败,精神深受刺激——24岁连个秀才都考不上,这事摊在谁身上都一样——回家后他大病40多天,精神恍惚,满嘴胡话,自称是上帝次子、耶稣之弟,被上帝召入天堂,赐金玺和宝剑各一,并被封为"太平天王大道君王全",受命下凡斩妖除魔。

　　这事显然有人工雕琢的痕迹,古代有不少帝王都用过这种神异事件来渲染自己,如刘邦据传是他母亲在梦中与神结合的

19世纪欧洲画家绘制的洪秀全像。

产物，朱元璋出生时红光烛天、异象重重，总之就是为了告诉你，这个人和别人不一样。

1843年，洪秀全第四次也是最后一次赴广州考试，仍旧落榜，他终于发现自己不是一块考试的料，至此放弃科举仕途道路。有一天，他无意中发现一本基督教布道散发的小册子——《劝世良言》。

这本书是他7年前在广州应试时得到的，里面的内容主要是讲述一些基督教的基本教义，宣扬上帝是唯一的真神，要求人们敬上帝的儿子耶稣，反对崇拜偶像邪神。洪秀全读后产生了强烈的共鸣，"觉已获得上天堂之真路，与及永生快乐之希望"，于是就按照书中的启示，决定奉行此教，开始了传教的活动。

最先接受洪秀全传教的是他的同学冯云山和族弟洪仁玕。这两人在当时算得上是知识分子，成长轨迹和洪秀全差不多，都是屡试不第的乡村教师，这使得他们之间有很多共同语言。

二人自从成为拜上帝会的教徒后，不久就与洪秀全把各自执教的村塾中的孔子牌位给拿掉，以示"只信上帝，不信邪神"。但这一过激举动引起当地士绅的不满，三人都丢掉了谋生的饭碗。

1844年4月，在老家混不下去的洪秀全、冯云山，决定离开花县，外出传教。他俩"沿途贩卖笔砚，藉获微利，以充旅费"，于5月到达广西贵县赐谷村，经过近半年的传教活动，只发展了百余教徒。9月，冯云山深入桂平县紫荆山区进行传教，洪秀全则在两个月后潜回老家，一边教书传教，一边撰写著作来进一步阐发拜上帝教教义。

这期间，他先后完成了《原道救世歌》《原道醒世训》等作品。

《原道救世歌》是以诗歌的形式来表现的，确切地说是以打油诗的形式来表现的，十分符合乡下农民的阅读口味。它的主要内容是宣传天父上帝为独一真神，所有人都应该敬拜上帝，而不是拜菩萨邪神，并告诉大家我们都是上帝的子民，而非"君王私自专"。

《原道醒世训》则是抨击社会丑陋，人心浇漓，说人们正是因为有私念，才"相凌相夺相斗相杀"。其实，天下的男女都是上帝生养保佑的兄弟姐妹，不应该存有"尔吞我并之念"。只有这样，才可以实现"天下一家，共享太平"的社会。

清代《职贡图》中的西方传教士形象。

洪秀全的上面两篇文章，虽然只是喊口号，没有什么现实意义，但在一定程度上奠定了拜上帝会的理论基础。这对洪秀全和几近绝望的农民来说，是一个通向未知的开始。

而这个未知的开始，不是处在岔路口上，所以他们只能硬着头皮往前走。

1847年，美国传教士罗孝全在广州听闻洪秀全劝人拜上帝之事后，非常激动，就让助手朱道兴出面邀请洪秀全来广州学习基督教义。

洪秀全来到广州后，得以读到真正的《旧约全书》和《新约全书》，了解了拜上帝的宗教仪式。但因为罗孝全担心洪秀全的思想不纯，不是合格的教徒，所以最终也未给洪秀全举行洗礼仪式。洪秀全在广州待了几个月，便去桂平县找他的死党冯云山去了。

3. 无心插柳柳成荫

1847年8月，洪秀全来到紫荆山，眼前的情景令他惊喜交加，冯云山这个人考试不行，传教还是有两把刷子的。

原来他不在身边的日子里，冯云山开始靠拾粪、做工为生，后来又当上塾师。由于这里闭塞不便，人们虽然生活困苦，但意识比较单纯，对这个来此支教的教书先生也比较尊重，于是冯云山就利用自己的威信在群众中进行宣传组织活动。

岁月如梭，不知不觉三年过去了，冯云山早已把传教当成生活的一部分，效果如何，也没去留意。洪秀全诸事不顺，说是来看望冯云山，其实是来投奔的，也没抱有太高的期望。

谁知来到紫荆山一看，他惊得目瞪口呆，拜上帝会组织已经团聚了两千多名忠勇的教徒。最让洪秀全想不到的是，冯云山在传教的过程中，是打着他的旗号和利用他的名义来进行的，也就是说，这帮教徒每人心中都有一个"洪教主"。

洪秀全为了巩固发展拜上帝会，与冯云山共同策划制定了"十款天条"、各种教规和宗教仪式，加强对教徒的管理，效果不错。

在这里，洪秀全还写了一篇《原道觉世训》的诗文。诗文十分激进，是篇战斗檄文，号召"天下凡间我兄弟姊妹"共同推翻以道光帝为首的"妖徒鬼卒"。

他终于变得不安分起来。

这种不安分的具体表现是：他讨厌封建神权，就率领群众扫除偶像、捣毁神庙；他感觉自己其实还很弱小，就派人深入汉、壮、瑶等民族聚居处大力宣传，扩充实力，直到引起相关人员的"注意"。

最先"注意"洪秀全这伙人的其实不是官府，而是当地的团练。团练相当于今天的民兵，一般由地主或乡绅控制，安定时能够维护社会治安，动乱时能转为有生兵力。紫荆山地区的团练头目是地主恶霸王作新。

王作新关注拜上帝会不是因为他的觉悟高，而是因为他发现这股力量日渐强大，正在威胁自己的利益。这让他无法容忍拜上帝会的存在，于是他就率领他的狗腿子逮捕了冯云山等人，并递押给桂平县官府，控告的罪名是"阴结党羽，图谋作乱"。

洪秀全当时正在外地出差，听说冯云山被抓，立即回到紫荆山，随后奔赴广州设法营救。

洪秀全人在广州，紫荆山的拜上帝会群龙无首，混乱不堪，眼看大家就要散伙，这时跳出来一个名叫杨秀清的人。

杨秀清（约1820—1856）是紫荆山本地人，5岁丧父，9岁丧母，由他伯父带大，靠种山、烧炭为生。

此人虽是文盲，却机警擅权智，当看见教徒动摇退缩时，他就利用当地的"降童"巫术，假托天父下凡附体，传言于教徒，安定人心。然后，他又组织教徒把冯云山营救出狱。

冯云山出狱后，立即前往花县找寻那位口口声声说要救他的洪秀全。拜上帝会的"头"得而复失，于是危机又现。不久，有个叫萧朝贵的人又冒出来，依照杨秀清的"葫芦"，假托天兄下凡附体，说自己是代天兄传言的。

萧朝贵（约1820—1852）是杨秀清的邻居兼好友，为人忠实坦直、勇敢刚毅，以开荒、烧炭维持生计，是太平天国早期运动的核心领导人之一。

于是，一个有意思的现象就出现了。在还没有正式起义之前，拜上帝会已经有了三个为上帝或上帝儿子传言的人。而作为教主的洪秀全，宗教地位上排名却是最低的。

杨秀清代言的是天父，即上帝，最有权威；萧朝贵代言的是天兄，就是耶稣，也能教训洪秀全。

1849年7月，洪秀全和冯云山返回紫荆山，居然承认了另外两位的代言权。

这种做法相当于为将来埋下一枚地雷，没事的时候平静安详，一旦爆炸，就会有人粉身碎骨。

4. 机会很重要

　　1850年，接连发生饥馑的广西，淹没在天地会领导的浩大起义中。

　　广西巡抚郑祖琛"专事慈柔，工于粉饰"，使得拜上帝会趁乱崛起。洪秀全眼见起义条件已经成熟，就于这一年的春夏之交，整编队伍，准备起事。

　　在洪秀全他们准备起事这个空当，我得赶紧穿插两个人物简介，后面的情节太紧凑，怕没有机会。这两个人都是太平天国这部"历史剧"的主角，一个是韦昌辉，一个是石达开。

　　韦昌辉（1826—1856），广西桂平县金田村客家人，家境丰饶，但有钱无势。他老爸韦源玠痛感家无功名人才，有钱也不过是当别人的钱包，就培养其读书，考功名。遗憾的是，韦昌辉不是考试的料，长大后到桂平县应试，结果名落孙山，这使他对社会满腹牢骚。

　　他老爸看指望不上儿子，就自个儿花钱捐了个监生，悬一块"登仕郎"的匾额在门前，炫耀乡里，聊以自慰。谁知老爷子兴头还没过去，就被本乡一秀才勾结官府陷害，拘捕起来，后来家人花了几百两银子才把他捞出来。

　　1848年，韦昌辉无意中结识冯云山，遂加入拜上帝会，很快成为中坚，并与洪秀全、冯云山拜了把子，称天父第五子。金田起义前，韦昌辉散尽家财，率全家男女老少参加了团营，并在他家秘密开炉铸铁，打造武器。

　　起义后，韦昌辉参加各项军事和政治的指挥活动，影响颇大，以致清朝官府一度把他当作"逆首"，在不少奏折和上谕中竟把他的地位置于洪秀全之上。

石达开(1831—1863)是广西贵县(今贵港)龙山那邦村客家人，地主出身，父亲早亡，八九岁起就独撑门户，因读书未成，靠耕种为业，同时也做些贩卖禽畜的生意。

由于经常受别的地主的欺负，石达开16岁就"受访出山"，与洪秀全、冯云山共图大计，三年后毁家纾难，亲率4000余人参加金田起义。

在太平天国诸多人物中，石达开的事迹最为传奇。

他21岁封王，生前用兵如神，33岁就义，死后仍令敌人提心吊胆，甚至他身后数十年中都不断有人打着他的旗号从事反清活动和革命运动，连辛亥革命党人都用他的事迹"激励民气，号召志士，鼓吹革命"。

1850年7月，洪秀全发布动员通知，要求各地教徒务必在11月4日前到金田村"团营"。所谓"团营"，就是把大家伙儿集中起来，组成军队，过集体生活，并进行军事训练。"团营"的主要工作由杨秀清主持。

各地拜上帝会教徒接到通知后，变卖财产立即行动，男女老幼共结成1万余人，在11月间陆续抵达金田村。

洪秀全见队伍过于混乱，就将他们全部进行军事编制，分为男营、女营，男女就算是夫妻也不能睡一张床；并依据《周礼》"乃会万民之卒伍而用之，五人为伍，五伍为两，四两为卒，五卒为旅，五旅为师，五师为军，以起军旅"的记载，确立了太平军的军制。

军队以军为基本单位，军、

当时在中国工作的外国记者称，太平天国的将领们都戴着用红色硬纸板做成的头盔，头盔上有一只狮子，后面缀着一个流苏。此图选自《伦敦新闻画报》，描绘了太平天国镇江府一个吴姓将领的形象，从中不难想见当时石达开、韦昌辉等人的装束。

师、旅、卒、两、伍为编制，男营每军13156人。女营因没有师、旅等编制，每军计2625人。打仗的时候，男女平等，一同上阵杀敌，老人孩子则做后勤保障工作。

太平军就这样诞生了。

除了上面介绍的军制，他们还实行"圣库"制度。"圣库"制度就是把你家值钱的东西都换成现金，缴于公库，由组织保管，然后所有人的衣食开销俱由公款开支，一律平等。

这个制度深受穷人的欢迎，因为只要加入拜上帝会，自己就能从"无产"变为"有产"。于是，太平军的队伍越来越大，终于引起了清政府的注意。

1850年9月，清政府先调湖南提督向荣为广西提督，率领楚军入桂，又调云南提督张必禄领黔兵赴广西会剿。10月17日，咸丰帝为保险起见，起用已告老还乡的林则徐为钦差大臣前往广西，荡平"群丑"。

林则徐不愧为朝廷的好干部，不顾病体难支，欣然应命。不料他因"吐泻不止"，还未到达广西就死于潮州普宁。

林则徐既死，朝廷只好于12月改派前两江总督李星沅为钦差大臣前往广西，到了这一年的年底，先后调入广西的清军已达万人以上。太平军虽然在人数上和清军差不多，但他们里面包含了很多老幼病残及女兵，所以从实力对比上清军应该占上风。

然而，清军再次用事实证明我的分析是错误的，在12月27日的平南县思旺首次大规模交锋中，清军的失败不是令朝廷失望，而是绝望。

1851年元旦，清军为挽回败局，再次攻打太平军，结果又被击溃，非常实在地为1月11日洪秀全的生日送了一份厚礼。

也就是在生日这天，洪秀全率众在金田村正式宣布起义，建号太平天国。

中国历史上最大规模的农民运动就此拉开序幕。

5. 终于建立了自己的政权

金田起义后，洪秀全为加强军队的团结协作和战斗力，颁布了五条军纪："一、遵条命；二、别男行女行；三、秋毫莫犯；四、公心和傩，各遵头目约束；五、同心合力，不得临阵退缩。"

另外，全体将士还统一了造型：蓄发易服，红巾包头。

不久，为壮大起义队伍的力量，洪秀全又主动争取桂平一带天地会的罗大纲、苏三娘等部入伙，实力进一步壮大。

1851年3月，太平军转战至武宣。23日，洪秀全在武宣东乡正式称天王，并封杨秀清为左辅正军师，领中军主将，萧朝贵为右弼又正军师，领前军主将，冯云山为前导副军师，领后军主将，韦昌辉为后护又副军师，领右军主将，石达开领左军主将，确立了太平天国前期的军师和五军主将制度。

清政府听闻金田警报后，这才慌了手脚。5月，在前任钦差大臣李星沅因接连败仗忧惧而死后，清政府又派大学士赛尚阿为钦差大臣，调集安徽、云南、贵州、湖南、广东、四川等省的军队进入广西，试图把太平天国

英国记者称太平天国士兵的模样非常奇怪，与清朝男人剃头的习惯相反，他们都把头发留得很长，因此清朝官方又称太平军为"长毛"。图为《伦敦新闻画报》刊登的太平天国士兵形象。

扼杀在广西境内。5月中旬，太平军主动撤离武宣东乡，辗转进至平南。8月，在平南官村击溃广西提督向荣的军队后，太平军又于9月25日乘胜一举攻克了永安(今广西蒙山)。这是太平军自起义以来占领的第一座城市，很是鼓舞全军的斗志。

永安丢失后，赛尚阿被咸丰帝臭骂了一顿。憋了一肚子火的赛尚阿于是赶紧调兵遣将，把部队集结于永安周围，团团围住，心想我就算打不死你也要把你给困死。而在清军围困永安的这段时间里，洪秀全也没闲着，趁机对军队进行了休整补充，并利用业余时间封王建制，颁布"天历"，制定法规。

1851年12月17日，洪秀全发布了封王诏令：封杨秀清为东王，萧朝贵为西王，冯云山为南王，韦昌辉为北王，石达开为翼王。以上所封各王，俱受东王节制，杨秀清实际掌握了太平天国的军政大权。洪秀全又封秦日纲、胡以晃为丞相，罗大纲为总制。

封王的好处有不少，最显著的一点就是对于加强领导、发展队伍很有帮助；当然，坏处也有，比如这会更加引起清政府的重视，从而得到更多清军的"关照"。

除了封王，太平天国又于1852年2月3日颁行了"天历"。它以颁行"天历"这天为太平天国壬子二年元旦。

这在政治上具有非常重要的意义，因为它表明太平天国使用自己的正朔而否定清朝的正朔，与清朝正式划清了界限，以后除了打仗与清政府再没有半毛钱的关系。

太平天国政权至此初步形成。

6. 创业艰难百战多

在太平天国封王建制期间，太平军与清军虽未进行大规模的交战，但两者之间的暗斗一直在进行。

清军之前虽然总打败杖，窝里斗的经验却丰富得很，由己推彼，可采取"多购间谍，解散党羽，计诱贼首，自相携贰"的手段，从太平军的内部进行瓦解。

其中比较典型的就是周锡能叛变投敌事件。

周锡能当初参加金田起义时充任的是军帅之职，1851年6月太平军转战象州新寨过程中，这哥们儿说我老家还有一帮拜上帝会的兄弟没来，我得回去喊他们跟上组织。经杨秀清奏请洪秀全批准，周锡能回去招集拜上帝会教徒190多人，于10月返回永安。

不料行至新圩时，周锡能突然秘密叛变投敌，被封六品顶戴，然后受清军指令，与朱八、陈五等人进入永安城内刺探军事机要，发展党羽做内应。幸亏这事最后被杨秀清识破，把他们一并揪出，当众审讯，处以极刑。

周锡能事件给太平军以深刻的教训，于是洪秀全把全军思想政治教育工作提上日程，开会若干场，要求大家时刻警惕"妖魔多端诱惑"，把"立志顶天、真忠报国"进行到底。

太平军在永安休养了半年多，城外已麇集3万多清军。此时城内弹尽粮绝，要想活命唯一的办法就是突围。

1852年4月5日深夜，月黑风高，大雨倾盆，太平军果断突围北上。清军虽"火器精，粮饷足，兵勇众"，却"兵不用命，将不知兵，兵与将不相习，将与将又各不相下"，在战斗中被太平军重创，一口气挂了四名总兵，连副都统乌兰泰也差点向阎王报到。

清军的这一败打乱了原有的围剿部署，使得太平军乘势北上，直逼广西桂林。太平军攻打桂林一个月未能拿下，于是转进全州，于6月3日攻克。在这次战斗中，太平天国的元老，南王冯云山不幸中炮，身负重伤，后在向湖南挺进过程中牺牲。

6月12日，太平军攻克湖南道州，然后以道州为大本营四面出击。在这期间，太平军除了打仗，还发起了舆论攻击，以东王杨秀清和西王萧朝贵的名义发布了《奉天诛妖救世安民谕》《奉天讨胡檄布四方谕》和《救一切天生天养中国人民谕》三篇檄文，把已经很黑的清政府抹得更黑："凡有水旱，略不怜恤，坐视其饿莩流离，暴露如莽……又纵贪官污吏，布满天下，使剥民脂膏，士女皆哭泣道路……官以贿得，刑以钱免，富儿当权，豪杰绝望。"

骂完清政府，不能算完，你得告诉大伙儿如何才能逃离苦海，于是檄文中又说，还是跟随我们太平军混吧，只要推翻清政府，保准你们吃香的喝辣的，共享太平之乐。

这话果然具有煽动力。

太平军作战场景。

太平军在8月17日攻克湖南重镇郴州后，很快吸收了道州、郴州两地的天地会五六万人。至此，太平军包括将士家属在内，已达10万人。除了天地会，新加入的人中还有不少是挖煤的工人，被编为"土营"，凡遇到攻不下来的城池，这些人就发挥特长，挖地道、设地雷破城，成效显著。

9月11日，太平军开始进军长沙，率军攻打的是西王萧朝贵。在打仗的时候，萧朝贵非常勇猛，往往遇战当先，亲身迎斗，往来如飞。

这种人要是搁在三国，应该能和张飞叫板。但不幸的是，9月12日，萧朝贵在亲临前线指挥攻打长沙的时候，被一枚炮弹击中，重伤而亡。

这一年，萧朝贵只有30多岁，爵位是王，称得上是英年早逝了。

这是继冯云山之后，太平天国失去的第二个重要领导人。

7. 南京变身天京

　　长沙久攻不下，还损失了一员大将，洪秀全、杨秀清遂决定放弃攻打长沙，移军北进。

　　12月，太平军攻克益阳，轻取岳州，获得了大量军械船只，以及数千名开船的人——船民和纤夫。洪秀全等领导人将这些人编成"水营"，于是太平军就有了一支数目庞大的水军，这是以后进军长江中下游地区的基本条件。

　　1852年底，太平军从岳州进入湖北，水陆并进，沿江而下，连克湖北重镇汉阳、汉口，并于1853年1月12日占领湖北省城武昌，湖北巡抚常大淳败死。

　　这是第一次攻克省城，清廷大为震惊，洪秀全大为高兴。此时，太平军号称总人数已达50万。

　　清朝统治者震惊之余，冷静地认识到如果再不采取有效措施，自己转眼间将会变成这帮人的手下败将。

　　于是，清廷先将钦差大臣、署湖广总督徐广缙革职拿问，又命向荣暂署湖北提督，并授为钦差大臣，专办两湖军务，两江总督陆建瀛为钦差大臣防守安徽、江苏，署河南巡抚琦善（这哥们儿鸦片战争中被革职抄家，现在复出了）为钦差大臣驻守河南，以图截住太平军，挽回颓势。

　　令清政府琢磨不透的是，太平军并没有像想象中那样乘胜追击，而是在武昌逗留了一个月后，又弃城率领水师战船万艘、陆师千军万马，浩浩荡荡沿着长江东进。

　　两江总督陆建瀛还没和太平军照面就已溜之大吉，太平军遂以摧枯拉朽之势，接连攻克九江、安庆、芜湖、和州等地，并在3月8日兵临南京城下。

南京是清朝南方的重要城市，若被占领局势将会危如累卵。对于清军全体将士来说，守住南京就是守住荣誉。

遗憾的是，他们的字典中写有"荣誉"这个词的那页纸不知啥时候已被扯掉点煤火吸鸦片用了。

一个没有荣誉感的军队注定是为失败而生的。

于是，我们就能很容易理解太平军为啥从起事到现在能够做到势如破竹，不是因为这帮吃不饱饭的农民多么能打，而是因为那帮吃饱撑的清军多么不能打。

3月19日，太平军攻破南京外城，斩杀两江总督陆建瀛；第二天，攻克南京内城，杀江宁将军祥厚（虽是皇族，但没赶上好时候）；29日，洪秀全入城，布告安民，改南京为天京，定为太平天国都城，正式建立与清王朝对峙的政权。

从此，南京成为太平天国的中心，奠定了以后长期战斗的基础。

8. 为什么这么猛

太平天国从广西金田起义到定都天京，只花了两年多的时间，其发展之迅猛令人吃惊(在没有先进交通工具的古代，从金田到南京，就是没人拦你也得走上几个月吧)。

究其原因，我总结如下：

一是太平军不同于江湖上的帮派，它有自己的斗争纲领，有组织，有预谋，有群众支持。

二是太平军在进军过程中，着实打击和镇压了很多官僚、豪绅、地主，并焚烧了桎梏农民的粮册、田契、借券，非常对农民的胃口，这使得太平军受到越来越多农民的拥护。

三是太平军有严明的纪律和灵活的战术，前者能够保证战斗力，后者能够保存实力——打不过就跑嘛。

四是清军的"有力配合"。清朝的八旗、绿营军队极度腐朽，使得太平军想不打胜仗都难。

但是，太平军作为一支农民军，在当时的历史条件下，也存在很多弱点。比如打仗喜欢跟着感觉走，好不容易打下一座城池，没待两天就会弃地不守，去别的地方了。这可能是因为他们更享受攻打城池的过程，玩的就是心跳。所以，虽然占领了不少地方，可回过头来一盘算，怎么还是京郊附近那点地儿啊。

太平军首领和太平军士兵形象复原图(刘永华/绘)。

第 3 章

太平天国运动的发展

从无敌到无奈

太平天国定都天京后，

还是比较有理想的，

深入贯彻"宜将剩勇追穷寇"的思想，

决定给摇摇欲坠的清政府再踹上几脚，

说不准能让全国人民都过上

"天国"的日子。

1. 文人练兵

太平军占领南京后，又赶紧趁着胜利的热乎劲儿，接连攻下镇江、扬州作为都城天京的屏障。

清朝统治者为了防止可能出现的分崩离析危机，动员一切力量，采取各种措施，集中所能掌握的人力、物力投入到与太平军的战斗中去。其在军事上的最重要动作是成立江南、江北大营。

江南大营是由钦差大臣向荣率清军1.7万余人在南京城东孝陵卫建立的；江北大营是由另一位钦差大臣琦善率直隶、陕西、黑龙江马步各军约万人在扬州建立的。向荣和琦善也算是我们的老熟人了，从他们前面的表现看，能力确实不敢恭维，真搞不明白清帝国泱泱几亿人，怎么就挑不出几个有本事的？

除了江南、江北两个大营的成立，清政府最大的一个手笔就是重用汉族地主武装力量，命令长江南北各省在籍官绅办团练。

"团练"这个词在金田起义前我已提过一次，这里我做进一步的补充。"团练"分为"乡勇"和"团勇"两种形式。"乡勇"在咸丰以前，只是一种临时性的非正规部队，有事招募，随军战守，政府包吃住，完事后即予裁撤；"团勇"指的就是地主私人武装。

咸丰帝鼓励官绅办团练，对汉族地主的意义非同小可。其中办团练最成功的是曾国藩。

曾国藩（1811—1872），号涤生，湖南湘乡人，进士出身，办团练之前官至吏部左侍郎（副部级），是清朝著名的军事家、理学家、政治家、书法家、文学家，后官至两江总督、直隶总督、武英殿大学士，封一等毅勇侯，谥曰文正，为同光中兴第一名臣……关于他的事迹，别说我短短的几行文字，就是厚厚的几本书也介绍不完。不过，要是把他给概括一下，则一个字即可：牛！

咸丰二年（1852），曾国藩母亲病逝，他回家丁忧，正赶上太平天国如火如荼地发展。不久，曾国藩就接到帮办湖南团练的谕旨，后又经郭嵩焘力劝出保桑梓，于1853年初抵长沙，与湖南巡抚张亮基商办团练。

此时曾国藩已年过四十，在此之前他摸过最多的是书，对行军打仗的事顶多停留在纸上谈兵阶段。突然之间，皇帝告诉他，朝廷的官先别想了，你还是去打"长毛"（清政府对太平军的蔑称）吧。

这种感觉上的落差还是很大的。

但做臣子的拿着皇帝的工资，干的就是为君分忧的工作，想干得干，不想干想一会儿后也得干。曾国藩属于想干的那种人，他认为，团练的战斗力虽然比八旗、绿营要强，但由于比较散，还是无法和久经沙场的太平军抗衡。

于是，他决定自创新军。

曾国藩的新军是以罗泽南千余人的湘勇为基础，略仿明代抗倭名将戚继光的"束伍成法"编练而成的，即后来名闻天下的湘军。

湘军以知识分子为骨干，这些知识分子从小被灌输程朱理学，笃信"圣道"和封建伦常，极端仇恨太平军，就是不给发工资他们也愿意卖命。在组织上，湘军是以同乡、同学、亲族、师生等情谊为纽带，建立起严格的封建隶属关系。这些人来自同一个地方，入伍后通常也在同一个营里。

我们都知道，打仗是你死我活的事儿，保不准今天大家都完好无损，明天就有人挂在战场上。你想想，挂在战场上的人，不是自己的亲人，就是自己从小玩到大的铁哥们儿，心里肯定很难受。而缓解难受的唯一办法就是继续上阵拼命杀敌，为死去的人报仇。所以，湘军每人都像打了鸡血似的不要命，极有战斗力。

事实证明，这种组合确实很有效。

另外，湘军的招募也和以往有很大的不同，是以将帅自招的形式进行的。如曾国藩先指令一个亲信去建立军，那这个人可以按照自己的意愿去选择营官若干人，建立营。每个营官再按照自己的意

淮军士兵训练场景。

愿去选择哨官，哨官然后选什长，什长再选兵勇。也就是说，你当多大的官就去招多少人，什么人我不管。

于是，当一个军建立起来后，士兵只知服从将领，将领只知服从曾国藩一人，不要说别的地方的将帅，就是皇帝也不能直接调遣。和今天的雇佣兵有点类似，难怪不好对付。

1854年2月，湘军正式建成，计有陆师6500人，水师5000人，连同夫役、工匠，全军共有1.7万余人。后来随着发展，湘军最后扩充到20万人。

好了，清朝方面又一次准备好了，而结果则在前面等着呢。

2. 北伐是个传说

太平天国定都天京后，还是比较有理想的，深入贯彻"宜将剩勇追穷寇"的思想，决定给摇摇欲坠的清政府再端上几脚，说不准能让全国人民都过上"天国"的日子。

1853年春，太平天国决定进行北伐和西征。北伐的目的是推翻清政府，西征的目的是控制长江中游地区，切断清政府与江南的联系，从而巩固天京。

北伐军由天官副丞相林凤祥、地官正丞相李开芳、春官正丞相吉文元率领，人数2万。

5月8日，北伐军从扬州出发，目的地是北京。其时恰值繁花似锦，美不胜收，将士虽有不舍，但都会安慰自己说，战争如果顺利的话，秋季之前应当能结束，就当去北方避暑了。于是，北伐军遵循天王、东王"师行间道，疾趋燕都，无贪攻城夺地，縻时日"的训令，一路北进，速度快得连试图堵截他们的清军都追不上，6月便突入河南，攻下归德府（今河南商丘），决定在附近的刘家口渡过黄河。

这里说明一下，我们的母亲河黄河在古代喜欢串门，经常走错道，这时走的道是由开封向东南斜插进入江苏北部然后流进大海的。

过黄河需要船，太平军在这里连木板都没找到几块，只好沿河西进，于7月初在汜水渡过了黄河。太平军过黄河后，接下来的路走得也算比较顺当，9月入山西、进直隶，10月就到达了保定附近。

而此时咸丰帝早已热得如急锅上的蚂蚁——不好意思，应该是急得如热锅上的蚂蚁——准备去热河凉快。谁知还没等换洗的衣服打好包，情势就发生了变化。

致使情势发生变化的原因有这几个：一是惠亲王绵愉和科尔沁郡王僧格林沁的抵抗，太平军就是再能打，也搁不住敌方人多啊；二是清军为阻止太平军攻进天津，掘开运河堤岸，结结实实地让他们洗了个澡；三是由于战争损耗，北伐军兵力越来越单薄，无法突破清军防线；四是防线久攻不破，士气低落；五是没有后援，越往后拖，将士心里越没底；六是拖到最后，终于拖到了四季中最凉快的冬季，满足了他们纳凉的愿望；七是北方的冬天气温很低，这帮南方将士缺衣少食，靠喝西北风度日……

还有很多原因，当然没有一个是对北伐军有利的。

北伐军眼见着清军烤火炉的烤火炉，吃火锅的吃火锅，自己却饥寒交迫，只好在1854年2月主动南撤。

清军见太平军南撤，正是立功的好时机，便集结了10多万人进行反扑。北伐军边打边退，于3月9日退到山东阜城等待援军。在等待援军的时候，春官正丞相吉文元战死。吉文元死的时候心情应该很复杂：好好的江南花花世界不享受，来北方究竟图个啥！到现在组织还没派人来接应我们，该不会把我们给忘了吧？

以洪秀全为首的组织还真没忘记北伐军，派了一支军队北上支援。援军是1854年2月出发的，由夏官又副丞相曾立昌率领，人数7000。兵不多，但一路上发展壮大，到山东的时候也有了几万人。

4月12日，援军攻克山东临清，这个地方离北伐军固守待援的阜城仅200余里，不过近水也无法解渴，因为援军被一帮清军给阻截了。

不是都说清军除了逃跑别的都不行，怎么也发威了？需要说明的是，这不是由于清军的战斗力提高了，而是因为太平军的战斗力降低了。

前面已经说了，援军在北进的时候招了很多新兵。这些人加入太平军，主要为了吃饭，他们本就不愿意卖命，于是多数人不听命令，要求南返。

北上寸步难行，在这儿干耗也不是办法，那就少数服从多数，南返吧。然而，已经晚了，南退的路也被清军堵死了，几经厮杀，北伐

《太平军阜城突围图》。1854年4月，北伐军被围困多日后，从阜城突围，占据连镇。随后，清军又赶到连镇将北伐军围困。林凤祥、李开芳为分散清军兵力，决定由李开芳率军突围，占据山东高唐。从此，林、李分别驻守连镇和高唐抗击清军。

援军几乎全军覆没，曾立昌战死。

援军覆灭，北伐军却还在那里眼巴巴地等着呢，没办法，那就再派一支去吧。于是，5月，以燕王秦日纲为首的援军北上，结果这次更惨，刚到安徽舒城就被踹了回来。

而此时的北伐军，因先前分兵南下准备接应援军，已被清军截断在两地，处境愈加困难。更令他们感到绝望的是，太平军因在西征战场上与湘军战斗正酣，也无力组织第三次北伐援军了。

谁都甭想指望，北伐军只能靠自己。

但靠自己的严酷现实是，分别被困于连镇和高唐的林凤祥、李开芳面对的都是十倍于自己的敌人。

1855年3月，连镇粮米断绝，最后失陷。林凤祥受伤被俘，被押解到北京，临刑时，刽子手刀所及处，他"眼光犹直视之，终未尝出一声"。还真不怕疼，是够爷们儿的。

连镇陷落后，扼守高唐的李开芳孤注一掷，率军南下突围至茌平县冯官屯。不料，清军故技重施，又把运河掘开，困住了北伐军。5

《林凤祥被擒图》。1855年3月，在孤军奋战多月后，连镇终被清军攻陷，林凤祥重伤，偕部分将士退入地道暗室，后被叛徒出卖而被俘。林凤祥被押送到北京后，在清廷的严刑逼供下，留下一份几百字的供词，最终于3月15日在北京西市被害。

月31日，冯官屯被攻破，李开芳等被押到北京杀害。

至此，坚持两年的北伐彻底失败。

太平军北伐失败了，但北伐军的传说一直在流传。

这是一支两万人的队伍，要是汇集在我高中学校的操场上，能够站得满满当当的，可要往中国北方几百万平方千米的大地上一撒，估计最新的无人侦察机都找不着。

但他们没有这么做，也丢不起那个人，老鼠才躲躲藏藏呢，所以他们不仅没有让敌人找不着，还主动去找敌人。

一边是统治数亿人的清王朝，一边是只有区区两万人的太平军，这种巨大的力量差异，使得北伐绝对有资格成为战史经典。

更何况，他们还整整坚持了两年，而且是在没有后援、缺衣少食、四面楚歌的情况下坚持的。有人说这是一场粗糙的死亡之旅，我不同意这个看法，因为北伐军起码在精神上非常值得肯定，我们甚至可以说北伐军是伟大的。

伟大和粗糙没有半毛钱的关系。

北伐军最终是失败了，它在书写传奇的同时也留给后人一些思考。

首先是不能打无准备之仗。这是老生常谈了。所谓准备，不是指你在战前吃饱饭、喝足水，而是指战略上的准备，要知己知彼，然后做出相应的决策。北伐军显然没有做好这方面的准备，两万人就想把清政府拉下马，显然不太现实。

其次是打仗最忌讳孤军深入。这个很好理解，脱离群体被人包围的下场就是你很可能再也没机会参加下一场打斗了。

最后是一定要发动群众。这一点很重要，在历史上很多成功的军事行动中都能看到群众的身影，就是最好的证明。

3. 西征是个神话

太平军北伐的同时，还派兵进行了西征。西征的军队由春官正丞相胡以晃、夏官副丞相赖汉英统领。人数五万，战船千余艘，时间是1853年5月中旬。

西征的进展很顺利，不到一个月时间就已攻克安庆，完成了第一阶段的任务。6月24日，西征军开始围攻南昌，遇到了挫折，随后撤围北上。9月29日攻下九江，决定留林启荣驻守，剩余西征军兵分两路完成接下来的事情。

一路西征军由胡以晃、曾天养率领，以安庆为基地，经略皖北。取得的战果是攻城若干，拿下庐州(今安徽合肥)，逼迫安徽巡抚江忠源投水自杀，使安徽成为太平天国的后勤基地和战略要地。

另一路西征军由石祥祯、韦俊率领，从九江出发，经略湖北。取得的战果是三克汉口、汉阳，两克武昌，逼迫湖广总督吴文镕跳水自杀。不过，这路西征军由湖北攻入湖南时，遇到了起义以来最难啃的骨头——湘军。

1854年2月，湘军倾巢出动，进行顽强抵抗。对打仗还不太熟悉的曾国藩利用自己的文化优势，发表了一篇高水平的战斗檄文《讨粤匪檄》。

在这篇檄文里，曾国藩表示太平天国引爆的战争"荼毒生灵"，"举中国数千年礼义人伦、诗书典则，一旦扫地荡尽，此岂独我大清之变，乃开辟以来名教之奇变，我孔子、孟子之所痛哭于九原"，号召"凡读书识字者，又乌可袖手安坐，不思一为之所也"，动员人们共同镇压太平天国。

说实话，从文采上来看，这篇文章确实比太平军曾发布的那三篇檄文高出很多。但文采好不一定效果好，因为容易导致曲高和寡，老百姓不太买账。不过，这些正好契合他们各自代表的阶级，不存在相互争夺支持者的情况。

　　一般来说，所谓骨头难啃，其实是因为没有遇到会啃的。湘军是硬骨头不假，可太平军专啃硬骨头，不然也混不到今天。因此，曾国藩那篇文采飞扬的文章，并没能挡住太平军前进的步伐。这一年的4月，太平军大败湘军，先占岳州，后占湘潭，达到了钳制长沙的效果。5月，在靖港的太平军几乎全歼湘军水师，气得曾国藩投水自尽，不过被随从救起，没能成功。

　　而与此同时，在湘潭的太平军日子却不怎么好过，几经切磋，伤亡很大。湘潭沦陷后，这路太平军北走靖港，与那里的自己人会合。随后他们退守岳州，不久，岳州又被攻陷。10月，重新整顿好的湘军

《田家镇及蕲州战图》（清代／吴友如）。1854年，太平军撤出武昌后，在湖北蕲州以铁索渡江，清军用熔炉烧断铁索，太平军被烧毁战船4000余艘，撤出蕲州。

进行反扑，占领武昌、汉口、汉阳，太平军损失了1000余艘战船。12月，太平军在田家镇再次受挫，损失了4000余艘战船。至此，太平军的水师已消耗殆尽。

1855年1月2日，曾国藩亲自督率湘军逼临江西要隘九江、湖口，他们的战斗口号是：肃清江面，直捣金陵。

这说明硬骨头虽然能啃，但用力过猛容易硌掉牙。

好在太平军反应比较快，没等把硌掉的牙吐出就已经换上了钢牙——石达开。

石达开是奉东王杨秀清的命令前去增援的。他以湖口为据点，针对湘军兵骄气盛、求胜心切的特点，采用"文火慢炖"的方式——坚壁固守，经常骚扰，把湘军折腾得疲惫不堪。1月29日，火候已到，石达开佯撤湖口守军，在诱使湘军水师轻捷舢板船进入鄱阳湖后，立即封锁湖口，然后对其留在长江上的大型笨重船只进行火攻，烧掉大小战船40余艘。

2月11日夜，月黑风高，太平军再次用火攻围歼湘军水师，焚烧战船百余艘，连曾国藩的座船也被夺走。曾国藩虽然捡回了命，但被

湖口之战场景。1855年太平军在湖口大败清军。湖口之战的胜利，打破了曾国藩夺取九江、直逼南京的计划，扭转了太平军的被动态势，成为西征作战的转折点。

这两次火攻气得急火攻心，又要投水自杀。太平军乘胜反攻，夺回了汉阳、武昌，到次年春天，"江西十三府中的八府五十余县都入太平军手中"。

曾国藩困守南昌，已成瓮中之鳖。

然而，还没等石达开把"鳖"捉到手，天京那边已来信让他赶紧回去支援，从而使湘军获得了喘息的机会。否则的话，后来可能就没有曾国藩什么事了。

西征取得重大胜利后，太平天国并没有真正高枕无忧，因为南北还有两个军事大营在眼皮底下呢。为了根除这一对肘腋之患，太平天国领导集团决定在天京外围组织一场激烈的破围之战。

1856年2月，破围之战开始。4月，燕王秦日纲率陈玉成、李秀成等击溃江北大营。之后，秦日纲立马回师逼近围攻镇江的清军，然后与坚守镇江的太平军取得联系，内外夹击，打败清军，致使江苏巡抚吉尔杭阿自杀。

接着，秦日纲的军队又会同回援的石达开西征军2万人，趁着战胜的热乎劲儿，于6月20日合力攻破江南大营。而江南大营的建立者向荣则率残军逃至丹阳自缢身亡。

围困天京三年之久的江北、江南两大营就这么被攻破了。

太平天国此时在政治上、军事上也达到了全盛时期。

4. 内容超前的《天朝田亩制度》

有段时间，我总以为《天朝田亩制度》是人类的理想社会，因为它描绘的都是令人心动的社会状态。

说良心话，我比谁都希望赶紧进入这样的社会，理由很简单，我这人比较爱吃，想顿顿面前都能摆上一桌红烧肉、红烧鱼、红烧排骨、红烧茄子……别笑，我就是这么没出息。

《天朝田亩制度》描绘的情景虽然还有很多不足，但对一个半世纪以前的农民来说，绝对算得上很不错了。和我不一样的是，那时候的农民胃口很小、要求很低，他们只要求有属于自己的土地，然后能吃饱穿暖就可以了。

好了，题外话不多说，我们还是回到正题，具体研读一下《天朝田亩制度》这份文件。

《天朝田亩制度》的基本内容，是以"凡天下田，天下人同耕"的原则，把土地按照好坏分成上、中、下三级九等：每亩产量在1200斤以上的为上上田，以下的每亩少100斤减一等，即上中田、上下田、中上田、中中田、中下田、下上田、下中田、下下田。这点和魏晋南北朝时期的九品中正制对人才的划分方式有相似之处。

土地等级划分完毕后，接着就是分田了。分田是以户为单位，好坏田搭配，按照人头来分，16岁以上分全份，15岁以下减半，不管你是男的女的、老的少的、活蹦乱跳的还是半身不遂的，都按照这个标准。

土地分完了，是不是你就可以守着那一亩三分地自娱自乐了？当然不是。政府为了杜绝大家一到农闲时就无所事事，还对农副业生产进行了分配。农副业就是织布、喂鸡、养猪这样的"家务活"。

"家务活"的特点是只要你想干，绝对能保证你永远干不完。

如果你怕麻烦，不想干，那就对不起了，除非你不想要土地。按照规定，农副业的生产和分配，是通过农村政权基层组织"两"来进行管理的。"两"有固定的规模，每25户为一"两"，由"两司马"负责管理和带领大家生产。

到了这个份儿上，无论你是否愿意，活儿肯定是得干，以前给地主干活儿不也照样干么，何况现在土地产权证上明明白白写的是自己的名字，偷着乐还来不及呢。不过，也不能高兴得太早，虽然产权证上的确写着土地是你的，但你需要注意的是，那上面可没写土地里长的东西是你的。

是不是感觉有点困惑？如果是的话，我就给你举个例子。比如说你家有块菜地，你种点白菜、青椒、黄瓜，收获了可以自己吃，这点于情于法都是正确的，但有一天你刨地突然挖出个和后母戊鼎一样的国

太平天国完纳漕粮执照。

太平天国的结婚证书。

家级文物来，说是你的就不行了，因为我国法律明文规定，在中国范围内，凡是从土里刨出来的古董(官方说法叫文物)，所有权都是国家的。

在《天朝田亩制度》中，田里长出的农产品和今天土里出土的古董具有一样的性质。也就是说，只要是你劳动收获的农副产品，"除足其二十五家每人所食可接新谷外，余则归国库"。你可能会说，万一我家有突发事件怎么办，比如我30岁还光棍一条，好不容易有个人愿意嫁给我，怎么着也算是飞来横福，得请亲戚朋友庆祝一番，总不能没有招待的东西吧? 这事不用你操心，《天朝田亩制度》也有规定："如一家有婚娶弥月事，给钱一千，谷一百斤。"量你亲朋再多，一人一碗面条无论如何是够的。

既然突发事情政府能帮你解决，那咱的思想觉悟就不应该落后。于是，有的农民为响应政府号召，想一下子把收获的几千斤大米都交了，但苦于没车没马，不知怎样才能送到政府手里。好在这个问题也在《天朝田亩制度》的考虑范围之内，政策有规定，为解决人民交公粮的实际困难，在每"两"都设立一个国库和礼拜堂，真正做到"送暖送到心，国库建你家"，使大家在这件事上你追我赶，让自家仓库绝对"光明磊落"。否则，那礼拜堂就是供你忏悔用的。

上面说的是《天朝田亩制度》的主要内容，总的来说还是不错的。但是，从事物的两面性上来看，它自身也存在着致命的缺点，那就是容易挫伤农民的积极性。

因为你实行的是平均主义，其潜台词就是我干和不干得到的结果都和别人一样。既然一样，我就没必要费那劲儿去干了。如果只有一个人这么想，对整体是没什么影响的，但要是每个人都这么想，那结果就只有一个: 大家都会饿死。

为了避免"惨剧"发生，《天朝田亩制度》刚颁布不久，杨秀清、韦昌辉、石达开等人就联名奏请，要求把它废除。

洪秀全选择了同意。

也就是说，《天朝田亩制度》中所描绘的美景，几乎等同于宣传口号，没有真正去实行。

而真正实行下去的是和以往一样的交粮纳税。

第 4 章

第二次鸦片战争

由单挑到合殴

脸面这东西从来都是靠自己挣的，

不是靠别人给的。

因为别人给你的，

顶多算是你的临时面具，

让什么时候扯掉你就得什么时候扯掉。

1. 先扯点别的

说完《天朝田亩制度》，还是不能说太平天国的事，因为同时期的清政府发生了一件非常大的事。这件大事有个学名，叫第二次鸦片战争。

第二次鸦片战争发生在太平天国运动时期，前者算是在后者中插播的一部电影吧。

不过在讲第二次鸦片战争之前，我们需要简单回顾一下。大家知道，第一次鸦片战争是中国和英国的单挑，中国战败。在战争结束后的十几年间，中国确实发生了变化，清政府也从战争中吸取了一些教训，但在意识形态领域似乎没有什么长进，清政府仍以"天朝上国"自居。

第二次鸦片战争发生的时间在1856年到1860年之间，是一场英国和法国对中国的合殴。中国不但又战败了，还让人家火烧了咱们的圆明园。

从此以后，战败就成为近代中国的一种惯性，冷不丁打一次胜仗（如中法战争），自己还不适应，赶忙把战胜当成投降的资本。

有句话说，人不能在同一个地方跌倒两次，但清政府做到了，我很好奇它是怎么做到的。

相信你也一定好奇。

在讲之前需要先说明两个问题：一是第二次鸦片战争其实和鸦片没啥关系，之所以叫这个名字，是因为它的性质和第一次鸦片战争相同，是第一次鸦片战争的继续和扩大；二是第二次鸦片战争发生在太平天国运动时期，直接看不太明白的你可以跳过去，等弄懂了再回过头来继续读。

いきりすいこくのうあつと英國の瓦徳八蒸氣機器を造
出さんとて土罐の口よりて出る湯氣
の水と成るをと七そ一滴つ、けり
居らしを叔母其無益の事と時
を費すと噴らり遂二機關を發
明し数多れ功をあらむり

瓦特改良的蒸汽机被广泛地应用在工厂，成为几乎所有机器的动力。它使得工厂选址不必再依赖于煤矿而可以建立在更经济有效的地方，大大提高了生产效率，英国由此一跃成为世界工厂。图为日本画家绘制的瓦特改良蒸汽机的场景。

先介绍一下这次战争的主要成员。

英国。在19世纪50年代，英国已经完成了工业革命，实力最猛，尤其是重工业、机器制造业非常发达。英国是当时世界第一工业国，号称"世界工厂"，在世界贸易中所占的比重比美、德、法之和还要多。血量、攻击力、防御力、经验值都属于第一等。

法国。号称资本主义世界的老二，曾被欧洲1848年革命伤了元气，但之后恢复得很快。攻击力、防御力、经验值属于第一等，血量稍微少一些。

美国。资本主义后起之秀，发展速度第一，潜力很大。血量、攻击力、防御力、经验值要比英法差一些，在战争中充当帮凶的角色。

俄国。攻击力属于第一等，血量、防御力、经验值比起英法差很多，在战争中主要扮演趁火打劫者的角色。

中国。被誉为"东方睡狮"，农业总产值绝对世界第一，但是还有很多人吃不饱。血量一般，攻击力、防御力几乎为零，经验值不详。

资本主义经济在迅速发展的同时，其本身固有的问题也暴露了出来。主要问题是商品极大丰富和人们消费有限之间产生了矛盾，即东西生产出来了，民众购买力有限，卖不出去，时间久了便发生经济危机。英国在1847年和1857年曾周期性地发生了两次经济危机。

东西卖不出去有两个办法，一是缩小生产，二是扩大市场。缩小生产就意味着总利润也跟着缩小，扩大市场的结果则与前者相反。商人喻以利，自然会选择后者。在资本主义国家，商人的选择往往就是政府的选择。商人的东西卖不出去，社会不稳定，政府也就不稳定。从某种意义上说，政府比商人还要着急。

可是放眼世界，除了南极等没有人的地方，市场可以说都已经开发，连非洲土著穿的兽皮都已换成了洋布。最后他们逐个排查，发现中国虽已开发，但没有开发彻底。

2. 找碴儿是个技术活

第一次鸦片战争后，以英国为首的西方资本主义国家欣喜若狂，认为打开了世界上最大的市场，剩下的事情就是怎么解决中国人的穿衣问题。(好像没有他们，我们中国人就没衣服穿似的。)

以英国为例，在最初的时间里，英国对华的输出工业品总额上升较快，1842年是97万英镑，到了1845年就增加到239万英镑。可还没等笑抽筋，英国资本家的发财梦就做不下去了，因为在1846年以后的10年间，对华贸易额开始停滞不前，有的年份甚至下降了。

按照他们的计算，中国的市场不应该这么快就饱和，肯定有别的原因。

中国的市场确实没有饱和，而且原因还不止一条。先不说中国人勤俭节约，爱惜物品，一件衣服有时候能穿好几代，就拿我前面解释过的自然经济这一条来说，外国人就很难想明白。

外国商人开始认为，只要把中国的沿海城市打通为开放口岸，以此为入口，借着自身商品物美价廉的优势，不怕打不开全部中国市场。这个想法理论上是正确的，但他们不知道中国人数千年来最不相信的就是理论。

外国商品涌入五个通商口岸，对本地的自然经济冲击的确很大，人们也逐渐认可了洋货，但认可也只是在通商口岸和沿海地区。

在广大的内地及北方城镇，外国商品难以到达不说，就算到达了也很难让人掏钱，尤其是在农村地区。不是因为你的商品不好，也不是因为你的商品太贵，而是因为我根本不需要。

另外一点就是英国等国向中国大量倾销鸦片，挤占了其他工业商品的销售市场。

第一次鸦片战争后，广州城外珠江北岸外国商馆林立。

据统计，1850年至1859年，英国每年对华输出的鸦片总值高达500万到700万英镑，是其输入工业品总值的二倍到三倍。在某些中国人看来，鸦片，我所欲也，衣服，亦我所欲也，二者不可得兼，脱衣而要鸦片也。因此，如果染上鸦片烟瘾，鸦片就成了生活必需品，再加上中国人本来就穷，有钱买你的鸦片就不错了，怎么还能指望他买你其他的。

关于这一点，马克思在《鸦片贸易史》中就说："中国人不能同时既购买商品又购买毒品；在目前条件下，扩大对华贸易，就是扩大鸦片贸易，而增加鸦片贸易是和发展合法贸易不相容的。"

还有一点就是当时太平天国运动如火如荼，太平军控制了长江沿岸数省，影响了英国商品在这一带的销售。在太平天国定都天京后的三年里，英国对华商品的输出总量骤减一半以上。

　　客观上说，上面几个原因比较实在，但当时英国有点看不懂中国的国情和形势，简单粗暴地认为东西卖不掉就是因为中国开放的口岸太少，耽误了他们发财。所以英法等国认为，不能被动地等待清政府主动开放口岸，应该给其提个醒。

　　英法提醒的方式是"修约"。

　　1854年，英国援引中美《望厦条约》中"所有贸易及海面各款恐不无稍有变通之处，应俟（等待）十二年后，两国派员公平酌办"的规定和中英《虎门条约》中有关最惠国待遇的条款，要求协商修改以前的条约内容。

　　其实英国的要求是完全没有道理的。首先最惠国待遇根本不包括"修约"这一项，其次《虎门条约》到1855年才到修约之期，而英国人却说它是《南京条约》的黏附条约，所以时间要从《南京条约》的签订时间算起。

这种问题只要清政府援引几条国际法就可以驳得英国人哑口无言，打道回府了。偏偏清朝闭关锁国又狂妄自大，举国上下竟无人懂法，而英国人利用的正是这种无知。

美国发现清政府是真傻，马上兴奋地说也要修约，其实《望厦条约》要到1856年才能修约，但是美国人也说我享有最惠国待遇，英国人能修我也要修。法国一看，还能这样玩啊，于是也要修约。

3."六不总督"叶名琛

英国伙同法国及美国向中国提出修约的内容主要有:

一、中国全境开放,至少准许开放长江沿岸及浙江沿海各
大城市;

二、承认鸦片为合法贸易;

三、废除内地税;

四、外国公使驻扎北京;

五、准许华工出国。

作为交换条件,列强对清政府说,只要你同意,我们可以帮你摆
平太平天国。清政府被太平天国的事搞得焦头烂额,当然希望有人
能够帮衬一下,但同时对列强有所疑惧——你别表里不一,这边答
应了我,背地里却联合太平军把我给黑掉。

还有一点,其实也是最为重要的一点,就是清政府不愿外国公
使驻京,因为这一点关乎天朝的颜面,让步不得。在清政府看来,中
国是世界的中心,皇帝为天下共主,别的国家都是中国的藩属,无论
是谁见到皇帝都要磕头表示臣服。所以,中国传统外交的主题就是
让夷狄们前来磕头。

而现在的问题是,欧美"夷狄"们不但拒绝磕头,还要长期驻扎
在北京。清廷认为,如果继续发展下去,皇帝天下共主的地位就会摇
摇欲坠,中国最后甚至有可能被外夷监守。

清朝向来都是赔得起钱,但丢不起脸。

要脸是没错,可清政府不知道的是,脸面这东西从来都是靠自

图为马戛尔尼使团随团画师威廉·亚历山大所绘的清朝官员叩拜乾隆皇帝的情景。

己挣的，不是靠别人给的。因为别人给你的，顶多算是你的临时面具，让什么时候扯掉你就得什么时候扯掉；只有自己挣的脸面，才能结结实实地融进皮里、肉里、骨子里，哪怕把你给干掉，脸面仍然存在，因为它此时已融进你的精神里。

但列强对公使驻京这一条寸步不让，认为清政府不答应是对他们的不尊重。

于是这事就谈崩了。因为当时英法正和俄国进行克里米亚战争（1853年至1856年发生于欧洲的一场战争，起因是争夺巴尔干半岛的控制权，交战双方是土耳其、英国、法国、撒丁王国与俄国，结果以俄国的失败告终。），争夺巴尔干半岛与黑海的控制权，所以没有采取进一步措施。第一次修约活动没有达到目的。

1856年，《望厦条约》届满12年，以美国为首的列强又一次提出修约。咸丰帝仍坚持原订条约不能大段修改的原则，予以拒绝。

此时已经结束克里米亚战争的英法终于耐不住性子了，就决定采取"先打后拉"的策略，迫使清政府屈服。

为此，英国借用"亚罗号事件"制造了一个战争借口。

"亚罗号"是一艘中国的走私船，归中国人方亚明所有，虽曾在英属香港政府注册过，但已过期。1856年10月，广东水师在黄埔的一次突查过程中，逮捕了这艘船上的2名海盗和10名具有海盗嫌疑的中国水手。

但英国驻广州代理领事巴夏礼遵照政府指示，致函两广总督叶名琛，说"亚罗号"是英国的，中国无权登船搜人，并捏造捕人时中国水师扯掉英国国旗的事实，要求送还被捕者，赔礼道歉。

叶名琛收到致函后很重视，经过了解，得知当时船上并未悬挂英国国旗，就据实复函驳斥。但巴夏礼不依不饶，弄得叶名琛十分头疼，最后叶就想多一事不如少一事，把逮捕的水手全部放掉并送到

1856年10月25日，英军攻陷海珠炮台以及商馆一带。叶名琛拒绝和英国人谈判，并关闭广州海关，英军随后炮轰广州南城墙。图为《伦敦新闻画报》刊登的英军炮击广州城的情景。

英国领事馆。

然而，巴夏礼仍不满意，百般挑剔，拒绝接收，如说你看把我们的水手都饿瘦了啊，怎么精神也不太好了啊……找毛病谁不会。

10月23日，英舰突然闯入珠江，进攻沿岸炮台，悍然发动战争。不过由于兵力不足和广州人民的抵抗，英军很快就撤出广州，退踞虎门，等待支援。

而"亚罗号事件"直到1857年春才传到伦敦。在对华开战问题上，议员的意见并不统一，后在英国首相巴麦尊的坚持下，议会才通过了扩大侵华战争的提案。3月，英国政府任命额尔金为全权专使，率大批海陆军在7月到达香港；同时照会法、美、俄三国，提议联合出兵。

英国的提议立即得到法国的响应。但法国师出无名，于是借"马神甫事件"（亦称"西林教案"）出兵中国。

神甫就是神父，"马神甫事件"的主角即法国天主教神甫马赖。此人早在1853年就潜入广西西林县，以传教为名，勾结官府，作恶多端，还包庇教徒，终引起民愤，结果在1856年2月被西林县新任知县张鸣凤逮捕并处死。法国于是打着"为保卫圣教而战"的旗号，在第二年派葛罗为全权大臣，与英国联手发动侵略战争。

美俄虽因自身原因未能参战，但都派出了公使参与密谋，负责煽风点火。

1857年10月，法国全权代表葛罗率领的舰队也到达香港，与已经在这里等候的英军达成约定，双方组成联军，采取一致行动。12月，英法联军5600多人集结珠江口外，向两广总督叶名琛发出入城修约的最后通牒。

叶名琛忠实执行清政府"息兵为要"的方针，墨守成规，毫无反应，既不抵抗，也不议和，更不逃跑，每天的主要工作就是求神拜佛。12月28日晨，英法联军登陆，开始炮轰广州城。广州很快失守，叶名琛被俘。之后，叶名琛被辗转押送到了印度，囚禁在加尔各答南郊托里贡的一处住宅，日诵《吕祖经》不辍，自称"海上苏武"。次年4月死于囚所，据悉是绝食而死。英国人后将他的尸体运回中国。

不过，根据史料记载，叶名琛这个人还是比较有能力的，尤其是在理财和征剿叛乱方面，算是个蛮不错的同志。也正因为如此，叶名琛深得咸丰帝宠信，稳坐广东巡抚、两广总督位置近十年。

不过，战后咸丰帝需要找一个为失败负责的替罪羊，于是就挑中了被时人讥讽为"不战、不和、不守、不死、不降、不走"的"六不总督"叶名琛。

1858年1月，叶名琛被掳到英舰"无畏号"上。据《香港纪事报》载，军舰上所有军官都很尊敬他。偶然有人上舰，都向叶脱帽致意，他也欠身脱帽还礼。他在军舰上生活了48天后，即被解往印度的加尔各答。在加尔各答，叶名琛继续关注时事新闻，得知觐见英国女王无望后，他决定绝食。死前并无别话，只说辜负皇上天恩，死不瞑目。图为叶名琛被掳照。

其实，这样评价叶名琛是失之偏颇的，历史学家黄宇和先生在书中逐条回应了"六不"的定评："不战"，其实是无兵可战，正规军正在讨伐洪兵（不是洪秀全的太平军，而是同时期广东天地会发动的一次反清起义。起义军自称"洪兵"，即洪门造反军之意。因以红旗为标志，亦称"红兵"。），非正规军由于无薪可支，多数已经解散；"不和"，是的，一直不和；"不守"，守了，当然犯了不少错误；"不死"，未必，他可能就是自杀的；"不降"，是的，不降；"不走"，是的，没有走，更准确地说，是不能走。

总督被俘，肯定不是什么长脸的事，按理说其他将士应该同仇敌忾，奋勇杀敌才对，但结果是广东巡抚柏贵和广州将军穆克德纳很快便一同投降事敌。

广州城则血流成河。

巴夏礼在柏贵、穆克德纳投降后，为维持殖民秩序，便同其组成"联军委员会"，对广州实行军事管制。柏贵继续担任原职，供敌驱使。

这是中国近代史上最早的地方傀儡政权，维持了近4年之久。

4.《天津条约》：城下之盟

战火继续燃烧，英法联军为了迫使清政府屈服，决定乘势北上，并于1858年4月抵达天津大沽口外，美、俄公使则举着"调停人"的旗号，率兵船跟随助威。

清政府一看敌人已打到家门口了，首先想到的不是准备战斗，而是派直隶总督谭廷襄为钦差大臣，到大沽与外国公使谈判。

但英法两国根本没想着谈判，只是借机拖延，加紧军备。5月20日，英法联军闯入白河，炮轰大沽炮台。驻守各炮台的清军被迫还击，与敌鏖战。谭廷襄等人刚一开打，便弃守逃亡，再加上炮台设备陈陋，孤立无援，大沽很快失陷。

26日，溯白河而上的英法联军侵入天津城郊，扬言要进攻北京。6月13日，清政府慌忙派大学士桂良、吏部尚书花沙纳为钦差大臣，赶往天津议和。

在英法侵略者威逼恫吓下，桂良等先后与俄、美、英、法签订了《天津条约》。

《天津条约》的内容主要有：

一、允许外国公使进驻北京；

二、增开牛庄(后改在营口)、淡水、汉口、南京等10处为通商口岸；

三、外国军舰和商船可以在长江各口岸自由航行；

四、外国人可以到中国内地游历、经商、传教；

五、赔偿英法两国军费各200万两白银，赔偿英商损失200万两白银。

1858年5月20日，英法联军悍然向大沽炮台发动猛攻，守台将士英勇还击，但谭廷襄和直隶提督张殿元等高级官员率先逃跑，军心动摇，大沽炮台失陷。图为当时英法联军攻击大沽炮台的场景。

1858年6月26日，中英双方在天津海光寺内签订了《天津条约》。图为当时签约的场景。

5. 战胜与战无不胜的区别

条约签订后，英法联军陆续从大沽口南撤。

敌人虽然走了，清政府心里可不怎么痛快。第一次鸦片战争中国战败，清政府认为那不过是偶尔失手，仍然以天朝上国自居，把英法等国列入二等属国，认为那些高鼻子蓝眼睛的西方人，根本没有资格与自己平起平坐。

这次可好，中国不但又被打败了，而且被迫允许外国公使进驻北京，几百年积攒的脸面，一下子丢得精光。为了挽救，清政府后来甚至提出用全免关税等优惠政策来换取英法两国取消这一要求。

英法不但不同意，反而认为自己现在攫取的权利还不够，需要再接再厉，何况当时资本主义世界正赶上接连爆发经济危机，急需扩大市场转嫁危机，来转移国内人民的视线。基于这种情况，英法决定利用不久后换约的机会，再次挑起事端，用武力来赢得更多的侵略特权。

1859年初，英法分别派遣一支舰队护送新任驻华公使普鲁斯与布尔布隆到中国换约和赴任。清政府想把这事在上海给解决了，因为公使如果到北京，免不了要见皇帝，见皇帝免不了要在礼仪上(如下跪磕头)产生分歧，所以不如不见。

但英法公使到了上海后，根本没理会已等候在那里的桂良等人，招呼都不打就准备北上。6月20日，他们由英国侵华海军司令何伯率领英国舰队和法美军舰共22艘、军队2000余人护送，抵达大沽口外。

清政府一看联军来了，躲是躲不过去了，就只好让直隶总督恒福照会英法公使，说如果要换约，不能从设防的大沽口进，须从指定

《伦敦新闻画报》描绘了英法联军舰队为北上开战，而在九龙湾运输兵力的情景。

的北塘登陆，且随员不得超过20人，不得携带武器（由此可见清政府的自信心几乎为零），然后经由天津到北京进行换约。

蓄意找碴儿的英法公使断然拒绝，他们坚持舰队应经大沽口溯白河进京。看来他们这一路颠簸，被海风吹得都很有脾气。何伯嚣张地宣称："我们将稳操胜券，那么我们就应该不惜用武力来打开白河的大门，并继续向京城挺进。"

1859年6月25日，侵略军突然袭击大沽炮台。守卫炮台的蒙古科尔沁亲王僧格林沁奋力抵抗，重创敌人，击沉击毁英国军舰5艘，击伤6艘，俘获2艘，打死打伤英军464人，连何伯都挂了重彩。法军死伤14人。美国一看局势不妙，连忙伪装友好，乖乖从北塘进京，并与直隶总督恒福互换《天津条约》批准书。

在这里，需要插入介绍一个人，就是上一段提到的僧格林沁。介绍他不仅是因为此人在影视剧中出镜率高，名气大，还由于他是清帝国最后的"骑士"。虽然这个时候"骑士"精神在中国或许已成明日黄花，可僧格林沁及其蒙古骑兵用冷兵器对抗火炮，以身家性命忠

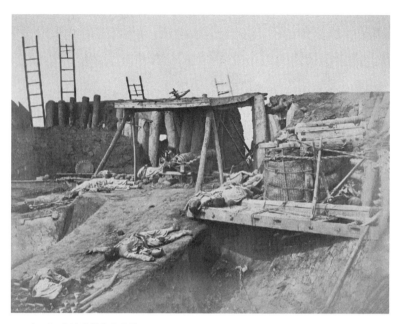

1860年8月，大沽北岸炮台失陷。

于朝廷，并奋力一击捍卫国土，仍然继承了泯灭近两千年的中国"骑士"传统，并诠释了一代"骑士"的宿命。

所以，当僧格林沁这一仗打胜后，清政府终于找到了一点自信。不过，这种自信没有维持多久，因为当英法联军在大沽战败的消息传到欧洲后，英法统治阶级内部一片叫嚣，要求对中国实行大规模的报复，"攻打沿海各地，占领京城，将皇帝逐出皇宫"，让英国人"成为中国人的主人"。

1860年2月，英法两国政府分别再次任命额尔金和葛罗为全权代表，率英军1.5万余人，法军7000余人，舰船200余艘，来华向清政府叫板。

咸丰帝一看这种情形，连撞墙的心都有了。英法联军势如破竹，很快占领舟山、大连、烟台等地，并封锁渤海湾。清政府终于发现，一次战胜可能是运气，要想战无不胜还得拼实力。

6. 擒贼先擒王？

　　英法联军经过近半年的打拼，于8月24日占领了天津，可以说已胜利在望。

　　清政府没办法，急忙派桂良等到天津乞和。在谈判中，英法提出必须全部接受《天津条约》，还要求增开天津为商埠，增加赔款以及各带千人进京换约。清政府则坚持先退兵，且不许带兵进京换约，于是谈判破裂。

　　9月初，联军由天津向北京开进，清政府无法阻挡，只好派怡亲王载垣、兵部尚书穆荫到通州再次议和。通州议和开始还比较顺利，经历了四天的反复辩论，9月14日，载垣等接受了英法所提的条件，

英法联军占领天津场景。

与巴夏礼达成了停战签约的协议，并认为矛盾已就此解决。然而，三天后，巴夏礼又提出了英国使臣向清帝亲递国书的要求。

绕来绕去，事情还是回到了清政府最纠结的问题上。

载垣等认为，"此事关系国体，万难允许"，再说当初我们在谈判中也没有说这件事啊，不要说你们了，就连已换约的俄国也未开此先例，要是真能同意，当初就不会开战了，于是严厉拒绝了英法此举。

但巴夏礼则认为，亲递国书是国际惯例，这种小事没有必要列入谈判内容。载垣可不认为这属于小事，便一面向咸丰帝报告，一面通知僧格林沁率兵在张家湾将巴夏礼一行人擒拿羁留。僧格林沁早就准备好了，在接到通知后，立即率部出动，截拿巴夏礼等英法人员39人。终于，通州谈判全面破裂。

清政府之所以敢这么做，自有其如意算盘。当时咸丰帝认为，"擒贼先擒王"，只要能把主谋巴夏礼控制住，英法联军就群龙无首，肯定会乱了阵脚。到那个时候，敌人投鼠忌器，我军士气大振，就不怕你们不束手投降。

擒贼先擒王没错，可你首先得知己知彼，弄清楚谁才是真正的"王"。你要是能抓住英国女王，肯定有效果，但当时英国女王估计正在伦敦白金汉宫凉快呢。

巴夏礼等30多人被抓后押送北京，以"叛逆罪"投入大牢。看到这里很多人可能会发晕，清廷还真不把这群老外当外人啊，也不知什么时候给巴夏礼改了国籍。其实这还不是最雷人的，人家清政府压根儿就没把英法联军对中国的进攻看成是侵略，而是当作叛乱，那么清政府对英法开战自然被理直气壮地宣布为"剿夷""讨逆"。

手里有英法联军"头目"这张王牌，清军显得有恃无恐，但遗憾的是，这并没有阻止住9月18日清军在张家湾的惨败。数日后，清军集结精锐部队3万人与英法联军在通州八里桥再次交战，结果被6000人的联军再次击溃。

我想这时候清军一定异常纠结一个问题：敌人怎么不关心上司的死活啊？在清朝，上司不关心下属的死活那是应该的，下属要是不

通州八里桥之战画面。

顾上司的死活那就说明你不想活了，但在外国，没这个理。

咸丰帝听到兵败的消息急得直跳脚，郑重宣布："朕今亲统六师，直抵通州，以伸天讨而张挞伐。"然后脚底抹油，把这个烂摊子丢给他的六弟恭亲王奕訢，自己则带着后妃、皇子、亲王和一批大臣，逃到热河行宫(今承德避暑山庄)，从此再也没有机会回到北京。

7. 火烧圆明园：悲痛的历史记忆

不过，以巴夏礼为首的英法谈判代表也不好受，他们先是被押解到北京提交刑部审问。审问完后，等待他们的不是宾馆的标间，而是被捆成大粽子扔进极具清朝特色的牢房。

清朝的牢房条件很不好，巴夏礼等人被折磨得够呛，几天瘦了十几斤。

当然这仅仅是身体上的，还有心理上的。在战争打得最激烈的时候，清政府告诉巴夏礼这些人，说中国决心死战到底，你们甭想活命，给你们两个小时的时间，赶紧写遗书吧。

等他们写完遗书后，清政府又说处死的日期推迟到第二天，但第二天没有行刑。于是行刑日期一拖再拖，这对已被宣布死刑的人来说，心理压力之大可想而知。

而此时的清政府还想着用这种方法迫使他们屈服，然后再在狱中与之重开谈判。谈判是没有问题，可清政府不知道，巴夏礼他们说了不算，根本无法阻止联军的进攻步伐。

10月13日至16日，在英法联军强烈要求下，清廷陆续把俘虏放还。交接完毕后，英法联军清点一下人数后，说："不对啊，是不是还有？"

清政府很肯定地回答说："没有了。"

英法联军很奇怪，说："我们派出去39人，怎么只回来19人？"

清政府回答："没错，是19人，别的都死了，所以来不了了。"

英法联军大吃一惊，继而又勃然大怒。

他们迅速召开会议，纷纷表示得给清政府一点颜色看看。

英军将领额尔金认为，他们的人是在圆明园受到虐待的，所以必须把这个园子夷为平地；另外，应由中国政府出钱，在天津设立纪念碑，用满文、英文、法文刻上清政府低头认罪的碑文，落成后由清廷大臣护送死者尸体前往天津参加揭幕仪式。

如果不同意的话，就把整个皇宫烧掉，因为这样更能让清朝统治者有深刻印象。有一个英国随军牧师甚至认为，中国的圆明园抵不上他们一个士兵的性命。

不过，英国与法国在焚园、立碑二事上有很大分歧。

法国担心严冬将至，军备不足，清政府要是真玩起命来，很有可能到嘴的鸭子飞了，所以不提焚毁圆明园及天津立碑纪念二事，只希望早点议和；即使真打圆明园的主意，抢抢东西就行了，没必要焚毁。但英国坚持焚毁圆明园，法国也没什么话说，毕竟大家是一起来的，总不能一个放火一个去救火吧。

在烧毁圆明园的前几天，联军要求清政府交出北京安定门"代为看守"。英法联军分四批入城，然后把司令部设在国子监。

在放火前，额尔金专门在北京张贴中文公告，公告了放火时间，并向北京市民做出这样的解释："任何人，无论贵贱，皆需为其愚蠢的欺诈行为受到惩戒，18日将火烧圆明园，以此作为皇帝食言之惩戒，作为违反休战协定之报复。与此无关人员皆不受此行动影响，惟清政府为其负责。"

据说，北京市民看到后，不但没有为即将到来的事情操心，反而对公告上的蹩脚语法嘲笑不已。在当时的国民眼里，你不烧我也住不进去，烧了我权当烟花来看。总之，额尔金是用错了感情。

1860年10月18日、19日，三四千名英军在园内到处纵火，大火三昼夜不熄，烟雾笼罩北京城，久久不散。

事后，据清室官员查奏，这座清王朝经营了150余年、总面积5200余亩（比现在的颐和园还大850亩）的举世闻名的壮丽园林，仅有二三十座殿宇亭阁及官门、值房等建筑幸存，但门窗多有不齐，室内陈设尽遭劫掠。与此同时，万寿山清漪园、香山静宜园等部分建筑也遭到焚毁。

咸丰帝听到这个消息后，气得吐血，他自小在圆明园长大，人家

1860年10月6日傍晚，英法联军闯入圆明园大宫门，园内20余名技勇太监进行了抵抗，但他们寡不敌众，很快就以身殉国了。侵略军攻占圆明园后，立即"协派英法委员各三人合议分派园内之珍物"。他们难以抵抗诱惑，都冲上前去抢劫园中的金银财宝和文化艺术珍品。图为侵略军闯入圆明园时的场景。

这回居然把他的老巢给烧了，这面子算是丢到灰堆里了，捡都没法捡。此事对他的打击很大，咸丰帝旧病复发，不到一年就死于热河。

而英国方面，额尔金后来回到伦敦，受到各式各样的热烈欢迎。

不少人认为烧掉皇帝园子太好了，但也有一个人觉得不好，那就是英国首相巴麦尊，这个70多岁仍精力充沛的老家伙说："为什么不连中国的皇宫一块儿烧掉呢？"

试想一下，如果当时英法联军把整个紫禁城都烧掉，那又该是一件多么痛心的事啊！

遗憾的是，清政府激怒英法联军的这把火，能烧掉帝王的园林，能烧掉统治者大肆搜刮来的民脂民膏，却烧不醒当时沉睡中的清政府。

8. 认清了自己的位置

事情既然到了这份儿上，清政府已经没有什么选择了。

1860年10月24日、25日，在英法两国武力逼迫和俄国恫吓下，清政府分别与英法两国公使交换了《天津条约》批准书，并签订了中英、中法《北京条约》。

《北京条约》的内容主要有：

一、清政府承认《天津条约》有效；

二、增开天津为商埠；

三、割九龙司地方一区给英国；

图为《伦敦新闻画报》刊登的英方大使额尔金进京签订《北京条约》的情景。

四、对英法两国赔款各增加至800万两白银。

至此,第二次鸦片战争结束。清政府通过这场战争终于认清了自己在世界上的位置。在以后的日子里,它将带领中国人民去一个名叫"水深火热"的地方。那个地方,有一群暂时做稳了奴隶和求做奴隶而不得的人。

第二次鸦片战争中,中国与英法打得火热,根本没有太多精力顾及其他,于是俄国认为这是一个不错的趁火打劫机会,大肆侵占中国领土。如果把它19世纪50年代到80年代侵占中国的领土都算上的话,共有150多万平方千米,约41个台湾那么大。

也正因为此,在近代历史中,俄国给国人的印象,甚至比日本还要差。关于它的事情,这一节里就不多说了,后面我会详细叙述。此处只引用一个俄国侵占中国领土的表格。

俄国侵占中国北方大片领土

时间	不平等条约名称	割占领土范围	割占领土面积
1858	中俄《瑷珲条约》	中国东北外兴安岭以南、黑龙江以北	60多万平方千米
1860	中俄《北京条约》	中国乌苏里江以东包括库页岛在内	约40万平方千米
1860	中俄《北京条约》	中国巴尔喀什湖以东、以南	44万多平方千米
1864	中俄《勘分西北界约记》		
19世纪80年代	中俄《改订条约》及以后五个勘界议定书	中国西北部	7万多平方千米

《伦敦新闻画报》刊登的第二次鸦片战争后，中国将赔偿英国的白银过秤的情景。

《伦敦新闻画报》刊登的中国将20万两白银送达英军司令部的情景。

9. 辛酉政变：慈禧的奋斗史

1861年，她27岁，死了丈夫；1875年，她41岁，死了儿子。

她死掉丈夫时，正值花信年华，且在这之后近半个世纪的余生中，也没能再嫁；她的儿子死掉时还不满19岁，搁现在也就刚上大学，恋爱估计都没来得及谈。

她真是"太可怜"了，如果你是一个心软的人，估计看到这里已经开始抹同情的眼泪了。但奇怪的是，没有一个人真正可怜她，因为她的名字叫叶赫那拉·杏贞，我们习惯称她为慈禧。

慈禧的父亲是个普通的官员，没有什么过硬背景。好在慈禧是个旗人，这使她得以有机会选秀入宫，并嫁给了当时中国最成功的男人——咸丰帝。

慈禧文化水平不高，但性格开朗。后来她生了一个儿子（即载淳，后来的同治帝），这更增加了她在丈夫心中的筹码。母以子贵，慈禧愈加受宠，很快就被晋封为贵妃。

如果这么一直下去的话，我们有理由相信这将是一个美满的家庭。

遗憾的是，咸丰虽是皇帝，但从运气上来说，他在历代帝王之中，差不多属于运气最差的

慈禧太后油画像（荷兰／胡博·华士）。

《咸丰帝便装行乐图》(清代／佚名)。

一位。

如中国历史上最大的农民起义太平天国运动让他赶上了,西方列强入侵中国的三千年未有之变局让他赶上了,中国几千年封建社会的没落让他赶上了……

所有的这些,使这位病篓子皇帝不堪重负。可他无处回避又无力回天,只好驾驶着清朝这条已经航行了200多年的千疮百孔的破船硬着头皮往前闯,结果刚过而立之年就死了。

丈夫死了,这显然是一件让人悲痛的事情,慈禧或许也抱怨过自己命苦吧。但生活无法改变,你唯一能做的就是改变自己。

好在慈禧还有一个儿子,儿子不大,才五六岁,正是淘气的年龄。更让慈禧感到欣慰的是,儿子这么小就已经参加工作了,而且还是清帝国的皇帝。

咸丰帝是1861年8月驾崩的。他在临终前做了三件事:一是立皇长子载淳(也是他唯一活着的儿子)为皇太子;二是任命亲信怡亲王载垣、郑亲王端华、户部尚书肃顺、驸马景寿,以及军机大臣穆荫、匡源、杜翰、焦佑瀛八人为顾命大臣,辅佐载淳;三是授予皇后钮祜禄氏"御赏"印章,授予皇太子载淳"同道堂"印章(由慈禧掌管)。

载淳继位后,改年号为"祺祥",生母慈禧(即西太后,"慈禧"为徽号,是在她升为皇太后之后才加封的,为了便于理解,我前面也使用了这个称呼)由贵妃升为皇太后;皇后钮祜禄氏(即东太后)也被尊为皇太后,加"慈安"徽号。

按照咸丰遗训,顾命大臣以皇帝名义颁布的每道谕旨的开头和结尾都须分别加盖"御赏"和"同道堂"的印章方能有效。这样,朝政大事就由慈安、慈禧、顾命大臣三方掌控,形成一种"三足鼎立"之势。

慈禧心眼多,刚坐上皇太后的宝座据说就指使御史董元醇奏请,说皇帝年幼,无法处理朝政,所以要由两宫皇太后"垂帘听政"。这个提议遭到顾命大臣的坚决抵制,他们以"本朝未有皇太后垂帘"的理由加以反对。

第一次争权失利后,慈禧并没有退却,而是开始分析,虽然她与慈安太后掌握先帝所赐的两枚印章，在政治上与八大臣势均力敌，但现在是在热河行宫，周围全是八个顾命大臣的势力。因此，要想在权力争夺战中取得胜利，一方面是要尽可能地争取实权派的支持，另一方面是要在北京动手。

慈禧首先想到的两个人就是奕訢和慈安太后。奕訢是道光帝的第六子、咸丰帝同父异母的弟弟。论能力，他要比咸丰帝强很多，因此咸丰帝驾崩后，奕訢就成为皇族中威望最高的人。

慈安太后原本是广西右江道三等承恩公穆扬阿之女，选秀入宫的当年就被立为皇后，时年16岁。由此可以得出两个结论，一是慈安太后这个人很有水平，二是就凭她当了这么多年的皇后，资历和威望就没有人能比得了。

奕訢好说，他本来就和慈禧是一条船上的人。而慈安太后那边，也没费她多大的劲儿，毕竟她俩都嫁给了同一个男人，两个人凑在一起，有的是共同语言，只需互诉一下衷肠，还不立马站在同一条战线上？

两个女人一台戏，好戏就是这样开场的。

随着矛盾日益尖锐，到了10月，载垣、端华、肃顺等人准备以退为进，以作试探，向慈禧、慈安提出说他们年纪渐大，公务繁多，想将手里的工作逐量改派给他人。慈禧、慈安听后大喜，赶紧抓住这次机会，顺水推舟，以"减其劳"为名，解除了载垣领禁卫军的兵权。其后，奕訢争取了掌握京畿与直鲁重兵的兵部侍郎胜保和僧格林沁的支持。

有了兵权，再加上奕訢已通过私人渠道取得英国等列强的支持，就更增强了慈禧决定发动政变的信心和决心。现在，万事俱备，就差一场东风了。

10月26日，慈禧、慈安和载垣、端华等人从热河起行，携幼帝载淳由间道回銮北京。咸丰帝的灵柩则由肃顺走大路护送。11月1日，慈禧一行在胜保的亲兵接应下抵京，当天即与奕訢密商接下来的事情。

次日凌晨，载垣、端华刚踏入宫门，还没明白是怎么回事，就被事先埋伏在两旁的侍卫捕拿起来。与此同时，扶枢刚到达密云的肃顺也被逮捕。

11月3日，慈禧、慈安接连发出上谕，任命奕訢为议政王，大学士桂良、户部左侍郎文祥等人为军机大臣上行走，组成新的军机处。

7日，清廷改年号"祺祥"为"同治"，并宣布载垣等三人大逆不道等罪状，赐载垣、端华自缢，肃顺斩首，其余五大臣分别罢黜或充军。

12月2日，慈禧、慈安这两个历史上著名的寡妇终于修成正果，正式垂帘听政，但实权掌握在慈禧太后手中。而以奕訢为首的洋务派也开始在中央掌权，清朝最高统治集团开始买办化。这便是中国近代史上有名的"辛酉政变"（1861年是农历辛酉年），亦称"祺祥政变"或"北京政变"。

10. 伺候洋人的衙门

辛酉政变前后，在奕訢等人的牵头下，清政府与洋人逐渐从对抗变为勾结。

列强为了在中国能有一个安定的赚钱环境，很希望清政府把自己的内部问题解决掉。但清政府没有这个能力，所以帝国主义就试图助其一臂之力。法国公使葛罗表示，要在"海口助中国剿贼，所有该国停泊各口兵船，悉听调遣"。俄国政府则愿意给清政府提供一批枪炮，以便更好地镇压人民的反抗。

列强的这种"无私奉献"精神让清政府犹豫不决。

清政府不是怀疑列强的能力不足，而是怕外国军队万一"占据地方，勾结逆匪"，自己到时候收不了场，因此不敢贸然答应。但是，"逆匪"又是必须要解决的，最后清政府就想了一个法子，让江苏巡抚薛焕指使买办商人与洋商"自为经理"，招募外国人组成洋枪队（其实就是雇佣军），帮助清军镇压太平军。比较著名的是美国人华尔组织的洋枪队，到同治元年(1862)已发展到5000人左右。

除了军事方面的勾结，根据《北京条约》的规定，清政府还与列强建立了正式的外交关系。为了适应这种新情况，1861年1月，在奕訢等人的建议下，总理各国事务衙门成立。

总理各国事务衙门，简称"总理衙门"或者"总署""译署"，是中国近代第一个常设的外交机构，刚设立时权力大致相当于我们今天外交部、商务部、海关总署的职能之和。

后来，摊子越铺越大，连修筑铁路、开矿和制造枪炮也归它管，再加上又是和高国人一等的洋人打交道，所以它的地位非常高，在六部之上。

在总理衙门设立以前，中国其实没有所谓平等外交概念（当然在设立之后的很长一段时间也谈不上平等外交），因为自诩为"天朝上国"的清朝视其他国家皆为蛮夷，对外关系也只讲"藩属朝贡"，没有常设的外交机构，如遇到外交性质的事情，就由礼部和理藩院临时代为解决。

第一次鸦片战争结束后，清朝被迫开放广州、厦门、福州、宁波、上海五处为通商口岸，为了适应局势需要，在1844年设置五口通商大臣，驻广州，由两广总督兼任。

1859年，五口通商大臣移驻上海，改为两江总督兼任。后来，通商口岸扩展至长江各地，五口通商大臣名不副实，于是在1866年又改为南洋通商大臣（简称南洋大臣）。

第二次鸦片战争结束后，北方的牛庄（后改营口）、天津、登州（后改烟台）三个城市也被开放为通商口岸，于是清政府在1861年设置三口通商大臣。三口通商大臣是个相对独立的衙门，由专人负责。

1870年，因为通商事务扩大，三口通商大臣改为北洋通商大臣（简称北洋大臣），由直隶总督兼任，负责直隶、山东、奉天三省的通商事务。

图为乾隆时期，天津为接待马戛尔尼一行而建造的临时建筑，而1858年签订的《天津条约》则允许外国公使进驻北京，不难看出外国侵略者正在一步步加强对清政府的影响和控制。

南、北洋通商大臣表面上归总理衙门管，实际在制度上两者没有直接的隶属关系，后者对于前者来说差不多相当于我们今天常说的首席顾问。但是，前者和后者都与洋人打交道，在很多外交事务上，两者又是相互补充的，一个侧重于地方，一个侧重于中央。

总理衙门的负责人主要由王公大臣兼任，首任大臣为恭亲王奕䜣、大学士桂良和户部左侍郎文祥。但这些大臣平时工作比较忙，洋人又"事儿妈"，所以根本没精力去管具体的工作，就只好在总理衙门下面设立了英国股、法国股、俄国股、美国股几个具体的办事机构。后来，随着新型水师的建立，1883年又增设了海防股，负责管理南洋和北洋海防。

从总理衙门的机构设置来看，它非常具有针对性和服务性。因此，总理衙门在加强清朝同外国联系的同时，也更加便利列强控制清朝的内政外交，是清朝中央机构开始半殖民地化的标志。

除了总理衙门和南、北洋通商大臣，还有一个原本很不起眼的机构在近代中国内政外交中产生了重大的影响，那就是海关总税务司署。

列强很早就意识到控制中国海关的重要性，认为通商口岸如果是中国的大门的话，那么海关就是大门的一把钥匙。只有掌握了这把钥匙，才真正算是开启了财富之门。

1854年，英、法、美三国就利用镇压上海小刀会起义的机会，窃取了上海海关管理权。第二次鸦片战争结束后，他们又将上海海关所实行的办法推广到其他通商口岸。

1861年，在英国的努力下，全国性的总税务司署成立，由英国人李泰国担任总税务司，此后这个职务长期为英国人所占据。海关总税务司署名义上隶属于总理衙门，但事实上它有很强的独立性。

1863年，清政府辞退办事习诈、狡狯异常的李泰国，任命驯顺近礼、年仅29岁的英国人赫德为总税务司，从而开启了他控制中国海关近半个世纪的历史。

赫德在这之前干过很多工作，如在领事馆当翻译，在地方海关任税务司等。他这个人精明能干，操一口流利的汉语，为人自制、沉着、圆通，且熟悉中国官场礼节和士大夫的习气，深得部分士大夫的赞扬。

在赫德的主持下，海关这个原本在清廷很不起眼的衙门，很快成为清政府财政收入最可靠的来源。而随着清政府的财政支出越来越依赖海关税收，总税务司赫德对清政府的影响也日益增强。赫德不仅把持海关，而且利用业余时间插手中国的军事、政治、经济、外交和文化等诸多方面的事务。

1865年，赫德向皇帝呈递了一篇《局外旁观论》，劝告清政府忠实地履行不平等条约，表示如果触犯了列强的权益，他们必然要进行干涉，"一国干预，诸国从之，试问将来中华天下，仍能一统自主，抑或不免分属诸邦？此不待言而可知"。这些话使得很多大臣不爽，左宗棠甚至表示，如果不是看在你是英国人的分上，老夫早就扇你一大嘴巴子了。

后来，赫德又试图要求清政府设立一个筹建海防的专门机构，以便能任命他担任海防司的职务，企图控制中国的海防大权。不过，因为反对这个提议的人太多，赫德的野心未能得逞。

通过上面的两件事可以看出，赫德是个很有权力欲的人，而正是极强的权力欲，才使得他工作起来很卖力。

就这样，在赫德的努力下，海关总税务司居然成为晚清萎靡腐败的行政体系中最有秩序和效率的一个机构。因此，尽管赫德表现得有点狂妄，但他并没有引起清政府的真正反感。时间久了，清政府甚至对他产生了依赖，有时连封疆大吏的人事任命都要咨询他的意见。

最让人感到不可思议的是，赫德还经常游走于清政府与西方国家之间，成为一名超牛的政治掮客——他曾被清政府派驻伦敦直接代表中国政府同外国商议条约草案。

同文馆于1862年在北京设立，是总理衙门的一个附属机构，其主要功能是为清朝培养合格的翻译人员和科技人才。

外语方面，开馆之后先后设立了英、法、俄、德、日五馆；科技方面，自1866年起相继添设了算学馆、化学馆、格致馆和医学馆。

同文馆总教习丁韪良和他的学生。

需要说明的是，同文馆在成立之初面临的最大问题不是经济问题（它的经费来源于赫德管理的海关税收），而是招不到学生。因为在当时外语和科学可不是什么热门专业，很多人认为，只要学习了洋文，便是投降了外国，根本没人愿意去。

招不到学生，同文馆就没法开张，无奈之下，清政府只好从八旗官学学子中进行挑选。挑来挑去，最后也只剩下那些家境不好或者笨拙不用功的人被一股脑儿地扫进同文馆。

但这不是长久之计，于是清政府后来就制定了一个章程，说只要你愿意进馆读书，便能每月领到一份津贴，如果成绩不错，以后每学期津贴还能递增，最多的每月能领到15两银子，比当时一个翰林挣得还多。

这还不算，当你毕业了，工作还能包分配，直接就是公务员。有了这些措施保驾护航，同文馆的生源问题终于解决了。

然而，清政府可不是只有这一个问题。在诸多问题中，当时最大的问题，自然还是要数太平天国。

好了，绕了这么大一圈，我们终于又回到了太平天国这个话题上。

第 5 章

天京变乱

生于忧患，死于内斗

天京变乱对太平天国的影响深远。

它不仅搞垮了已有的领导核心，

而且使立国的精神支柱拜上帝教形象大打折扣，

更让洪秀全想不到的是，

这场变乱让已经感到"大局不堪设想"的清政府

惊喜万分。

1. 由内耗到内讧

让我们将镜头再次切回到太平天国。话说太平天国定都天京后，洪秀全等人沉醉于胜利之中，开始贪图安逸享乐，生活上逐渐腐化。

当时太平天国在许多方面都要讲究级别，从每天分配多少斤肉到给官员配多少个助手，全部根据级别而非实际需要来定。

为此，太平天国制定并颁布了一套"贵贱宜分上下，制度必判尊卑"的礼制。如在宫中是禁止女子抬头看洪秀全的，因为"起眼看主是逆天，不止半点罪万千"，"看主单准看到肩，最好道理看胸前；一个大胆看眼上，怠慢尔王怠慢天"(引自《天父诗》)。

又如规定天王外出，用轿夫64人，下面官员逐级递减，最后连最基层的乡官两司马也有轿夫4人(总共才管25户)。而同时期的清朝，皇帝也不过享受十六人抬的大轿，至于像知县这样的地方官，能坐上二人抬的小轿就已经心满意足了。

倘若是诸王出行，那就更是气派了，比如东王，光鸣锣开道的仪仗队就多达1000余人，能排成二三里的长队。我们中国人喜欢看热闹，既然人这么多，那能不能去凑热闹呢？不能，因为按照规定，下级士兵和百姓若遇到这种情况必须回避或跪迎道旁，否则就会受到惩罚。

不仅如此，太平天国在定都天京后，还大兴土木。1854年，洪秀全在拆毁大批民房的基础上，把两江总督府扩建为天王府，动用了大批男女劳动力(没办法，人口流失严重，男的不够用)，"半载方成，穷极壮丽"。谁知没住几天，被一场大火给烧毁了。但是不怕，洪秀全很快又在原址上进行复建，建成后"城周围十余里，墙高数丈，

清朝官员坐的轿子(清代／佚名)。

内外两重",和北京的紫禁城有一拼。

除了内部腐败问题,太平天国还存在着严重的内讧问题。

太平天国内讧的迹象从一开始就有,但直到1856年才变得公开化和白热化。经过这么长的一段时间才大爆发,不是因为以前的内部矛盾不尖锐,而是因为要应对清军的威胁,忙着打仗求生存,顾不上。

前文已经说了,太平军在西征、天京破围战中取得了一系列胜利,使得1856年上半年的太平天国在政治、军事上达到了全盛。然而,"水满则溢,月圆则亏",随着政权的日益巩固和稳定,太平天国领导集团内部的一些人终于有精力和时间闹腾了。

于是,太平天国领导们之间的关系很快由原来的"寝食必俱,情同骨肉",变为现在的"彼此暌隔,猜忌日生"。杨秀清、韦昌辉、石达开等纷纷使出浑身解数,通过家族、亲属、部属等关系拉帮结派,形成各自的势力集团。

其中以杨秀清为首的"东府集团"势力最大。

杨秀清的冒尖引起了太平天国最高领袖洪秀全的注意,于是两人之间的斗争成了内部矛盾中的主要矛盾。

杨秀清敢和洪秀全叫板的底气来自他早年取得的天父传言之权,故而他成为凌驾于洪秀全之上的上帝代言人。杨秀清利用这种权力,上逼天王,下压诸王及将领、北王韦昌辉、燕王秦日纲、卫天侯黄玉昆均被他杖责,甚至连洪秀全都不能幸免。

杨秀清曾三次诈称天父下凡附体,令洪秀全跪在他面前,历数其罪后对其同样进行了打屁股教育。因此,东王府成了太平天国事实上的"天朝"所在。

这让洪秀全觉得十分不爽,他想,如果你杨秀清打上瘾了,那我以后岂不是还得定制一个铁裤衩?尽管不爽,但洪秀全也无可奈何,因为自从定都天京后,他长期深处深宫,把主要的精力都放在了宗教神学等学术研究上,忽视了对政权、军权等方面的控制。

更加让洪秀全无法忍受的是,杨秀清利用1856年8月江南大营被打垮,天京被包围的形势解除之机,"逼天王到东王府封其万岁"。虽然洪秀全被迫答应了杨秀清的要求,但这也成了压垮他心理防线的最后一根稻草。于是,洪秀全一出东王府大门便立即密诏韦昌辉、石达开从江西、湖北前线火速返回天京,对付杨秀清。

韦昌辉对杨秀清的所作所为可以说是羡慕嫉妒恨,但他这个人城府很深,对杨实行"阳下之而阴欲夺其权"的策略。为了达到目的,他一方面对杨秀清阿谀奉承,唯命是从,另一方面深度取信于洪秀全,如1853年当杨秀清假托天父下凡要杖责洪秀全时,韦昌辉就立马表示"愿代天王受杖"。

"功夫不负有心人",在洪秀全准备对付杨秀清时,首先想到的果然是他。韦昌辉在接到密诏后,立即率领亲信3000余人,在9月1日深夜顶着露水赶回天京,与先从前线返回的秦日纲一同包围东王

南京的天王府曾是明代汉王府，清代成为两江总督的衙署。太平天国定都南京后，这里被改建为洪秀全的天王府。图为《伦敦新闻画报》刊登的南京天王府大门前的情景。

府，几天之内先后对杨秀清及其家眷、手下展开两次屠杀，前后杀掉两万多人。随后，韦昌辉控制了天京，独揽军政大权。

9月中旬，翼王石达开赶回天京，对韦昌辉的滥杀无辜和制造恐怖非常不满。韦昌辉此时正踌躇满志，不料被人兜头浇了一盆凉水，便认为石达开和杨秀清是一伙的，就意图予以加害。石达开闻讯后连夜逃往安庆，躲过一劫，不过他在天京的一家老小全部被杀掉。

石达开家人被杀，自然不会善罢甘休，他就在安徽纠结部队，举兵靖难，要求洪秀全惩办韦昌辉等人以平民愤。

此时，天京将士对韦昌辉的暴行也十分不满，纷纷表示支持石达开的提议。洪秀全"无奈"，只好应将士们的请求，于11月初下诏诛韦，然后很快将韦昌辉、秦日纲等二百余人杀死，还专程令人把韦昌辉的首级送交石达开验看。

这样，永安建制中所封的诸王就只剩下石达开和洪秀全了。11月底，石达开奉诏回京，被军民尊为"义王"，合朝同举其"提理政务"。石达开则表示不计私怨，除惩办首恶外，余下的人既往不咎，于是人心迅速安定下来。

局势安定后，随着石达开的声望日隆，洪秀全又变得不高兴了。这个很容易理解，他本来不想过问朝政，自己享享清福，乐得清静，就把权力下放给曾与自己情同手足的弟兄，哪料到最后居然闹出杨秀清擅权逼封和韦昌辉暴乱屠杀这两档子事，所以洪秀全对石达开不得不有所疑虑。

和以往不同的是，洪秀全这次没把怀疑憋在心里，而是直接用行动排挤可能与他分庭抗礼的人。为此，他"专信同姓之重"，册封其长兄洪仁发、次兄洪仁达分别为安王和福王，主管军政，对石达开进行严密监视。洪仁发、洪仁达这两人属于草包，能力没有，但使坏的功夫居高不下，几次阴谋戕害石达开。

石达开一看没法在天京待下去了，同时也为了避免再次爆发内讧，不得已于1857年5月逃离天京，前往安庆。在逃离中，石达开沿途张贴小广告，解释自己是好心被当作驴肝肺，被逼无奈才选择离京。

广告的效应果然巨大，石达开在安庆驻留几个月便已集结到10万精兵。而与此同时，太平天国则处于一种国中无人、朝中无将、将下无兵的危险局面。洪秀全无奈（这回是真无奈），遣使持"义王"金牌请石达开回京。石达开根本没搭这茬，决定单打独斗，开始了他悲情英雄的道路。

但是一个人闯荡天涯走得并不顺，石达开从安庆出发，先后转战江西、浙江、福建等省，败多胜少。1859年起，石达开又开始在湖南、广西、湖北、四川、云南、贵州活动，并多次击败清军。但是，由于他长期孤军作战，没有建立自己的根据地，粮食、武器等补给困难，所以部队的战斗力日益削弱，军心逐渐涣散，分离、叛降的情况时有发生。

1863年3月，石达开率军从滇北进入天府之国四川，然后北上，准备强渡大渡河直取成都。5月14日，石达开率3万余人的部队集结在大渡河南岸。要命的是，当夜暴雨如注，河水陡涨，渡河的难度比去天国的难度还要大。

更要命的是，前来围剿的清军随后到达北岸。如果是我的话，我肯定放弃渡河，去别的地方溜达，反正中国这么大，还能找不到一个混饭吃的地儿？但石达开不是我，一根筋似的多次组织强渡突围，结果不仅没成功，反而被越来越多的清军和土司兵包围，几经突围，几万人马只剩下7000来人。

走投无路之下，石达开的五位妻妾五人怀抱两个幼子投河自尽，自己则怀抱5岁的儿子石定忠和宰辅曾仕和去跟清军谈判，希望能用自己的性命给部下换取一条活路。清军这时已成捉鳖之势，当然不会答应石达开天真的要求，在扣押石达开的同时，迅速而有效地把他的部下剿杀殆尽。

石达开等人后来被押解至成都，判凌迟处死。受刑之时，石达开神气湛然，毫无缩态，至死默然无声，时人称其为"奇男子"也。

2. 江山代有才人出

天京变乱对太平天国的影响深远。

它不仅搞垮了已有的领导核心，而且使立国的精神支柱拜上帝教形象大打折扣，更让洪秀全想不到的是，这场变乱让已经感到"大局不堪设想"的清政府惊喜万分。清政府于是利用这次机会迅速组织力量进行反扑，很快重建了江南大营和江北大营。

太平军被迫由进攻转为防御。

洪秀全为了扭转危局，决定亲自出马，宣布"主是朕做，军师亦是朕做"。为此，他提拔了打仗敢拼且富有指挥才能的青年将领陈玉成和李秀成主持军事，提拔老臣蒙得恩（这个名字起得好啊）主持政务，初步建立了一个新的领导核心。

陈玉成（1837—1862），广西藤县人，自幼父母双亡，给人充当雇农。15岁那年跟随叔父参加金田起义，被编入童子军。在童子军中，陈玉成表现十分抢眼，苦练一身好枪法，不久便当上了童子军的首领。1853年定都天京后，他被提升为左四军正典圣粮，主管军粮。次年，西征军进取武昌，久攻不下，陈玉成"舍死苦战，攻城陷阵，矫捷先登"，亲率"天兵缒城而上，以致官兵溃散，遂陷鄂省"。他也因功被提升为殿右三十检点（位在丞相以下），统领后十三军及水营前四军。他两眼下有痣，远望如四眼，故敌人称其为"四眼狗"。

李秀成（1823—1864），与陈玉成是老乡，也是广西藤县人，出身贫农，26岁时加入拜上帝会，1851年9月参加太平军。他作战机智勇敢，逐步由一名普通士兵成长为具有战略眼光的优秀军事统帅。天京变乱后，李秀成被提拔为副掌率、后军主将，负责保卫天京和长江以南广大地区的战事。

1853年太平军与清军在天津作战的场景。

　　1858年，李秀成、陈玉成召集各路将领在皖北召开军事会议，研究并制定了解除清军对天京包围的作战方针。会后，各路大军立即行动。9月，李秀成、陈玉成在滁州乌衣镇会师后，挥师东进，一举攻破在浦口的江北大营。江北大营从此再也无力恢复，天京北面的威胁得以解除，从而打通了天京与江北的粮饷供应线。

　　攻破江北大营后，陈玉成和李秀成率兵西进，驰援正被湘军进攻的三河镇。

　　三河镇是太平军在皖北的重要军事据点和粮草、军火供应地，战略地位非常重要。11月中旬，陈玉成利用大雾弥漫发起进攻，经过激战，太平军摧毁湘军全部营垒，并击毙湘军悍将李续宾及曾国藩之弟曾国华等文武官员四百余人。

　　曾国藩闻讯后，哀恸填膺，又要找河去跳（转了一圈没找到），之后痛哭哀叹道："三河之败，歼我湘人殆近六千，不特大局顿坏，而吾邑士气亦为不扬。"

　　1859年4月，洪仁玕从香港来到天京。

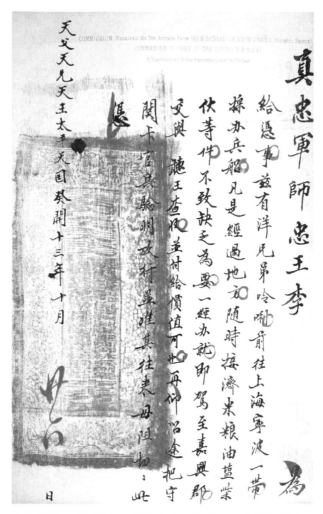

李秀成发给吟唎的凭照。吟唎原为英国海军军官，1860年辞职后前往太平天国控制区经商，第二年加入李秀成的军队，为其训练军队。1863年吟唎率人潜入上海，夺取轮船"飞而复来号"，献给太平军使用。

洪仁玕是拜上帝会创始人之一,洪秀全的族弟,早年经历基本和洪秀全一样,玩命读了那么多年书,近30岁连个秀才都考不中。

当年金田起义时,他在花县教书谋生,没能赶得上队伍,几经辗转,后来逃到香港。到了香港后,他苦学英文,研习西方的文化和制度,后在洋教士的资助下,历经千辛万苦,方才到达天京与洪秀全相会。

此时正值天京变乱后的愈合期,洪秀全突然见到一个远道而来且喝过洋墨水的弟弟,非常高兴,立即重用,封福爵。

此后一个月不到,洪仁玕又被加封为"干王",总理政事。但这引起了其他将领的不满,为平息众怒,洪秀全随后不得不又加封陈玉成为英王,李秀成为忠王。

洪仁玕虽被资本主义思想文化浸淫过,可那不过是在受洋人殖民统治的土地上兜了一圈,不仅算不上是"海龟",而且连"海带"估计也算不上。尽管和洋人没法比,但他在太平天国这一帮农民面前还是很有优越感的。

为了向洪秀全展示才学,同时也为了平息太平天国高层领导对他的不服气,洪仁玕到达天京没多久就上呈了改革内政和建设国家的新方案——《资政新篇》。

3.《资政新篇》：理想很丰满，现实很骨感

作为统治者，洪秀全自然知道太平天国存在严重的问题。但光知道还不行，重要的是得有切实有效的办法去解决问题。

所以，当洪仁玕把《资政新篇》呈给洪秀全的时候，洪秀全估计想都没想就把这事给敲定了：老弟，这个东西如果反响好的话，你就放手去干吧，哥相信你！

其实，当时投奔洪秀全的不只他家亲戚，还有中国第一位留学生容闳。

容闳从美国耶鲁大学毕业后曾把国家复兴的希望寄托于太平军。1860年11月，他抵达动荡中的天京。容闳还曾经补充洪仁玕的主张，提出包括建立良好的军队、建设善良的政府、创立银行制度、厘定度量衡标准及设立各种实业学校等七点建议。

可惜容闳得不到洪秀全的重用，最终他投奔了曾国藩。

拐回来还说洪仁玕的《资政新篇》，在洪秀全亲自审阅批准后，《资政新篇》大量刊行，成为当年除《天父诗》外最畅销的书。

虽然《资政新篇》卖得好，但读者却没有对里面的内容产生共鸣。为了便于理解，我们还是先看看这本书到底是讲啥的。

《资政新篇》共分"用人察失类""风风类""法法类""刑刑类"四个部分。看着有点别扭吧，不过没关系，我可以置换成大家都懂的词语，通俗一点讲，就是此书共涉及政治、经济、文教、外交等方面的内容。

其主要内容有——

《资政新篇》书影。

政治方面：主张统一政令，以法治国；各省设新闻官，听取社会舆论；设投票箱，由公众选举官吏。

经济方面：主张学习西方，发展工商业，奖励技术发明，兴办保险事业等。

文教方面：反对迷信，提倡兴办新式学校、医院和慈善机构；严禁买卖人口和吸食鸦片。

外交方面：主张同外国自由通商，交流文化，平等往来，但不准外国干涉中国内政（有气魄！至少清政府不敢说出这种话）。

《资政新篇》中的政策都是好政策，连曾国藩的重要幕僚赵烈文看到《资政新篇》后，在日记中也不得不承认"其中所言，颇有见识"，让他心悦诚服。历史教材上也说，《资政新篇》具有鲜明的资本

田凭是太平天国发给土地所有者的土地证。我们今天见到的田凭是1860年以后在江苏、浙江某些地区以李秀成等人的名义颁发的，目的是确定土地所有权，并据此征税。

主义色彩。

看见没有，评价的关键词是"资本主义"，而当时太平天国的主体阶级是什么？农民！农民最想要的是什么？土地！那你上面讲了吗？没有！既然没有，农民兄弟还跟你废什么话？

所以说，《资政新篇》其实就是一份用来空想的文件，没人关心，自然也不会有人想着去做。而洪秀全事后也顶多向沮丧的洪仁玕说两句安慰的话："哥是一直在精神上支持你，你这套东西的反响虽然没有我的《天父诗》好，但也不要太失望，西方的那套我们中国人消化不了，你还是跟我继续信上帝吧。"

第 6 章

天国梦碎

覆巢无完卵

洪秀全不管事，就重用洪仁玕。

洪仁玕虽想重振朝纲，

但他刚来天京参加工作不久，

缺少战功，威望不够，

再加上实施的几项措施成效都不大，

不久便失去了信任。

1. 王爷满街走

太平军在浦口、三河镇取得胜利后，天京的处境有所好转，但威胁没有根本解除，因为江南大营仍在那里虎视眈眈。为此，洪仁玕、李秀成等人制定了一个解天京之围的策略。

办法很简单，就是李秀成去攻杭州，迫使江南大营分兵前去增援，然后陈玉成、李秀成等再合力猛攻江南大营。这招在三十六计中叫围魏救赵，方法的确是土了点，但很有效。

1860年5月，江南大营再次被摧毁。

节节胜利的太平军这次没有停下脚步，在李秀成的指挥下继续东进，一口气打到上海郊区。这使得上海的官僚、地主、买办以及与上海有利益关系的列强极为惊慌。

在此情形下，清政府终于丢掉顾虑，主动要求英法两国领事派兵协助。于是，美国流氓华尔组织的洋枪队应运而生。洋枪队很快组织起来了，但它的作战能力确实让人不敢恭维。

1860年7月至8月，洋枪队攻打松江、青浦，结果遭到痛击，接连失败，华尔本人也身受重伤。但随着列强干预的加强，太平军第一次进攻上海失败。

除了求助列强，清政府对内也注意调整与曾国藩集团的关系。如当江南大营覆灭后，咸丰帝接受肃顺的主张，直接任命曾国藩为非常有实权的两江总督，所有大江南北水陆各军均归其节制。

慈禧上台后，深知清廷所依赖的八旗、绿营已经基本报废，要想镇压太平天国运动，巩固自己的统治，必须依靠唯一有能力与太平军对抗的汉族地主武装力量。所以她调整过去既利用又限制的方针，给予曾国藩等人更大权限。

《伦敦新闻画报》描绘了南京的太平军向长江上的英国舰队开炮的情景。

于是，曾国藩的湘军集团很快就发展为地主阶级当权派中最大的实力派。到1864年湘军攻陷天京为止，湘军集团的头目先后被任命为总督、巡抚的就达21人。

曾国藩在日记中兴奋地写到，朝廷给予这样特殊的恩惠，"近世所罕见也"。

而与此同时，太平天国在洪秀全的领导下，日趋衰落。洪秀全虽口口声声说自己军政一起抓，但他说到做不到，根本忙不过来。

很快，他就又沉溺于宗教的幻觉之中，为了使人们相信他不是假冒产品，而是"上帝""耶稣""天兵天将"的重点保护对象，他还曾在1861年一度改国号为"上帝天国""天父天兄天王太平天国"。

洪秀全不管事，就重用洪仁玕。洪仁玕虽想重振朝纲，但他刚来天京参加工作不久，缺少战功，威望不够，再加上实施的几项措施成效都不大，不久便失去了信任。

1861年安庆失守后，洪秀全将洪仁玕、陈玉成一齐革职，居然重新起用了那两个逼走石达开的活宝——洪仁发、洪仁达。

政治腐败，又没有有效的办法去解决，洪秀全为了维系人心，也为了削弱实权武将的威胁，经过发散思维，决定采取广封爵赏的办法。

起初是有大功的才封王，到后来就乱了，由广西跟出来的都封王，本家亲戚也都封王，捐钱粮的也都封王，竟有2700多个王了。

令人惊奇的是，虽然十羊九牧，王的数量增多了，但他们的待遇没有丝毫下降，只要你受封，就可以广建豪宅，大讲排场。

有个叫李世贤的将领被封王后，就在一处明朝巡按御史行台遗址上，大兴土木，最后建成了一座面积达6.3万平方米的豪宅，可供10万太平军将士在里面操练。

直到现在，浙江一带还流传着此人出门坐54人抬的龙凤黄轿，轿上可以召集部下开会的事。

2. 人的价值与年龄的关系

1860年春夏之交,受到朝廷特殊恩惠的曾国藩玩命表现,趁太平军东征苏州、常州之际,开始加紧对太平天国战略要地安庆的围攻。

为了保住安庆,陈玉成多次组织援军在安庆周围与湘军展开拉锯战,但最后还是未能与城内的兄弟会合。1861年9月5日,湘军用地雷轰倒北门城墙,守将叶芸来等1万多名太平军将士全部战死,太平军控制8年的安庆失守。这使得天京在长江上游的屏障再一次被撕开。

安庆失守后,陈玉成退守庐州,受到了革职处分。为了将功赎

《克复安庆省城图》(清代／吴友如)。此图描绘了湘军与太平军在安庆作战的情景。

罪，1862年初，他派部将率3万人远征西北，然后与捻军配合进军河南，以便广招兵马，尽早收复安庆。

但湘军没有给陈玉成喘息的机会，趁机扑向庐州。经过三个月的激战，陈玉成在外援无望的情况下，弃城突围，结果被盘踞寿州且已暗投清军的苗沛霖诱捕。

陈玉成被捕后，被解送至清军将领胜保处。胜保让他跪下，陈玉成大骂道："你胜保也就一小屁孩儿，在妖朝做个误国庸臣，牛什么啊。想当年老子三洗湖北，九下江南，你见我就跑，我饶你一条狗命。现在居然让我给你下跪，你先照照镜子看自己配吗？"胜保气得脸红脖子粗，一戳就爆。

6月4日，陈玉成在河南延津被杀，时年26岁，正是风华正茂的年纪。由此可见，一个人的存在价值和年龄是没有什么绝对关系的。

陈玉成被杀后，太平军西线的精锐部队很快丧失殆尽，西面也就没有了屏障，于是天京就裸露在湘军的刺刀之下了。

3. 兵临城下之天京保卫战

当太平天国在安徽战场遭到失败时，另一个战场——苏浙战场的情况也不妙。

1861年11月，刚上台的慈禧授权曾国藩统辖苏、皖、浙、赣四省军务，另外，这几个省的巡抚、提督以下的文武官员也都归他节制。

曾国藩大权在握，坐镇安庆指挥，感觉相当好。

1862年初，曾国藩决定兵分三路进攻太平军：一路是派曾国荃率领湘军主力从安庆出动主攻天京，一路是派李鸿章率领新成立的淮军进攻苏南根据地，一路是派左宗棠率领湘军从衢州进攻浙江。

曾国荃（1824—1890），字沅浦，号叔纯，贡生出身，曾国藩的九弟，湘军主要将领之一。此人生性高傲，"少负奇气，倜傥不群"，因善采取挖壕筑垒战略，实行长围久困之策，故人送外号"曾铁桶"（与曾国藩的"曾剃头"外号有一拼）。

李鸿章（1823—1901），字少荃，安徽合肥人，亦称李合肥，淮军创始人和统帅，洋务运动的主要倡导者之一，晚清重臣。他的父亲李文安与曾国藩是同榜进士，家族在当地很有名望。李鸿章受父亲影响，也以考公

印有李鸿章肖像的明信片。

务员为奋斗目标,去北京考试的时候曾写有抒发宏愿的诗作:"丈夫只手把吴钩,意气高于百尺楼。一万年来谁著史,三千里外欲封侯。定须捷足随途骥,那有闲情逐野鸥。笑指芦沟桥畔路,有人从此到瀛洲。"他第一次考试落榜后,进入曾国藩开办的科举补习班,第二次(1847)便考中进士,被选入翰林院任庶吉士;1858年起入曾国藩幕府襄办营务,负责起草文书;后被曾国藩奏荐"才可大用",于1861年奉命回合肥一带募兵,得"淮勇"3500多人,这便是后来与湘军齐名的淮军。淮军编制全部仿照湘军,打起仗来也很敢拼命。

左宗棠(1812—1885),字季高,湖南湘阴人,小地主出身,晚清重臣,军事家、政治家、湘军著名将领,洋务派首领,官至东阁大学士、军机大臣,封二等恪靖侯。左宗棠性颖悟,少负大志,但不喜欢应试教育,喜欢读军事、经济、水利之类的课外书。他以优异成绩中举后,三次赴京会试,均不及第,后因功被破格敕赐进士。左宗棠深受林则徐器重,两人曾在长沙彻夜长谈,在治国大计上有很多共同语言。太平天国运动爆发时,左宗棠先后入湖南巡抚张亮基、骆秉章处做幕僚,能力没得说,就是脾气火暴,一点就着。尽管如此,锋芒毕露的左宗棠还是引起朝野关注,时人有"天下不可一日无湖南,湖南不可一日无左宗棠"之语。一些高官显贵争当他的引荐人,使他很快得到咸丰帝的关注。1860年,太平军攻破江南大营后,左宗棠随同曾国藩襄办军务。随后他在湖南招募"楚勇"5000人,赴江西、安徽与太平军作战。

面对曾国藩的进攻,苏浙地区的太平军遇到了很大的挑战。李秀成在占领浙江后,准备再次向上海发起进攻。为了减少阻力,李秀成贴出布告,倡议列强与太平军互不干涉,两不相扰。

列强哪能被这一两句套近乎的话给糊弄了,当李鸿章的淮军抵达上海后,双方很快勾结起来,用排枪和霰弹热情"款待"了太平军。

此时,在上海的英法军队人数已增至数千,华尔的洋枪队亦改成"常胜军",扩编至5000人。但常胜军是华人与洋人混合的怪胎,战斗力实在不咋的,结果败得很惨,连副统领都被活捉了。

眼看就要胜利了,突然,天京告急。洪秀全一日连下三道诏书,

李秀成在苏州召开军事会议场景。

让李秀成火速回援。李秀成深受伤害，只得放弃唾手可得的上海，率军回救天京。

进攻天京的是曾国荃率领的湘军主力。李秀成根据天京所面临的形势，在苏州召开两次军事会议，商议救援方针。最后决定，联合十三个王的军队，约二三十万人，同样兵分三路前去解围。

1862年10月，异常激烈的天京保卫战打响了，太平军主力约10万人，日夜猛攻湘军，炮弹密骤如飞蝗，曾国荃的脸上也挂了重彩，险些丧命。远在安庆的曾国藩日夜焦灼，直言不讳地说自己心烂胆碎。

眼看就要胜利了，冬天却来了。

冬天来了原本没有什么可怕的，这里毕竟是在南方，再怎么冷也顶多相当于冰箱的保鲜温度，但是，如果你没有棉衣和粮食，情况就是另一种模样了。

太平军的情况更糟，不仅缺衣少粮，而且士气不振，打起仗来胳膊腿像被冻住了一样僵硬。

无奈之下，太平军不得不于11月26日主动撤军，天京保卫战以失败告终。

4. 天国梦碎

失败的消息传到洪秀全耳朵里时他正在烤火。

很快，李秀成也在烤火，不过他烤的是洪秀全的怒火。

但发火归发火，洪秀全也不能贸然就把李秀成给杀了，现在正是用人的时候，想来想去，他就把李秀成的王爵给革掉了。

李秀成命是保住了，当然，这是暂时的，因为他很有可能会被秋后算账。可李秀成又不能跳槽，他干的是造反工作，要么一条道走到黑，要么就是死。李秀成还不想死，所以他只好跟着洪天王继续干下去。

洪秀全也不想死，于是就又想到了那个围魏救赵的计策，决定

湘军首领曾国藩宴请各路统帅的情景，包括李鸿章、彭玉麟、左宗棠、曾国荃、骆秉章等人。

实行"进北攻南"。具体措施是让李秀成渡江北征，进军安徽、湖北等地，迫使围攻天京的湘军分兵救援。

这个方法的确不错，遗憾的是不是第一次用到，别说曾国藩是个绝顶聪明的人，就是个脑子不灵光的，也会明白这是咋回事。所以，曾国藩决定死死咬住天京，坚持不放，因为坚持就是胜利。

尽管湘军没有分兵北进，李秀成的日子也不太好过。

李秀成是1863年3月率军渡江进入安徽北部的。在以前，这里曾是太平天国的粮草供应地，富庶四方，然而经历一次次兵燹破坏后，就变成了赤地千里，遍地饥荒。

李秀成就这样带着他的部队到处游荡，他本是来打敌人的，谁知敌人采取"专守为稳，以逸待劳"的策略，搞得他很头疼。

结果，太平军攻又攻不下，战又战不成，冻死、饿死、病死的人每天都在上升。虽然不久后洪秀全命令李秀成回师救援，但这一次徒劳往返使得十万精锐部队只剩下两成不到。

从此，太平军再也无力组织大规模进攻，形势异常严峻。

雪上加霜的是，苏南、浙江战场在李鸿章和左宗棠的进攻下也都岌岌可危。很快，1863年12月的苏州失守和1864年3月的杭州沦陷，终于使天京成为一座四面受敌的孤城。天京陷落只是时间的问题。

面对如此局势，李秀成向洪秀全建议说："敌人兵困甚严，壕深垒固，而我们内无粮草，外无援兵，京城怕不能保。不如我们现在就弃城北上，转战中原，另辟根据地——当初我们不就这么过来的吗？"

客观来讲，李秀成的这个提议虽然有些乐观，却是最好的选择。

然而洪秀全并没有选择，他说："朕奉上帝圣旨，天兄耶稣圣旨，下凡作天下万国独一真主，何惧之有？不用尔奏，政事不用尔理，欲出外出，欲在京住，由于尔。朕铁桶江山，你不扶，有人扶。尔说无兵，朕之天兵多过于水，何惧曾妖（国藩）乎？"

很明显，此时的洪秀全已入戏太深了。

话又说回来，洪秀全尽管精神已经不正常了，可运气自始至终

太平军用"飞而复来号"战舰与清军作战。

都好得不得了。因为在天京最最困难的时候，他死了，时间是1864年6月3日，离天京最终沦陷仅有一个半月。

洪秀全死后，天王位置由他16岁的长子洪天贵福继承，是为幼天王。此时，守卫天京的太平军老弱妇幼加在一块儿不足1万人，真正能打仗的不过三四千人。

7月19日，湘军掘地道用火药轰倒城墙，涌入城内……

5. 天国的倾覆

天京沦陷后，李秀成与幼主洪天贵福失散。

李秀成运气不佳，没逃多远就被湘军俘获。在被俘的那段时间，求生的欲望激发了他的文学潜能，他在囚笼中居然洋洋洒洒写了几万字的"自供"，提出了"收齐章程"十条，即"招降十要"，向曾国藩乞降。

可惜的是，他的感情用错了地方。8月7日，曾国藩杀李秀成于南京。

对李秀成的变节而死，后来的人们反应不一，这里引用一下两位风云人物对他的评价，我就不在这里聒噪了。

毛泽东说过："白纸黑字，铁证如山，晚节不忠，不足为训。"

戈登（常胜军后期统领）："如果你能有幸目睹忠王（即李秀成）的风采，你就会相信，像他那样的人，注定会成功。不论抚台（李鸿章）、恭亲王（奕訢）还是别的清王公贵族，在他面前都相形见绌。……他是叛军所拥有的最勇敢的、最有才能的、最有创业精神的领袖。他比其他任何叛军首领打过更多的仗，而且常常是打得很卓越的。……他是唯一死了值得惋惜的叛军领袖。"

李秀成死后不久，幼天王洪天贵福与洪仁玕在江西也都被抓，并在南昌先后被杀。

这样，"到1864年底，天王洪秀全已死，他册封的诸王也相继死尽：北王、南王、西王……以及他的幼子幼天王贵福。没有任何迹象显示天父耶和华曾对洪秀全的死亡感到伤心，天兄耶稣同样一言不发，那位在生他时疼痛呼喊并奋力保护他不被七头龙吞食的天妈玛利亚，此时亦在天庭沉默不语"（引自史景迁《太平天国》）。

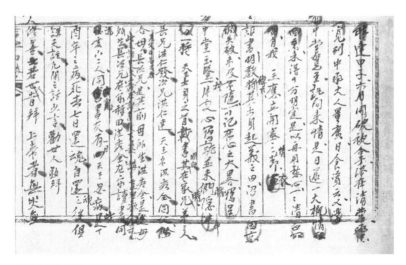

李秀成亲供手迹。

《幼逆洪福瑱就擒图》（清代／吴友如）。洪福瑱即洪天贵福，他登基后，其玉玺于名下横刻有"真主"二字，清军又误称为"福瑱"。1864年7月，天京失陷，洪天贵福逃出天京，10月25日在江西石城荒山中被清军俘获，11月18日在南昌被沈葆桢下令凌迟处死。

太平天国运动至此失败。

从金田起义到天京陷落，太平天国历时14年，波及18个省，队伍从开始的两万人发展到后来百万之众，共攻占过600多个城池……无论从哪方面讲，这次起义都能在农民战争中排上号。

但它最后还是失败了。

毛泽东还说过："政权、族权、神权、夫权，代表了全部封建宗法的思想和制度，是束缚中国人民特别是农民的四条极大的绳索。"

其实，也正是这样的四条绳索最终勒死了太平天国。

第 7 章

师夷长技以制夷

强大才是硬道理

在当时，清政府遇到了一个困境——

经常受一帮流氓列强的欺负，还没有人撑腰。

可清政府又无法逃避，

所以它要想摆脱困境只有两种选择：

一种是把身体锻炼好，

另一种就是让自己倍儿有钱。

1. 派外国人访问外国

第二次鸦片战争结束后，暂时吃饱了的外国侵略者忙着消化胃里的食物，情绪稳定，而国内的农民战争也逐渐进入低潮，清政府于是有了一个难得的喘息机会。

在清朝统治集团中，有一些相对不迷糊的人，如曾国藩、李鸿章、左宗棠及在中枢掌握大权的恭亲王奕訢，对这种暴风雨后的平静表现出极大的焦虑——即使风平浪静，清朝这艘千疮百孔的大船也很难顺利行驶下去。

再者，当时清朝的统治者，如慈禧太后等人在经历了一连串事件的折腾后，终于清楚了自己的轻重，虽然嘴上还不肯服软，但实际制定的对外政策已不自觉地发生了前所未有的变化。如根据《天津条约》的有关条文规定，列强终于可以在北京建立公使馆并派驻使节了。

有意思的是，在向中国派使节的队伍中，除了欧美那些资深的帝国主义国家，还包括亚洲的日本、南美洲的秘鲁等国。要知道，当时日本还没有发迹，而秘鲁国力更不行，居然都来分一杯羹。

清政府自然不愿意这么做，但估计当时已经有点发蒙了，忘记了原则和选择，但凡看到不是中国人，都当主子来对待。

外国使节进驻北京使得清政府异常别扭，老有一种别人家的恶狗拴在自家院子里的感觉。好在清政府的调节能力超强，没过多久就完全适应了，要是这些狗哪天忘记叫两声，清政府反倒睡不着。

而列强千辛万苦才在北京落了脚，显然不是为了品尝美食或者体验生活，它们的意图很明显，就是要控制清政府的意志，按照半殖民地的规则办事。

图为1873年的英国公使馆，选自《伦敦新闻画报》。

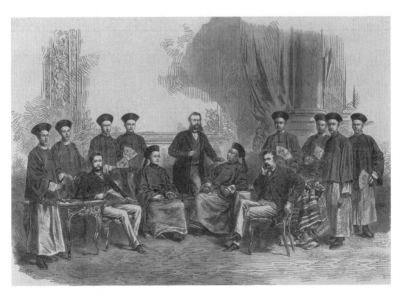

此为《伦敦新闻画报》刊登的清政府特命全权大使蒲安臣及其副手、秘书等外交人员的合影。画面中间站立者为蒲安臣，他的左手位为第一副公使志刚，右手位为第二副公使孙家谷。此版画以原版照片为蓝本制作而成，是反映清末外交事业十分重要的影像。

为了防止清政府反抗，列强还顺便赠送了一句颇具火药味的话："一经动兵，外国有得无失。所以或有应办的事，或有请办的事，不如主动早办，免得日后受人强迫，被动去办。"清政府终于体会到了那种被强盗侮辱的滋味——反抗痛苦，不反抗更痛苦。

这里给大家列举一个真实的案例。

1868年，清政府在海关总税务司赫德的怂恿和引诱下，派前任美国驻华公使蒲安臣率"中国代表团"赴欧美访问。

派外国人访问外国？是的，这种神奇的事情就发生在以创造神奇为己任的清政府身上。我不知清政府做出这个决定后，是否祈祷过得到一个好的结果。如果祈祷过，那么结果将说明"上帝"已经完全抛弃了这个王朝。

当蒲安臣率领一行人到达美国后，在清朝臣子的"监督"下(代表团成员中有清朝官员)，居然代表清政府与美国政府签订了《中美续增条约》(亦称《蒲安臣条约》)，承认美国享有掠夺华工以及在中国各通商口岸设立学校的权利。

这种雷人的事情，后面有无来者不知道，但前无古人的这面"锦旗"肯定已经牢牢地攥在清政府手里了。

也就是在这种情况下，洋务派登上了历史舞台，试图解决清政府的内忧外患，并在那个特殊时期扮演着一个特殊的角色。

2. 洋务派与顽固派的辩论赛

在当时，清政府遇到了一个困境——经常受一帮流氓列强的欺负，还没有人撑腰。可清政府又无法逃避，所以它要想摆脱困境只有两种选择：一种是把身体锻炼好，另一种就是让自己倍儿有钱。

洋务派就是一帮想让清政府摆脱困境的人。这本来是件好事，但有人表示不同意。不同意的人代号叫顽固派，他们认为应该坚持自己的原则，即使要把身体锻炼好，也应该使用中国功夫，外国拳击威力再大，也不适合中国。

于是一场辩论就此展开，一时半会儿谁也说服不了谁。

这里我先介绍一下顽固派的主要人物：倭仁、徐桐、李鸿藻。

如果你不熟悉这段历史的话，可能对这三个人有点陌生，但事实上他们都是大有来头的。

首先是倭仁（1804—1871）。他最主要的身份是帝师（同治帝的老师）。要知道，在尊师重教的古代，别说你是皇帝的老师，就是皇帝的伴读，也能牛上好几代。除了是皇帝的老师，他还兼任工部尚书、文渊阁大学士等职务，再加上他是理学大师，粉丝遍布全国各地，所以只要他一挥手，那些崇拜他的人就能够欢呼好几天。

其次是徐桐（1819—1900）。他也是同治帝的老师，先后担任过礼部尚书、协办大学士、体仁阁大学士等职务，在清朝也是响当当的人物。

最后是李鸿藻（1820—1897）。乍一看名字还以为他是李鸿章的亲兄弟，事实上两人除了名字相似外，几乎找不到什么交集。

李鸿藻是河北保定人，李鸿章是安徽合肥人；李鸿藻是顽固派的主要成员，李鸿章是洋务派的风头人物；李鸿藻是"清流"领袖，李

《同治帝游艺怡情图》(清代／佚名)。

鸿章是洋务领袖；甲午战争中，李鸿藻主战，李鸿章主和……

再说一下洋务派的主要人物：奕䜣、曾国藩、李鸿章、左宗棠、张之洞（开始属于"清流派"，反对洋务，后来开窍反水加入洋务阵营）。

洋务派的这几个成员大家都比较熟悉，我前面也都做了一些介绍，不过我要补充说明一下，虽然这是在开辩论会，但我并没有使用正方与反方，因为双方的目的是一样的——都是为清政府的身心健康考虑，只是二者在怎样医治清政府的问题上产生了分歧，一个主张用中医，一个主张用西医。

顽固派认为：中国的封建制度是世界上最完美的制度，不需要任何的改变。你洋务派整天叫嚣着要学习西方，但你知不知道这是违背祖制的，搞不好就会让中华变色？就拿你们前段时间要在同文馆开设天文算学专业，并招收一些科甲正途人员去学习这件事来说吧，简直荒谬绝伦，这是我们这些"读孔孟之书，学尧舜之道，明体达用"之人做的吗？再说洋人有什么好怕的，相信只要我们"以忠信为甲胄，礼义为干橹"，就没有打不过的敌人。

洋务派反驳说：你们讲的这些简直是扯，忠信、礼义要是真有用，那洋人打来的时候你们怎么都躲起来了？空话、大话谁都会说，但就是不顶事！现在"无事则嗤外国之利器为奇技淫巧，以为不必学；有事则惊外国之利器为变怪神奇，以为不能学"，要是这么下去，我清朝早晚会完蛋！到那时，你们就是把祖宗之法倒背如流恐怕也没脸见祖宗。

洋务派与顽固派的争论还有很多，它贯穿于洋务运动的始终，并不像我们在电视上看到的以专场辩论会的形式来表现。这里就不过多讲述了。

大臣不齐心协力为朝廷办事，只是在那里拉帮结派互相攻讦，估计任何人看了都会头疼吧。但也有不头疼的，这个人就是慈禧太后。

慈禧不头疼的原因有两个方面，一是她这个人的确喜欢看戏，二是这两派只要掐架，就不会想着威胁她的地位。所以，慈禧不但不头疼，反而很开心。

不过，戏就是再好，也不能无休止地看下去，万一把演员都累死了，以后没戏看不说，还没人干活。所以，慈禧在双方争论最激烈的时候表态了：大家都停一停吧，听我来说两句，我知道你们都是在为朝廷着想，你们也都是好同志，看到你们卖力的表现我很欣慰，但是在要不要实行洋务这个问题上，我认为不妨先让奕訢他们试一下，走得通当然更好，走不通咱们再回到原点去走另一条路，反正只要我们有脚，就一定会有路！

于是在慈禧的支持下，洋务运动终于得以开展。

洋务运动前后经历了30余年，可分为两个阶段：19世纪60年代至70年代是以创办军事工业为主的"自强"时期；70年代至90年代的甲午战争止，是以创办民用工业为主的"求富"时期。

按照洋务派的逻辑，国家要想治理好，必须自强，自强须以练兵为要务，而练兵又要以制器为先。所以说，"自强"的两个核心内容就是"练兵"和"制器"。

练兵的主要举措是练出属于自己的新式军队。实践证明，中国原来的军事训练方法已同手里的武器一样，早已过时生锈，对付街上的地痞流氓还成，真要遇到大点规模的民众游行或起义就招架不住了。

这一点淮军的首领李鸿章和湘军的首领曾国藩最先意识到，他们在聘请外国教官的同时，还不惜重金大量购置洋枪洋炮，建立新式军队，使部队整体素质有了很大提升，逐渐代替了旧式的八旗兵和绿营兵。

但是随着新式军队的壮大，教官和枪炮也愈来愈吃紧。前者还好办，中国人擅长学习，只要你教会一个，用不了多久就能复制出成百上千个；而后者就不是靠复制粘贴能做到的了，它是实实在在的东西，半点都不能含糊。

于是"制器"这件事就成了一件十分紧要的事。因为只有自己会制造枪炮子弹，才能不受制于人，才能真正建立一支武装到牙齿的军队，才能在遇到危险的时候不至于手忙脚乱。

李鸿章主张军队装备西洋化，积极引进西方先进的武器装备清军。北洋陆军营队大多配备洋式枪炮。图为宁波卫安勇炮兵队。

　　因此，洋务派最先兴办的是用来"制器"的军事工业。军事工业开办起来后，洋务派很快又发现了一个问题，那就是自己的政府不是一个有钱的政府。而非营利的军事工业，个个都是烧钱的主儿。

　　没办法，洋务运动后期，洋务派又打出了"求富"口号，兴办了一批近代民用工业。

3. 造枪造船造大炮

下面介绍一下清朝主要的军事工业和民用工业情况。

一、安庆内军械所

安庆内军械所设立于1861年，由曾国藩创建，主要产品是子弹、火药、枪炮，科学家徐寿还曾在这里主持制造中国第一艘轮船。它还是中国第一所官办的近代武器军工厂，标志着中国近代工业的起步。

但刚成立的时候，由于规模比较小，产品还多是纯手工打造，生产出来后不管质量如何，直接就运往湘军、淮军前线，一股脑儿地全都用在太平军身上。

军械所的工人基本上是汉人，后来曾国藩发现光靠手工不行，才下决心购买一些外国设备，并特别注意引进"制造机器之机器"，想先让鸡生蛋，然后再孵出自己的鸡。

1864年，安庆内军械所迁往南京，后改建为金陵机器制造局，由李鸿章管理。

二、江南机器制造总局

该机构为官办军工企业，衙门化管理，成立于1865年，是在李鸿章于上海租界购买的美国旗记铁厂的基础上建立起来的，后又增添了原苏州洋炮局的部分设备和容闳从美国买来的机器。

两年后，江南机器制造总局迁往高昌庙。厂房占地面积70多亩，工人2000多名，是晚清中国最重要的军工厂，也是洋务派开设的规模最大的近代军事企业，又是同治年间全东亚最大的兵工厂。

洋务运动前期的口号是"自强"，注重引进西方先进生产技术，创办了一批近代军事工业。作为晚清最重要的军工厂，江南机器制造总局可以独立制造枪炮、弹药和轮船等。图为江南机器制造总局造炮厂。

　　江南机器制造总局的经费，最初是从淮军军需项下筹拨的，后从海关提取，每年约66万两白银。经费充足，工人的工资自然不低，尤其是里面的技术工人，薪水差不多是一般城市苦力的4倍到8倍。

　　但这也造成了一个问题，就是里面混进了不少走后门的人，工人的整体素质不高。

　　工人的素质不高，就会影响到产品的质量。江南机器制造总局最开始的时候是仿制德式毛瑟枪，1867年每天能生产15支左右，到19世纪末一年可以制造子弹9万发，地雷200枚，枪支2000支。

　　不过据说枪的性能不佳，连李鸿章率领的淮军都不愿使用。产品虽然质量不好，但是造价可不低，每支步枪的成本高达17.4两白银，而购买外国产品的价格仅为10两左右。后来李鸿章本着对国防大计负责的态度，果断拒绝淮军装配这种国产步枪，继续带头进口

171

《丝炮异制图》(清代／吴友如等)。江南机器制造总局的外国技师垄断了生产技术，导致生产能力低下，所制造的一款林明登中针枪使用时经常走火。李鸿章只能继续从国外购买物美价廉的洋武器给淮军使用。最后，这种枪积压了上万支，成为一堆废铁。

价廉物美的洋枪洋炮。

　　除了造枪炮，江南机器制造总局还生产轮船。造船的情况和造枪类似，1868年首次生产后，陆续造了几艘，但船的航速都不快，且生产成本及燃料消耗都很高，反而不如直接向外国购买(自造一艘船的钱大约可以向英国买两艘)。

　　此外，江南机器制造总局还附设翻译馆，主要翻译西方有关军事、工程方面的书。从1868年到1879年，翻译的书籍共有98种，销售8万多册。

三、福州船政局

　　福州船政局也叫马尾船政局，是1866年由闽浙总督左宗棠在福州马尾建立的，建厂费用为40万两，常年经费每年60万两，主要由福建海关拨付。

该局主要由铁厂、船厂和船政学堂三部分组成，工人1600人到2000人，是当时规模最大的船舶修造厂，也是远东第一大船厂。

左宗棠很早就有建造船厂的想法，认为设船厂是富国强兵、得民惠商的重要途径。1864年，他曾在杭州制成一艘小轮船，"试之西湖，行驶不速"。

福州船政局建立后不久，左宗棠就被调任陕甘总督，赴任前推荐原江西巡抚沈葆桢（此人为林则徐的外甥兼女婿）接办。建厂8年中，在法国人日意格和德克碑的监督下，福州船政局共造出大小轮船15艘，并训练出一批相关方面的工人。

后来由于洋匠挟技居奇，唯利是图，船政局便于1874年辞退全部洋匠，新造诸船俱由华人驾驶。之后造船业务改由自己培养的技术人员主持，到1895年共造出船只19艘，其中还包括巡洋舰。甲午战争后船厂日渐衰敝，不过到1907年又先后造成7艘。

四、天津机器制造局

随着金陵机器制造局与江南机器制造总局的相继建立，南方军火制造业发展迅速。清政府考虑到军火生产布局，同时也担心近代军事工业都被汉族官僚掌控，会造成"外重内轻"的局面，便接受恭亲王奕訢的建议，决定在北方建立新式军火生产工厂。

1867年，天津机器制造局由三口通商大臣崇厚建立，初名"军火机器总局"，开办经费为20余万两，每年经费平均为30余万两，规模仅次于江南机器制造总局。

1870年，李鸿章就任直隶总督，接手该局，遂改名为"天津机器制造局"。

成立之初，崇厚委任英国人密妥士为总办筹备建局事宜，在天津城东购地2000多亩，生产机器从国外购得。结果筹备了几年，钱没少花，进展却不大。

天津机器制造局开办初期，只有黑药厂、铜帽厂，后来工厂逐步增多，各厂配有成套机器设备，主要产品为各种火药、铜帽、枪弹和

福州船政局全景照。

炮弹，生产比较稳定，常年雇用工人2000余名。

李鸿章上任不久，撤换了密妥士，任命湖北补用道沈保靖为总办。后来几经扩建，天津机器制造局生产的军需品种和产量不断增多，影响不断扩大，连北京神机营甚至朝鲜都派送员工到这里学习制造军火技术。为此，天津机器制造局还专门建立了习艺厂和朝鲜馆。

后来，北洋大臣王文韶看见天津机器制造局搞得有声有色，便上奏说单以"天津"命名不能反映它的面目，于是在1896年1月27日经批准后改名为"北洋机器制造局"。

1900年，八国联军入侵中国，天津机器制造局毁于兵火。

4. 开厂开矿不开心

一、轮船招商局

轮船招商局是由官办转向官督商办的第一个企业，也是规模最大的民用企业。

建立轮船招商局的目的很明确，一是抵制外国轮船对中国航运业的垄断，二是赚钱，以解决军事工业的经费困难问题。

1872年8月，李鸿章委派沙船富商、浙江海运委员、候补知府朱其昂在上海招集商股，定名为"轮船招商公司"。但朱其昂水平有限，且当时中国也没有股份制企业，没人愿意掏钱，再加上适应不了市场竞争，业务停滞，亏损严重。

第二年7月，李鸿章为缓解困境，改轮船招商公司为轮船招商局，并委派上海买办商人唐廷枢为总办，徐润、朱其昂、盛宣怀为会办，情况这才好转。但是，中国轮船业的发展，影响了外国轮船公司的生意。于是它们便联合起来，采取降低运费等手段，企图搞垮轮船招商局。很快，轮船招商局的远洋运输业务被迫停止。

1877年，轮船招商局收购了竞争对手旗昌轮船公司的所有产业，包括船只、码头和位于上海外滩9号的办公大楼。船只增至30余艘，成为国内规模最大的轮船公司。

规模的确是扩大了，不过是建立在债台高筑的基础上。李鸿章为此采取筹借官款、招募商股等措施，这才又站稳了脚跟。

二、开平煤矿

该煤矿于1878年由李鸿章委派唐廷枢在直隶唐山开平镇筹建，是为了解决军事工业和轮船招商局的用煤问题，它是中国最早采用

图为1878年，在唐山创建的开平矿务局。

1881年，在洋务派的主持下，开平矿务局集资修建唐胥铁路，揭开了中国自办铁路的序幕。图为唐胥铁路上中国工人制造的第一台蒸汽机车。

机器采掘的大型煤矿，雇用工人3000余名。

1881年，开平煤矿正式出煤，日产300吨，到甲午战争前夕，日产已达2000吨。产量日增，自己又用不完，所以就运到天津等地售卖，价格比日本煤每吨要便宜纹银2两多，非常有竞争优势。

1900年，英国霸占了开平煤矿。

三、汉阳铁厂

该厂是当时中国第一家，也是最大的钢铁联合企业，由湖广总督张之洞于1890年在汉阳筹建，1894年建成投产。

汉阳铁厂包括大小10个分厂，雇用工人3000多名，有两座炼铁高炉，两个炼钢转炉，开始为官办企业，从开工建设到投产共用去600多万两，后因经费困难，在1896年改为官督商办，由盛宣怀招股100万两接办。至辛亥革命前，汉阳铁厂有炼铁炉3座，炼钢炉6座，年产生铁约8万吨，钢近4万吨，钢轨2万余吨。

四、湖北织布局

也是张之洞建立的，筹建时间为1890年，1892年建成开工生产。该厂织布机器是从英国购置的，有布机1000张，纱锭3万枚，雇用工人约2500名，每日出纱100担，产品供不应求。

但由于建厂时欠了一屁股债，负担利息过高，湖北织布局难以维持生产，最后被迫出租给私商经营。

5. 小舢板换成铁甲舰

从地理学的角度来看，欧美与中国的距离之远能让唐僧吓趴下。拿美国来说，如果没有可靠的交通工具，哪怕你是龙王的亲戚，也不敢保证能一帆风顺。

第一次工业革命发生后，海上船只经历了一次脱胎换骨，小帆船变成了大轮船，海盗船变成了铁甲舰，哪怕两国远隔重洋，来去也能像农村串门一样方便。

西方列强就是坐着一艘艘轮船或军舰来到中国的，不过他们不是为了走亲戚，而是为了掠夺财富。在这一过程中，洋务派认识到，要想口袋里的钱不被抢走，必须得有属于自己的新式海军。

1874年，向来不被中国当回事的日本突然派兵登陆台湾企图将之占据，这事虽然很快被清军摆平，但洋务派认为，日本这样的蕞尔小国，"仅购铁甲船二只，竟敢借端发难"，为杜绝类似事情发生，我清朝也必须"购办铁甲船以为自强根本"。

于是，在恭亲王奕訢和江苏巡抚丁日昌的提议下，清政府决心加快建设新式海军。经过筹划，1875年6月，总理衙门命沈葆桢和李鸿章分别督办南、北洋海防事宜。海防经费从海关税银和江浙等六省厘金中拨付，每年400万两，南、北各一半，准备在10年内建成南洋、北洋和福建3支海军。

但由于经费不足，沈葆桢又建议"水师以先尽北洋创办为宜，分之则难免实力薄而成功缓"。

清政府也考虑到中国当时的主要假想敌是日本，北洋海军负责守卫京师，于是就采纳沈葆桢的建议，决定先满足北洋海军的要求，等北洋海军实力雄厚后，再"以一化三，变为三洋水师"。

《铁甲南行图》(清代／吴友如等)。清朝海军的装备远超过陆军,主力战舰均购置于德国、英国著名的舰船兵工厂。"定远号""镇远号"两主力舰,舰体装甲坚厚,火力强大,曾让日本人为之落胆。

北洋海军的海防要塞体系十分完善,炮台主要配备德国炮,大炮多为德国克虏伯后膛填弹钢炮,火力能覆盖十余里外的海上目标。图为威海卫东岸谢家所陆防炮台装备的德国造15厘米加农炮。

海军筹建之初，舰船购自英国，但由于对英国订造的军舰不满意，清政府后又选择向德国船厂订造。福州船政局和江南机器制造总局也负责制造了一些舰船。另外，为了统一海军的指挥权，清政府还于1885年10月在北京成立了海军衙门，任命奕譞为海军事务大臣。

此后三年，海军发展迅速，到19世纪80年代末，清政府已分别建成了北洋、福建和南洋3支海军，共有军舰六七十艘，颇具规模，据说实力在当时堪称世界第六、亚洲第一。

北洋海军是清政府的海军主力，一直归李鸿章统辖，由淮系控制。它从创办到甲午战争中覆灭，不仅和淮系势力的消长密不可分，还与洋务事业的成败相始终。1888年，经过几次购置铁甲舰后，北洋海军正式成军，共有大小军舰20余艘。在购买舰船的同时，李鸿章还先后在旅顺口、大连湾、威海卫等地布置防务，修筑炮台，其中旅顺口和威海卫是北洋海军的两个主要军事基地。

福建海军由闽浙总督管辖，绝大部分船只由福州船政局制造，只有少数几艘购自英、美，排水量在1000吨到1500吨之间。由于平时缺乏训练，福建海军战斗力和当时的八旗军一样不靠谱，1884年在中法战争中几乎全军覆没，后虽有增补，但只能充当一下海上巡逻队。

南洋海军归两江总督和南洋海防大臣管辖，初由沈葆桢筹划。因为他主张以北洋海军为重点，所以南洋经费全部交给北洋使用，直到三年后他才请求将其中的200万两用作添置南洋舰船。

1879年沈葆桢死后，南洋海军一直由左宗棠、曾国荃、刘坤一等湘系大员控制，实力介于北洋和福建海军之间。

6. 教育要从娃娃抓起

兴办洋务除了需要政策和资金支持，还要有通晓洋务的人才。很显然，传统的只会培养官老爷的旧式教育无法满足洋务事业的需要。因此，兴办新式学校，培养洋务人才，就成为洋务运动的一项重要措施。

新式学校主要培养翻译和技术人才，但由于当时科举制度尚未废除，大家还是对科举考试兴趣比较大，这种学校不太被认可。尽管社会环境不利，新式学校经过几十年的发展，最后还是培养了不少近代军事人员和科技人才。

在兴办新式学校的同时，有的洋务官员还认为，我们学习别人，不能总憋在自己家里学习，需要走出去，于是向外国派遣留学生这事就被提上议事日程。1868年，经蒲安臣之手签订的《中美续增条约》终于为中国学生赴美留学提供了依据。

但是，事情并没有立马敲定，后来经过最早留学美国并毕业于耶鲁大学的容闳和曾国藩、李鸿章等人的申请，首批30名幼童赴美留学的事才在1872年确定。

之后的三年，清政府每年派出30名幼童赴美学习。不过这些学生并没有达到预期的学习效果，在1881年分批回国的90余名留美学生中，只有两人(其中一人是詹天佑)取得了学士学位。

除了美国，清政府还派出了一些赴英、赴法和赴德的留学生，有很多人取得了不错的成绩，当然也有从龙种变为跳蚤的。

从1875年至1895年，清朝派往英、美、法等国的军事留学生达百余人。图为1890年中国留学生与德国克虏伯公司人员的合影。

图为晚清身着制服的留英海军学生。

7. 民族资本主义：我是谁的野孩子

在中国封建社会，一个人如果有了钱，通常会做两件事：一件是在老家买一大块地，当个优哉游哉的大地主；另一件是花钱捐官，圆了自己科举仕途上的遗憾，以光耀门楣。

但随着洋务运动的开展，这些观念开始发生变化，有些官僚、地主、买办和商人开始把兴趣投向了兴办企业。比较著名的有上海发昌机器厂、广东南海县继昌隆缫丝厂、天津贻来牟机器磨坊、张裕葡萄酒公司等。

这是近代中国民族资本主义的发端。

拿我们经常可以在电视上看到的张裕葡萄酒公司来说，它的创始人张弼士十几岁只身远赴南洋谋生，从雅加达一家米店的勤杂工干起，经过艰苦打拼，先后在印尼的苏门答腊、爪哇创办垦殖公司，在槟城、雅加达、亚齐开办远洋轮船公司，在新加坡、雅加达、香港和广州开设药行，号称"南洋首富"。

张弼士有了钱，并不是回国买房子置地，而是投资办酒厂。

早先他在雅加达应邀出席法国领事馆的一个酒会时，一位法国领事讲起，咸丰年间他曾随英法军队到过烟台，发现那里漫山遍野长着野生葡萄。驻营期间，士兵们采摘后用随身携带的小型制酒机榨汁、酿制，造好的葡萄酒口味相当不错。

说者无意，听者有心。张弼士后来实地考察了烟台的葡萄种植和土壤水文状况，认定烟台确为葡萄生长的天然良园，于是向政府要员提出要在烟台办葡萄酒厂。

1892年，张弼士拿出300万两白银，创办中国历史上第一家葡萄

《海上第一名园》(清代／佚名)。1882年，著名民族实业家张叔和购得英商格龙的种植园，改名为"味莼园"，简称"张园"。张园内有名花佳木、亭阁山池，为晚清上海游览胜地，被誉为"海上第一名园"。张叔和作为晚清富商，曾到轮船招商局帮办事务。1915年，张叔和出任振新纱厂经理，还出资帮助荣氏兄弟在上海创设申新一厂。

酿酒公司，取名"张裕"二字。我们自己的葡萄酒在1915年巴拿马万国博览会上一举夺得四枚金质奖章。

在出席庆祝宴会时，张弼士激动地发表演说："只要发愤图强，就能后来居上，祖国的产品就会成为世界名牌！"

民族资本主义获得了发展，但是，由于民族资本主义企业存在着资金少、规模小、技术弱等问题，所以在成长过程中会遇到不少挫折。

遇到挫折不怕，尤其是在这个弱肉强食的世界上——无挫折，不成活，适当的挫折反而更有利于成长。

可问题是这些挫折都是要命的。比如你看见洋人创办一个面粉厂，生意红火得不得了，就心动用自己辛苦一辈子攒的钱也建了一个，结果钱赚不到不说，还经常有人来砸场子。

更要命的是，法律和清政府不会给你提供任何保障。你要么停产倒闭，要么抱着炸药和洋人同归于尽。

好了，绕了那么多，其实也就一句话：中国民族资本主义是在外国资本主义和国内封建主义双重压迫下产生和发展的。

8. 早期维新派的理想

洋务运动和资本主义的兴起与发展，还引起了思想方面的变化。有些开明的士大夫痛感中国落后，主张更多地向西方学习，不但要学习科学技术，还要学习政治、经济方面的政策。

代表人物有王韬、郑观应、薛福成、马建忠等。

这里主要讲王韬和郑观应。

《演放气球图》（清代／吴友如等）。清末，中国人也开始关注飞行技术。龙船和装在热气球上的火炮成为当时国人对飞行最初的幻想。图为《点石斋画报》中关于热气球的插画。

王韬(1828—1897)，江苏苏州人，16岁县考第一，中秀才，曾化名黄畹上书太平天国，替太平军献策，被发现后遭清廷追捕，后在英国驻上海领事帮助下逃到香港。

王韬半身照。

有家回不了，王韬只好周游世界，去过许多西方国家。1874年，他在香港集资创办《循环日报》，评论时政，提倡维新变法，影响很大。

他根据《易经》中"穷则变，变则通"的道理，断定"天下事未有久而不变者"，所以断定中国肯定得变。

另外，他虽遭清政府的通缉，但对中国的未来还是充满信心的，"吾知中国不及百年，必且尽用泰西(即西方国家)之法而驾乎其上"。在经济上，王韬宣扬广贸易、开煤矿、兴铁路、造轮船，借以发展资本主义；政治上，他推崇英国的君主立宪制，主张君民共主。

郑观应(1842—1921)，广东香山(今中山)人，清末著名思想家、实业家、职业经理人，与孙中山是老乡，据说两人关系还不错。他在外企陆续干过职员、高管，32岁时就拿到高额年薪。但成就他一世英名的，还是他编写的那本《盛世危言》。

《盛世危言》成书于1894年，全书贯穿着"富强救国"的主题，对政治、经济、军事、外交、文化等方面的改革提出了意见和建议。

在书中，郑观应主张"商战为本"的思想，驳斥了"农本商末"的封建经济传统，并对"官督商办"持严厉批评态度。

他主张向西方学习，组织人员将西方富国强兵的书籍翻译过来，广泛传播于天下，使人人得而学之；他大力宣扬了西方议会制度，力主中国应实行政治制度的变革，推行君主立宪制。

洋务干将张之洞读了此书后评点道："论时务之书虽多，究不及此书之统筹全局，择精语详……上而以此辅世，可谓良药之方；下而以此储才，可作金针之度。"据说连康有为都受过此书的启蒙。

该书在随后的几年内被重印20多次，共10余万册，还流传到日本、朝鲜等邻邦，风行一时。

第 8 章

边疆危机

是可忍说明我还能忍

日本当时正进行明治维新，
是个愣头青，想开厂发财，
没资源也没市场，唯一的优势就是敢拼。
听说财大气粗的美国要做它的后台，
它非常高兴，
便寻觅机会准备对台湾下手。

1. 台湾：美日眼中的唐僧肉

从地理学的角度来看，台湾位于中国东南沿海的大陆架上，与大陆可谓骨肉相连，当然判断一块地的归属问题，不能光考虑地理因素，还需要综合诸如历史、政治、风俗、文化等多方面的情况。

历史上，台湾与大陆之间的联系最早可追溯到三国时期。

公元230年，吴国皇帝孙权就曾派卫温、诸葛直率军浮海至夷洲。夷洲指的就是今天的台湾。

那时候台湾还是一个人迹罕至的荒岛，在大陆人看来，还属于

清代《职贡图》中的台湾彰化人形象。

比较虚无缥缈的地方。

到了元朝，元世祖忽必烈派船去打日本，结果半道被风吹回，刚好路过澎湖列岛，就在那里设置了澎湖巡检司，管理澎湖和琉球（元代称台湾为琉球）。

澎湖巡检司隶属于福建泉州府，主官为澎湖寨巡检，级别虽不高，但这一设置的意义却非常重大，因为这是台湾首次成为中国行政区划中的一员。谁要说台湾不是中国的，我们就可以拿出这个证据给人家看：喏，台湾早在元朝就已经是我们的了。

后来台湾又被荷兰占据30多年，1662年，郑成功收复台湾。郑成功死后，清朝接管台湾，于1684年设台湾府，隶属福建省。

不过，这时台湾还不是一个单独的省，只是一个府，级别大致相当于今天的地级市，但这也足以证明台湾是中国领土不可分割的一部分。

上面是对台湾由荒岛成为中国领土的历史的一个小回顾。总而言之，台湾的土地是我们中国人开拓的，上面生活的人也几乎都是中国人，所以"台湾自古以来就是中国领土不可分割的一部分"这句话不是凭空造出来的，而是有诸多事实依据的。

但有些强盗国家就不是这么推算的，是你的东西不假，那我直接抢过来不就是我的吗？近代以来有这种想法的国家很多，美国和日本是其中的两个。

美国是工业革命中的后起之秀，有一颗暴发户般的野心，四处插手国际事务。鸦片战争后，列强踹开中国的大门，美国也趁机分得一杯羹。但美国与中国之间隔着太平洋，漂洋过海直接进入中国会显得很唐突，这就需要在中国沿海地区找一个能够落脚的据点，以便进行休整、补给。

台湾无疑是最好的选择。

1847年和1849年，美国海军两次派舰船到台湾勘察，结果令他们非常满意——台湾简直就是其向东方扩张道路上的一块唐僧肉，吃掉的话他们就能在亚洲屹立不倒了。所以从19世纪50年代开始，美国就把台湾作为其在远东侵略的重点地区。

《钦定平定台湾凯旋图》(清代／佚名)。康熙二十二年(1683)，康熙帝派大将军施琅率战舰200余艘，精锐水师2万余人，向澎湖进发，大败郑军。是年八月，清军进驻台湾。康熙二十三年(1684)，清政府在台湾设置一府(台湾府)、三县(台湾县、凤山县、诸罗县)，设巡道一员，隶属福建省。

1856年，美国驻华公使伯驾向政府提出一项由美、英、法三国分别占领台湾、舟山群岛和朝鲜的计划，并非常有危机感地说："美国如果要采取行动，就应该赶快，机会稍纵即逝。"不过当时美国海军的实力还不强大，没能立即采取行动。

除了实力不足，还有一个问题是没有找到一个冠冕堂皇的借口。按中国话说，打仗要"师出有名"。

1867年，美国轮船"罗佛号"因遇海上大风在台湾南部触礁，船长等十余人被当地土著(高山族)杀害。这本是误会，最多算是个刑事案件，但美国不依不饶，硬是把这件事上升为政治事件。

于是很快，美国决定以这件事为借口进行报复，先是美国驻厦门领事李仙得率海军到台湾挑事，被击退，随后美国又派海军少将拜尔率两艘军舰入侵，结果又被当地高山族打退。

这样看来，当时美国海军的战斗力也没什么牛的。

美国自己搞不定台湾，又不甘心，就改变策略，转而支持对台湾同样具有野心的日本。

日本当时正进行明治维新，是个愣头青，想开厂发财，没资源也没市场，唯一的优势就是敢拼。听说财大气粗的美国要做它的后台，它非常高兴，便寻觅机会准备对台湾下手。

1871年11月，中国的属国琉球的一艘渔船在海上遇到狂风，被吹到台湾东海岸。船上的渔民与当地高山族发生冲突，被杀54人，另有12人由中国政府送回琉球。这本是一件中国与琉球之间的普通外交事件，和别国没有半毛钱的关系，但日本却硬把这件事往自己身上扯，想以此作为对外侵略的借口。

日本想，你不是说这事和我没有关系吗，那好，我这就把琉球收归到麾下，如此一来，我与你清朝不就有关系了？于是，1872年，日本迫使琉球国王接受藩王的封号，并于次年对清政府进行敲诈。

负责这事的总理衙门哪儿把日本放在眼里，将日本的交涉严词驳回。日本回去后，越想气越不顺，在美国的怂恿下，于1874年5月发动对台湾的侵犯。指挥这次军事行动的是日本陆军中将西乡从道，士兵人数为3000。

在台湾登陆后，日军发挥自己的特长，劫掠焚杀，高山族人民则

《台湾番社风俗》收集了12幅画作，这些画作翔实记录了18世纪中期台湾岛上的风土人情，生动地描绘了当地人稼穑、狩猎等的情景，是研究台湾地区历史的重要资料。

同仇敌忾，据险抵抗。日军退踞龟山，设立都督府，想长久耗下去。

清政府不愿意了，一面向日本政府提出抗议，一面任命沈葆桢为钦差大臣，率轮船兵弁到台湾进行布防。

论实力的话，在台湾的日军与中国不是一个档次。当时中国在台湾有清军近万人，轮船十几艘，而日本可以作战的战船不过2艘，军队人数上面已介绍。如果再加上彪悍的高山族人民，真要打起来，这些日军的唯一下场就是用来肥沃台湾土地。

日本意识到这一点后，知道干耗下去没有好结果，只好在8月派使臣大久保利通去北京进行谈判。大久保利通9月到达北京后，开始与总理衙门进行谈判。

外交谈判是个技术活，虽然此时日军已成瓮中之鳖，但你从大久保利通的表现上一点都看不出来——他始终坚持日本的侵略

《刘铭传招抚台民图》（清代／吴友如等）。刘铭传（1836—1896），安徽合肥人，淮军将领、洋务派骨干。作为台湾第一任巡抚，他为台湾的近代化做出了突出贡献，被称为"台湾近代化之父"。

立场。

既然我侵略你，现在来议和，条件自然由我来提。大久保利通提出的条件是：中国必须承认日本进攻台湾是所谓"义举"，且要报销日军军费和来回路费。日本的这些条件清政府在感情上肯定接受不了，总理衙门便请求各国驻华公使出面调停。

狼和羊进行谈判，让老虎进行调节，结果可想而知……

1874年10月31日，李鸿章与大久保利通签订《台事专约》（即中日《北京专约》），规定日军限期从台湾撤退，清政府赔偿白银50万两。

《北京专约》签订后，事情并没有完。日本为了把琉球纳入自己的版图，就利用条约中台湾居民"曾将日本国属民等妄为加害"、日本出兵是"保民义举"等字样，作为清政府承认琉球是日本属国的依据，试图占领琉球。

琉球作为中国清朝时期的属国，每年向中国进贡一些土特产就能得到大量赏赐，小日子过得很滋润，因此其渔民被杀事件并未伤及与中国的关系。

条约签订后，琉球以为这事就翻篇了，甚至乐观地认为现在有中国这个大哥和日本这个二哥共同照应，以后的日子会更好过。

谁知没过多久，日本政府便要求琉球与中国断绝关系，只附属日本。琉球国王断然拒绝，为了防止日本找碴儿，特意派使者前往福州会见清朝官员，请求清政府给罩着。清政府一看小弟被欺负，就与日本政府进行交涉。日本拒绝让步，谈判破裂。

1879年3月8日，日本出兵占据琉球，废其国王，将其改为冲绳县。清政府表示抗议，但因为不是自己的亲骨肉，并没有采取具体的措施。最后这事就不了了之。

而对于台湾，自从日本侵台之后，不少大臣更深刻地理解了唇亡齿寒的意义，开始对台湾防务重视起来。

1885年10月，清政府将台湾建为行省，淮军将领刘铭传出任第一任巡抚。

2. 云南和西藏：
英国打的如意算盘

正当清政府忙于应付日本和美国对东南海疆的侵犯时，西南边疆也出现了危机。制造危机的是头号列强英国。

英国把部分注意力转移到西南，源于其1852年占领缅甸后，想寻找一条由缅甸通往中国的道路。

从地图上可以看出，缅甸濒临印度洋，如果从缅甸修建一条铁路直通云南，那以后英国与中国做生意就没必要乘船绕马六甲海峡兜圈子了。

这是一条捷径，捷径对资本家来说意味着可以节省大量的运输成本，而省下的钱就等于赚的钱。

只要有钱赚，冒点风险算什么。

于是英国不断派人偷越缅甸边境，窥探云南交通路线。1874年，由英国陆军上校柏朗率领的一支193人组成的"旅游探险队"从缅甸曼德勒出发了，任务是探测经缅甸八莫到中国云南的交通路线。为了配合这次行动，英国驻华使馆还特地派出驻上海领事馆的一名翻译马嘉理经云南入缅接应。

1875年1月，马嘉理率领的武装"探险队"与柏朗会合后，于2月初非法返回云南，分两路窜至腾越(今腾冲)地区进行所谓"游历"。当地曼允山寨的景颇族出于警惕，对这群"来路不明"的人进行盘问。

但是这帮英国人在中国蛮横惯了，非常不配合，双方就发生了冲突。

在冲突中，马嘉理拔枪打死多名寨民。而寨民长期深处大西南，不知也不管外国人享有什么"领事裁判权"，笃信杀人偿命，便把马嘉理及其随员给打死了。

这就是所谓"马嘉理事件",或称"滇案"。

案发后,英国立即与清政府进行交涉,提出一系列无理要求,说要"不惜一切的力量来达到惩罚"中国人的目的。

清政府此时正穷于应付日本和沙俄的事情,真被这些话给唬住了,表示希望进行和解。

英国深谙谈判技巧,知道越是这个时候越要步步紧逼,只有这样才能获得最大利益。因此在交涉过程中,驻华公使威妥玛屡次以断绝外交关系、撤离使臣、增派军舰来华开战相威胁。

负责谈判的李鸿章经不起对方恫吓,力主对英妥协,以保和局。为了表示诚意,清政府还屠杀了23名景颇族同胞,并撤掉当地文武官员。最后,在海关总税务司赫德的"调停"下,清政府接受了英国提出的所有苛刻条件。

1876年9月13日,李鸿章代表清政府在山东烟台与威妥玛签订了

19世纪晚期的英国士兵形象。

中英《烟台条约》和《入藏探路专条》。

条约除规定给英国20万两"恤款",派大臣到英国对"滇案"表示"惋惜"外,还有以下重要内容:允许英人开辟印藏交通,并前往西藏、云南、青海、甘肃等地"游历";英国人在中国如果受到"欺负",或遇到生命财产安全的案件,英国可派人前往"观审";增开宜昌、芜湖、温州、北海为通商口岸;租界内免收洋货厘金,洋货运入内地只缴纳子口税,全免各项内地税。

在这里,需要解释一下厘金和子口税。

厘金开征于太平天国时期,一般分行厘(活厘)和坐厘(板厘)。前者为流通税,向走街串巷的小贩征收;后者为交易税,向有固定店面和摊位的商贩征收。

子口税指的是进口洋货运销中国内地以及内地土货运至通商口岸出口所需缴纳的一种税款,数额相当于进出口税的一半,故又称子口半税。

厘金和子口税都是清政府重要的财政收入来源。

其他列强援引"一体均沾"条款,分享了上述特权。这样,列强不仅扩大了领事裁判权,还扩展了在长江流域的通航权益,有利于洋货的倾销,便利了对中国云南、西藏的侵略。

对西藏的侵略,英国其实很早就开始了。西藏与英国的殖民地印度相接,如果能把西藏收入囊中,印度就能与西藏连成一片。到那时,英国只要从中国东西两头共同发力,中国想不成为英国砧板上的肉都难。

英国开始进入西藏活动,是打着传教和游历的幌子去的。但藏人笃信喇嘛教,你英国人劝我信奉耶稣,这是什么意思?所以藏人反抗相当激烈,清政府也不得不对英国人入藏加以劝阻。

英国显然不会被几句高寒缺氧憋死人之类的话吓退,《烟台条约》签订后,就又根据其中的"另议专条"的规定,迫使清政府同意其派专员入藏进行"探路"。

1884年,英国驻印政府官员马科雷组织了一支约300人的武装队伍,打着"商务代表团"的旗号,从印度进入西藏,不过在干坝地方

图为17世纪奥地利神父白乃心绘制的布达拉宫形象。

遭到藏人阻止。马科雷就双方力量进行了一番权衡，得出如果真干起来很有可能就此丧命的结论，只得由原路返回印度。

当然，这点小挫折肯定不会压住英国觊觎西藏的野心。

1886年，英国派出大批军队集结于西藏亚东（今亚东县）以南边境，进行武装挑衅。西藏地方政府知道等清政府派兵过来抵御是没指望了，就发起全民总动员，表示西藏僧俗人等"男丁死后，即剩女流，情愿复仇抵御，别无所思"，在隆吐山建卡设防，自守疆界。

1888年，英军发起了向隆吐山的进攻。守军奋起还击，清政府却一再命令守军撤出隆吐山边卡，并罢黜了支持抗英斗争的驻藏大臣文硕，理由是"识见乖谬，不顾大局"，另派升泰为驻藏帮办大臣，与英国罢兵议和。

1890年和1893年，中英先后签订了《藏印条约》和《藏印续约》，承认哲孟雄（今锡金邦）归英国"保护"，开放亚东为商埠，英国在亚东享有治外法权以及进口货物五年内不纳税等特权。

英国终于把侵略的魔掌伸向了西藏。

3. 新疆：天山南北"好战场"

沙皇俄国有两个爱好：一是爱管闲事，二是爱占土地。

爱管闲事可以从它的所作所为中得到证明，爱占土地能直观地从其版图上看出来。正是有着这两项爱好作支撑，沙俄在近代侵华列强中，表现非常抢眼。

当中国东南、西南边疆出现危机后，沙俄自然不会放过这个难得的机会，也想捞上一票，于是把目光投向了与其接壤的新疆。

1864年，新疆爆发了回族、维吾尔族人民武装反清的起义，一些掌握起事领导权的封建主和宗教上层分子纷纷趁乱建立了各自的割据政权。这给许多外部势力提供了浑水摸鱼的可能。中亚浩罕汗国摄政王就是趁着新疆纷争混乱之机，派军官阿古柏与布素鲁克搜罗了一支武装力量，于1865年初侵入南疆。

阿古柏侵入南疆之前，英俄两国势力已在新疆进行争夺。这下阿古柏横插一腿，英俄立即转移注意力，争相支持和控制阿古柏，企图把新疆从中国分割出去。

英国采取的行动是为阿古柏提供大批的枪支弹药和军械修造设备；沙俄则与阿古柏约定，互不干涉对方的行动，互给对方入境追捕逃犯的权利。

1871年6月至7月间，沙俄借阿古柏北进之机，以帮助清政府"戡乱"和"安定边境秩序"为名，趁火打劫，出兵1.8万多人抢占中国伊犁地区，声称只是"代为收复，权宜派兵驻守"，等中国平息叛乱之后，即将伊犁交还。

以往历史证明，沙俄这种毫不利人、专门利己的国家说的话连标点符号都不可信。果然，沙俄随后扬言，"伊犁永归俄辖"，对其实

罗伯特·沙敖是在印度淘金的英国人，1868年至1869年，在英属印度政府的支持下，他潜入我国南疆叶尔羌(今新疆莎车一带)、喀什噶尔(今新疆喀什一带)等地活动，并面见阿古柏，转达英国当局对其政权的支持。此图即沙敖在途中所画。

行军事殖民统治。

1872年6月，沙俄与阿古柏订立《通商条约》，承认阿古柏为"哲德沙尔国"(意为七城之国)领袖，换取了俄国在南疆通商、建立牙行、商队过境、设置商务专员等特权，条约还规定俄国货物只纳2.5%的进口税。此后，俄国的商品、军火源源不断地输入南疆，南疆的白银源源不断地输入俄国，看得英国人直流口水。

英国自然不甘心好处只让俄国独享，就给阿古柏灌输大树底下好乘凉的思想，煽动其臣属于土耳其。土耳其是英国的附庸，阿古柏成为土耳其的附庸，也就相当于间接成为英国的附庸。

阿古柏听完英国的建议后想，我现在正值爹不亲娘不爱之时，没事万事皆休，哪天真遇到什么事得有个靠得住的后台才行，土耳其的靠山是英国，我要是把土耳其当靠山也就相当于间接傍上了英国，这么算下来还是赚的。

于是他尊奉土耳其为"上国"。土耳其苏丹则封阿古柏为天山南

左宗棠西征场景(清代／佚名)。

麓的"艾米尔"(意为统治者),送他大批武器,并派去军官、顾问。

1873年,英国派遣一支由弗赛斯率领的300人使团,带着维多利亚女王的亲笔信以及印度总督送给阿古柏的大批枪支来到喀什噶尔。双方于次年春签订了《英阿条约》,英国承认阿古柏的"艾米尔"的地位,换取了超过沙俄所得的特权。

西北"塞防"吃紧,中国东南沿海的"海防"由于日本的武力侵台也同时告急。清政府顾头不顾尾,陷入两难境地。为此,清政府内部发生了一场"海防"与"塞防"孰轻孰重的争论。

直隶总督李鸿章认为,鱼与熊掌不可兼得,"海防西征,力难兼顾",不如舍鱼而取熊掌,"移西饷以助海防",因为"新疆不复,于肢体之元气无伤,海疆不防,则腹心之大患愈棘"。以陕甘总督左宗棠为代表的一派则认为,头和尾需要兼顾,不可偏废;如果新疆"停兵

节饷",那就好比打开篱墙,使对方得寸进尺;再说,就是把西边的兵饷移用海防,能保证一定解决问题吗?新疆乃一群宵小之辈作乱,相对容易搞定,头实在保不住,护住尾也不错。

清政府权衡利弊后,认为后者说的在理,便于1875年5月任命左宗棠为钦差大臣,督办新疆军务,负责收复新疆。

1875年,64岁高龄的左宗棠在"兵疲饷绌,粮乏运艰"的情况下,信心百倍地踏上征途。"六十许人,岂尚有贪功之念?所以一力承当者,此心想能鉴之。"他带着当年林则徐绘制的新疆地图,背负着亿万中国人的重托,胸中燃烧着正义的烈火,开始了那场用正义浇铸的战争。

左宗棠是个军事天才。关于他的军事才能,早在镇压太平天国运动中,已有诸多展现。比如他曾利用做幕僚时积累的人望和威名,招募大量湘楚旧将，组成"楚军"，开赴江西、安徽同太平军作战，取得多次胜利，解了曾国藩燃眉之急。

然而十几年过去了，英雄已老，但是手里的刀却显得越发锋利。1876年，左宗棠亲率220营的大军出关西征。他采取的是"先北后南"的方针，仅用半年的时间，就收复了北疆大部分土地。

沙俄料知阿古柏很快会玩完，便趁其未垮之际榨取他的剩余价值。于是在这年的11月，沙俄派出代表团前往南疆与阿古柏谈判边界问题，诱迫他签订了《俄阿边界条约》，企图侵占新疆西南的大片土地和重要军事据点，以便事后强迫清政府承认既成事实。英国则试图劝阻清军前进，劝阻不成，就提出让阿古柏割占南疆作为清朝属国。

清军依仗着手里的枪拒绝了这些无理要求。

1877年春，清军在新疆各族人民的支持下，开始向南疆挺进，连克达坂城、托克逊、吐鲁番等地。5月底，败逃中的阿古柏在库尔勒为其部将所杀（一说服毒）。清军乘胜追击，阿古柏残部溃散，窜入俄国境内与北极熊做伴去了。

阿古柏政权覆灭后，清军收复了除伊犁地区以外的全部新疆领土。伊犁此时攥在俄国手里，如果俄国遵守"一等中国平息叛乱，即行交还"的诺言，新疆这事也算有了个圆满的结果。但俄国自古以来就对土地有着强烈的占有欲，凡是它吞下去的，再吐出来就难了。

为了让俄国把伊犁吐出来，清政府多次进行交涉。俄国要么推托延宕，要么借口两国边界问题和边境事件还未解决，拒绝撤兵交还。1878年6月，清政府派崇厚出使俄国，就索还伊犁问题进行谈判。

崇厚是个官二代，人不笨，官也做得顺风顺水，但就是成长中挫折太少，使得他办事缺少机敏和果敢之气。按理说这种人最不适合当外交官，可清政府不这么认为，觉得崇厚当过三口通商大臣，出使过外国，又与英、法、葡、日等国签订过条约，和洋人打了这么多年的交道，处理中俄伊犁问题应该绰绰有余。

但清政府没有考虑到的是，崇厚以前与洋人打交道，是在矮一头的情况下进行的，与外国签订的条约，也是不平等条约。

不平等条约会签，绝不代表平等的条约就会签。

事实证明，在处理中俄伊犁问题的交涉中，崇厚出色地胜任了木偶这一角色——会笑，但没有感情；会动，但没有意识；会说，但没有思想。在沙俄的引导下，1879年10月2日，他非常顺从地签订了《交收伊犁条约》（即《里瓦基亚条约》）。

条约允许中国收回"已成弹丸孤注，控守弥难"的空城伊犁，但以割让大片领土、赔偿大量金钱、让出大批权益为代价。这自然引起了大大的轰动，一时间群情激奋，"街谈巷议，无不以一战为快"。

左宗棠也上奏朝廷，表达了对条约的"叹息痛恨"，主张改约，并用武力收复失地。清政府迫于舆论，表示拒绝批准条约，并将崇厚革职拿问，定为"斩监候"。

俄国知道清政府的态度后，大为不满，除了通过外交手段恫吓清政府外，还集结了中俄边境军队和中国海面上的舰船进行军事威胁，形势变得万分危急。

眼看就要开打，害怕损失在华既得利益的英、法等国这时跳出来表示调停。

调停的措施是一边摁住俄国侵华的势头，一边迫使中国对沙俄做出让步。清政府在列强的压力下，将崇厚"加恩即行开释"的同时，又把一心求战的左宗棠调离新疆。1880年2月，清政府派驻英、驻法公使曾纪泽再次前往俄国谈判，要求索回崇厚所丧失的领土和一些重要权益，以挽回损失。

曾纪泽乃曾国藩之子，继承了父亲不少优秀品质，是一位颇有见识的外交官。面对如此艰巨的任务，他决心完成这个"探虎口而索已投之食"的使命。

抵达俄国后，曾纪泽与俄外交部及驻华公使据理力争，前后进行了10个月的谈判，仅"正式会谈辩论，有记录可稽者51次，反复争辩达数十万言"，终于在1881年2月24日与俄国达成中俄《改订条约》（即中俄《伊犁条约》）。

新约比原约略胜一筹，使中国收回了伊犁地区及其南境的领土，并收回了一部分失去的主权，但是霍尔果斯河以西地区仍被沙俄强行割去，赔款数目也由原来的500万卢布(约合白银280万两)增至900万卢布(约合白银500万两)。

此后，沙俄又根据中俄《伊犁条约》中规定的中俄西北边界应重新"勘改"的条款，陆续在1882年至1884年间迫使清政府签订了一系列条约，割去中国7万多平方千米的土地，相当于两个台湾岛面积的大小。

遗憾的是，当时的清政府还无法认识到领土的重要性，把土地像猪肉一样割成一块一块地去送人。要知道，钱没有了可以再去挣，而土地没有了，以后就是拿再多的钱也换不回来。

1884年，清政府为了加强对新疆的统治，巩固西北边防，接受左宗棠的建议，在新疆建立行省，设置州县，并任刘锦棠为第一任巡抚。

次年9月，曾经收复中国六分之一大好河山的左宗棠去世，谥号文襄。他的名字将同日月一样熠熠生辉，照耀神州。最后，附上老爷子自作的一副挽联，借以表达对他的缅怀。

上联：慨此日骑鲸西去，七尺躯委残芳草，满腔血洒向空林。问谁来歌蒿歌薤，鼓琵琶冢畔，挂宝剑枝头，凭吊松楸魂魄，奋激千秋。纵教黄土埋予，应呼雄鬼。

下联：倘他年化鹤东归，一瓣香祝成本性，十分月现出金身。愿从兹为樵为渔，访鹿友山中，订鸥盟水上，消磨锦绣心肠，逍遥半世。惟恐苍天厄我，再作劳人。

第 9 章

中法战争

战胜是投降的资本

尽管中国人在很多时候
都表现得像一盘散沙，
可只要有人能充当水泥的作用，
再喷点水，
很快就能变得像石头一样坚硬。

1.法国从清廷手中抢走了越南

第二次鸦片战争期间,法国玩起了单手拿大顶,一只手顶住中国,另外一只手伸向了中南半岛上与中国接壤的越南。

越南与中国的关系可以用源远流长来形容,早在秦朝时,秦始皇派军征服岭南,越南北部就归象郡管辖。汉武帝更是在这里设置了九个郡。

在此后的时间里,越南断断续续受到中国直接统治达一千多年,即使后来脱离中国,也一直以属国或者藩属国的身份与中国保持联系。今天你如果有机会去越南的话,还能处处感受到中国文化

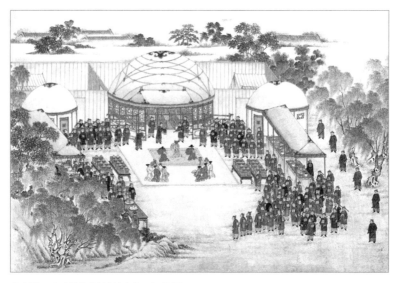

安南国王至避暑山庄场景(清代 / 汪承霈)。

留下的痕迹，比如他们也像中国一样过春节。

而作为越南的宗主国，中国也一直扮着父亲或者大哥的角色。你手头紧了，我无私救济；你家庭闹矛盾了，我出面调解；你被人欺负了，我武力帮你摆平。你唯一要做的，就是逢年过节来我这儿拜访一下。不管是空手来的，还是礼品拿得不够档次，我都不在意，反正你每次回去都是满载而归的。

但是19世纪以来，中国也开始内外交困，自己的事都忙不过来，像朝鲜、越南之类的属国的事就更没工夫去管了。这给一些列强提供了可乘之机。法国便是在第二次鸦片战争中侵占越南南圻的，不过当时中国并未太在意。

可谁知法国欲壑难填，在侵吞越南南圻后，又于19世纪70年代打起了北圻（越南北部十六省，旧时越南人称之为北圻，意为"北部国土""北部地域"）的主意。

北圻与中国接壤，法国侵犯北圻就是为了更好地侵略中国。当时法国驻海防领事土尔克就说："法国必须占领北圻……因为它是一个理想的军事基地。有了这个军事基地，一旦欧洲各强国企图瓜分中国，我们将是一些最先在中国腹地的人。"

这回，中国就是想躲也没地儿躲了。

1873年9月，法军侵入越南北部，以湄公河上游澜沧江不适合航行为由，强求红河通航，遭越南政府拒绝。法国驻交趾支那（即南圻）总督杜白蕾为了尽快打通与中国的通商道路，把法国海军军官、探险家安邺从上海召回，令其迅速打开红河至云南的水上通道。

11月，安邺率领侵略军袭击并攻陷河内及其附近各地。

越南政府无力阻止法军进犯，国王阮福时便邀请驻扎在中越边境保胜（今老街）等地的刘永福黑旗军南下协助抵抗法军侵略。

刘永福（1837—1917），广东钦州（今属广西）人，迁居广西上思，早年当过水手，加入过天地会（与大家熟知的陈近南是一个工作单位的）。咸丰时期，参加地方反清起义军，所指挥的军队以七星黑旗为军旗，故称黑旗军。

反清失利后，刘永福率军进入越南保胜地区，以此为据点开山、

刘永福全身像。

设寨、辟田、屯兵，队伍由几百人壮大至数千人。

接到求助信息后，刘永福于12月21日率领黑旗军南下，与越南军队联合在河内城外打败法军，歼敌数百人，缴枪数百支，并击毙安邺。法军被迫从越南北部撤退，河内收复，越南国王封刘永福为三宣副提督。

有意思的是，越南政府因怕法国报复，竟在1874年3月15日主动与法国订立了《和平同盟条约》，使越南置于法国的"保护"之下。

到了19世纪80年代，经过近10年的恢复，法国逐渐从普法战争的阴影中走出来，代表大金融资本家利益的共和党首领茹费理出任内阁总理。茹费理被认为是镇压巴黎公社最可耻的刽子手，他的血液里流淌着征服的欲望，积极推行海外殖民扩张政策。

1882年初，法国政府派出一支由交趾支那海军舰队司令李维业（一译李威利）率领的侵略军侵犯越南北部，企图占领整个越南，以此作为跳板打开中国的西南大门。4月，法军攻陷河内，窥视云南。

黑旗军应邀再次南下，在越南军民的配合下，将法军围困在河内一年多，并在1883年5月的纸桥战役中击毙法军司令李维业和其他官兵230余名。刘永福因功升任为三宣提督。

作为世界上有头有脸的国家，如果连一个越南都摆平不了，法国的脸可就丢大了。8月，不甘心失败的法国派海军中将孤拔率一支4600人的舰队，扩大侵越战争，很快攻入越南首都顺化，强迫越南签订了《顺化条约》，取得了对越南的"保护权"，并控制了越南的外交。

越南从此沦为法国的殖民地。

1883年3月,法军大举进攻越南军事要地南定。

1883年7月,越南国王阮福时去世,国内朝政陷入混乱。8月20日,法国侵略者攻占越南顺化外围的顺安炮台,越南政府无奈于8月25日签订了《顺化条约》,承认并接受法国对越南的保护权。图为《顺化条约》签订时的场景。

2. 躲是躲不掉了

搞定越南后，法国立即把矛头指向中国。

清政府面对法国的挑衅，除了浑身发抖没有第二个动作。

领班军机大臣奕訢经过第二次鸦片战争的"洗礼"，没有一丝抵抗法国的信心。他授意驻法公使曾纪泽和直隶总督李鸿章，分别向法国政府和法国驻华代表寻求妥协，力求避免战争。

曾纪泽和左宗棠、张之洞一样，是主战派，认为中国与越南唇齿相依，唇亡而齿寒，所以他不但向法国政府抗议，还建议清政府援助越南政府和黑旗军，共同抗法。"一战不胜，则谋再战，再战不胜，则谋屡战"，拖也要把法国给拖败。

有了主战派，自然会有主和派，主和派的代表人物是李鸿章。他认为与法国开战，即使"一时战胜，未必历久不败；一处战胜，未必各口皆守"，因此"未可与欧洲强国轻言战事"。

他在与法国驻华代表接触的过程中，屈从法国的愿望，建议清政府召回中国驻军和刘永福，免去曾纪泽驻法公使的职务。奕訢同意李鸿章的意见，免去曾纪泽驻法公使头衔，任命他

奕訢是清末洋务运动主要领导者。从咸丰十一年(1861)到光绪十年(1884)，奕訢任领班军机大臣与领班总理衙门大臣，光绪十年因中法战争失利被罢黜，史称"甲申易枢"。

为驻英、俄公使。

到了这里，我们就发现一个现象，在近代史中，但凡中国与别国发生龃龉，不管对方是什么货色，李鸿章都站在主和派一方。前面所讲的西南、西北边疆危机中是这样，现在讲的中法战争中也是这样，后面要讲的中日战争中还是这样。

这是不是就可以说李鸿章这人贪生怕死，甚至往严重里说，他里通外国？

当然不是，当年李鸿章组建淮军，镇压太平军、捻军，累功升迁至协办大学士，挽清朝大厦之将倾，过了相当一段时间的刀口舔血的日子。真要是怕死，他当初就选择老婆孩子热炕头了。

其实，论爱国李鸿章也不会输于任何人。在与外国是战是和的问题上，他虽然通常选择求和，但每次都是站在国家整体利益和未来得失上进行考虑的。

比如这次在对法态度上，客观来讲，曾纪泽等主战派的论点主观意识太重，李鸿章则相对理性一些。但等战争开打后，法国那么不争气，确实有些出乎意料。

另外，作为大清臣子，李鸿章十分明白清朝的"身体状况"。战败，等于雪上加霜；战胜，等于羸弱之躯再服上一剂猛药，都不会有好的结果。

因此可以说，那些主战的不一定是忠臣，那些主和的也不一定是奸臣。

而对于李鸿章，有一种看法是：他是清政府的好臣子，却不是中国的好子民。

主战派与主和派争论不休，慈禧太后也举棋不定。这点可以从清政府一系列的举措上看出：一面派遣清军赴越抗法，一面又

李鸿章像。

213

1883年9月1日，法军大举进攻越南山西的重要门户丹凤。刘永福指挥战士英勇反击，鏖战三天，大破法军。图为当时法军运载大炮作战的情景。

再三训令清军不得主动向法军进攻；一面颁谕奖励刘永福，一面又暗藏借法军消灭黑旗军的阴谋；一面抗议法国侵略越南，一面又企图通过和谈或第三国调停，同法国妥协。

正当清政府像钟表一样摇摆不定之际，1883年10月下旬，法国突然关闭谈判大门，命令孤拔为越南北部法军总司令，进行作战准备。

12月10日，法国议会通过追加2900万法郎军费和增派1.5万名远征军的提案，次日，孤拔率军向驻扎越南山西的清军和刘永福的黑旗军发动进攻。

中法战争正式爆发。

3. 前线再忙也不耽误内斗

中法战争经历两个主要阶段。第一阶段从1883年12月至1884年5月，主要战场是在越南北部红河三角洲地区。

越南的山西是法国军事行动的第一个目标。战争爆发后，驻防山西的军队主要是黑旗军，也有7个营的正规桂军和滇军。12月11日，法军水陆并进，经过五昼夜的激战，占领山西。

1884年2月，米乐担任法军统帅，兵力增至1.6万人，孤拔则在几个月后被调任为法国远东舰队司令。3月，法军进攻北宁，筹划给中国军队更大的打击，从而迫使清朝统治者完全屈服。

清政府当时在北宁一带驻军约40营，有2万人，但由于将帅昏庸、怯懦，互不协调，军纪废弛，兵无斗志，所以听说法军打来，驻防清军不战而逃，北宁失守。3月19日，太原失守。4月12日，兴化失守。

至此，整个红河三角洲地区全部落入法国控制之下。

这里补充一下，上面几段提及的山西、太原、兴化等地名都不是指中国的。在古代，越南受中国文化影响非常深，习汉俗，用汉字，甚至不少地名都是直接从中国复制的。

北宁等地失守后，法国控制越南北部，等于在中国西南埋了一个地雷，朝野震惊，纷纷指责主和派奕䜣等人。奕䜣叫苦不迭，当初主和他也是为了朝廷着想，哪儿想到洋人不按套路出牌。他只有议和的谈判计划，却没有打败仗的处理方案，所能做到的也仅仅是将广西巡抚徐延旭、云南巡抚唐炯革职查办，换湖南巡抚潘鼎新、贵州巡抚张凯嵩分别前去接任。

此事当然也不是慈禧愿意看到的，但慈禧的过人之处就是，哪怕遇到天大的坏消息也能进行"废物利用"。

辛酉政变后，清政府的权力主要集中在她和奕訢控制的军机处。随着朝廷局势的稳定，奕訢与慈禧的权力矛盾也日益突出。一直想大权独揽的慈禧听到清军在越南溃败的消息后，愤怒中夹杂着一丝阴鸷的冷笑，对她来说，这可是夺取权力的良机。

4月3日，慈禧就战败事件召集军机处人员开了一个小范围的会议，把责任划分了一下，为罢黜奕訢等军机大臣埋下了伏笔。同一天，有人上折弹劾"清流"领袖李鸿藻保举非人，致使战争失败，并顺带说这事与奕訢等人也有关系。

本来这封奏折的意思是想让奕訢他们重拾信心，将功赎罪，谁知慈禧却利用这个弹劾大做文章，与奕訢的政敌醇亲王奕譞一起策划，给奕訢、宝鋆、李鸿藻、翁同龢、景廉等人扣上"委蛇保荣，办事不力"的帽子，逐出军机处。

随后慈禧对军机处进行改组，任命礼亲王世铎担任领班大臣，又任命奕劻主持军机事务，并封庆郡王，改变领班军机大臣兼任总理衙门的做法，分其权力；军机处如遇要事，须会同醇亲王奕譞商办。

奕譞的大老婆是慈禧的妹妹，所生的二儿子载湉就是当时的皇帝光绪。有了这层关系，再加上奕譞办事谨慎用心，把取信讨好慈禧当作工作的主要追求，这样权力就高度集中在了慈禧手中。

在战争的紧张时刻，进行这么大的人事变动，按照正常的逻辑肯定是为了更好地战斗。但是，清政府的思维已经很久没有正常过了，新组建的军机处不仅没有积极备战，反而用实际行动来继续执行奕訢先前的妥协退让政策。

所以说，奕訢他们这帮人不是战败的替罪羊，而是政治的牺牲品。

为了把妥协退让真正落实到位，奕譞这个原本的主战派，此时只想尽快把眼前的这场战争大事化小，小事化了。为此，他力排众议，授权李鸿章设法与法国进行和谈。

李鸿章首先找到了英国。英国原本不想管清政府的这种破事，法国再怎么说也是其曾经的盟友，但它接着发现法国最近的一系列重大动作显然触及了自己在中国西南的利益，就向法国建议应由第三方来仲裁中法争端。

帝国主义老大哥来求情，法国这个面子肯定得给，可又不能显得软弱，因此在德国的暗中支持下，法国在拒绝英国的同时又向英国保证：大哥你就放心吧，这是我与中国的斗争，绝不会有火星溅到你家柴垛上的。

英国一看法国话都说到这份儿上了，就又回到隔岸观火的状态。

英国见死不救，李鸿章又找到德国。德国一直想插手中国事务，见清政府来求助，迅速抓住这次机会，利用法国兵力不支的困难，委托德国人德璀琳出面为中法两国进行斡旋。

在德璀琳的撮合下，李鸿章与法国海军军官福禄诺进行谈判，并于1884年5月11日在天津签订了《中法简明条约》。

条约的主要内容有：清政府不得再过问越南与法国之间的事；中越边境开埠通商；中国军队须从越南撤回。

条约签订后，法国初步满足了自己的战略需求，李鸿章因此受到对方的高度赞扬。法国一家杂志刊文说："在中国人中，谈判上，他（李鸿章）是对我们最有利的，他是最能给我们服务的，我们应当尽我们一切的努力，重新树起他的威望。"

中法战争第一阶段结束。

4. 当散沙遇到水泥

中法战争的第二阶段是从1884年8月至战争结束。

战场主要有两个：中国东南沿海和越南北部、中越边境一带。

《中法简明条约》签订后，由于过于"简明"，里面并没有明确规定中国撤兵的日期和细节，越南驻防清军也一直没有接到撤军命令。

但法军不管那么多，于1884年6月挺进谅山附近，要求中国驻军交出阵地。

大家都知道，封建社会只要是当兵的，别管能耐多小，脾气一般都很大。清军也不例外，见法军如此嚣张，又不听解释，自然不会轻易就走。

双方于是边僵持边挑逗，结果是脾气大的一方按捺不住，而脾气的大小又与实力有关，所以法军首先动起手来——开枪打死了清军代表，并炮击清军阵地。清军只好还击，先后两次打退了法军的进攻。

事件发生后，中方表示遗憾，法国却不依不饶地要求中国军队立马从越南北部消失，赔偿兵费2.5亿法郎（真敢开口啊，估计连精神损失费都算上了）。

法国驻北京代办向总理衙门下通牒，限期照办，否则将会采取武力行动。同时，法国为扩大侵华做了军事部署，任命孤拔为远东舰队司令，将法舰调往福建和台湾。

清政府自然不希望事态继续扩大，一方面决定限期撤军，另一方面派两江总督曾国荃为全权大臣，带着十二分的诚意去上海与法国驻华公使巴德诺进行谈判。

虽然谈判断断续续，结果未知，但慈禧、奕譞等人还是把希望寄托在和谈上，对法国的挑衅置之不理，并严令沿海各省"静以待之"，不可挑事。

闽浙总督何璟、福建船政大臣何如璋、会办大臣张佩纶为落实清政府精神，对游弋在闽江附近海面上的法舰不管不问，也不做战守准备——对不起，这个表述不太准确，总督何璟同志还是有些准备的，他的准备是每天"拜佛念经，以冀退敌"。

7月中旬，一支由法国海军中将孤拔率领的舰队突然驶抵闽江口，提出要进入福建水师基地马尾军港停泊。这是一个比要求野猪进入菜园还要荒唐的要求，但更荒唐的是负责这事的何璟、何如璋居然同意了。

孤拔舰队进入马尾海港后，清政府方面好吃好喝伺候着，得到

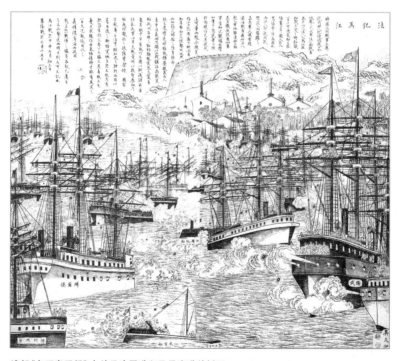

清朝《点石斋画报》中关于法军进犯马尾海港的插画。

219

的回报却是，港内的福建水师严禁移动，否则法军将开炮。

这令不少官兵十分不爽，自己的地盘自己做不了主，还时刻面临死亡之虞。如此担惊受怕一个多月，到了1884年8月23日，法国领事突然向闽浙总督何璟下发战书，说要开战。

何璟接到战书叫来何如璋、张佩纶共同商议对策，商议的结果是看能不能让法国改天再开战，这冷不丁地说打就打，我们也没啥准备啊。

什么最幽默，看见了没有？历史最幽默。

经过这么多天的休养，积攒浑身力气的法军在宣战的当天下午对福建海军发动袭击。福建海军仓促应战，过程太惨烈，我略去不写，这里只说结果：马尾船厂被轰毁，水师11艘兵舰外加19艘商船全部被击沉或击毁，官兵死伤700余人。

在马江海战之前，战火其实已被点燃。8月5日晨，法国海军少将利士比率领一支由3艘军舰组成的分舰队，向台湾基隆发起了进攻，想一举攻占台湾北部和基隆煤矿。

马江海战，中法实力悬殊，江面战斗仅进行了近半小时，清军就宣告失败。福建水师的11艘兵舰和19艘商船，全部被法舰击沉，官兵死伤700余人。法军仅死伤30余人，除了2艘鱼雷艇损毁较严重外，其余战舰仅受轻伤。图为1884年法国画报刊登的马江海战的情景。

负责接招的是台湾军务大臣刘铭传。刘铭传出自淮系，曾是淮军的业务骨干。法军前来侵犯，刘铭传亲临前线，部下一看领导都这么大无畏，全都奋起抵抗。在基隆拉锯战中，法军死伤100多人，最后狼狈逃窜，计划也跟着流产。

从这件事可以看出，尽管中国人在很多时候都表现得像一盘散沙，可只要有人能充当水泥的作用，再喷点水，很快就能变得像石头一样坚硬。

经过上面两次战斗，清政府的求和梦在现实和舆论的挤压下破碎了。

马江海战三天后，中国向法国宣战，令滇、桂各军迅速进兵，沿海各地加强战备，将坚持议和的张荫桓等六名总理衙门大臣革职，授予刘永福记名提督。

5. 法国的战斗水平

1884年9月中旬，孤拔率主力舰队再次侵犯台湾基隆、淡水。台湾守军在刘铭传的带领下，撤离基隆，集中兵力扼守淡水。

法军几次进攻，守军和当地军民都并肩将其击退，压住了敌人的嚣张气焰。

强攻不行，孤拔就改变策略，对台湾实行经济封锁，企图切断大陆的接济，孤立台湾守军。但福建、广东、上海等地人民不断冒死冲破法军封锁，输送物资去台湾，用行动支持台湾军民抗法。

台湾久攻不下，如果一直耗下去，法军恐怕只能靠打鱼和捞海带为生了。于是1885年1月，孤拔在封锁台湾的同时，又率舰队去骚扰浙江镇海。

浙江提督欧阳利见如一把利剑早在镇海海口等着，孤拔率领的军队很快陷入由木桩、地雷、炮台组成的抵抗洪流中。孤拔无法自拔，于6月退踞澎湖，不久后死在那里。

除了海战，中法之间还有陆战，主战场是在越南北部地区。此处的守卫由两部分组成，一个是由潘鼎新率领的桂军驻防的东线，一个是由岑毓英率领的滇军及黑旗军扼守的西线。

1885年2月，法军在增兵后大举向东线清军进攻。潘鼎新坚决执行李鸿章所谓"败固不佳，胜亦从此多事"指示，采取乘胜不追、战败则退的消极方针，放弃谅山，逃到离镇南关140里的龙州，坐观镇南关被法军占领。

镇南关失守后，清政府撤掉潘鼎新，在张之洞的推荐下，换上年近七十的老将冯子材。

冯子材（1818—1903）和马克思同一年出生，行伍出身，能打善

《孙军门淡水夜巡遇孤拔图》。1884年10月，法军在全力进攻基隆时，又派战舰进攻台湾淡水。统兵孙军门率领淡水守军与法军展开激战。最终法军溃败，两路夹击合取台北的企图化为泡影。

打，累功升至提督，在清军中素有威望。他被推为前敌主帅后，率领自募的"萃军"18营，赶赴镇南关附近的凭祥。

　　冯子材到达目的地后，审时度势，采取了积极防御、以守制敌的策略。当法军炸毁镇南关，退驻关外30里的文渊城伺机反扑时，冯子材随即移师关前隘，借助该地崇山峻岭的有利地势，在隘口抢筑了一条横跨东西两岭的长墙，并在岭上赶修了炮台，构成了一个完备的山地防御体系。

　　然后冯子材以此为据点，实行纵深梯次的部署，集中优势兵力，在镇南关至龙州地区组织防御，以阻止法军沿镇南关、凭祥向龙州进攻。

　　3月23日，法军分三路扑向隘口，很快占领了东岭的三个炮台，

清军与法军在谅山激战场景。

然后居高临下掩护部队发起进攻，形势十分危急。

冯子材号令全军：有进无退，誓与阵地共存亡。各军合力夹攻，与法军激战至24日，战场上"药烟弥漫，至不辨旗帜"。

但是法军在炮火的协助下，还是如潮水般拥上清军阵地。恰在这时，冯子材大呼一声，抄起一把长矛，带上两个儿子，跃马冲出，杀入敌阵。

全军上下见此情景，无不血脉偾张，于是全体肉搏冲锋，逼退法军。

接着，在当地军民的帮助下，经过"七上七下"的激战，清军又夺回三座炮台，歼灭法军300余人。法军后援不继，在即将弹尽粮绝之际，狼狈逃回文渊城。冯子材乘胜追击，于25日发起总攻，毙敌1000余人，法军全线溃散。

镇南关大捷扭转了中法战局。冯子材在越南军民的帮助下，又接连收复文渊、谅山、谷松、长庆、船头等地。与此同时，刘永福的黑旗军也在越南人民的支援下，在临洮打败法军，光复了广威、黄岗屯、鹤江、老社等地。

法军在镇南关惨败的消息传到巴黎，引起了当局的极大震动和恐慌，也引起了人民的极度不满。3月30日，法国群众拥上街头，游行示威，包围议会，高呼打倒茹费理。茹费理内阁当天晚上便倒台了。

然而，正当形势一片大好之时，清政府竟然发出了向法国求和的请求。因为在清政府看来，战胜是投降的最佳资本，机不可失。

这种逻辑简直让人崩溃，但是清政府自有其道理。在它看来，打败法国就好比屠弱之人摔倒一名壮汉，实属侥幸，如果等壮汉爬起来，后果不堪设想，但要是趁机把壮汉搀扶起来，说两句好话，这事说不定就过去了，你好我也好。

清政府想求和的另一个理由就是怕继续打下去会激起兵变或民

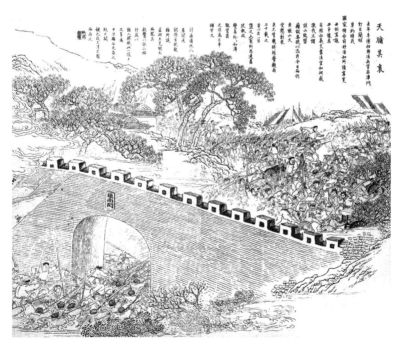

镇南关战斗场景(清代／吴友如等)。

变，因此在整个中法战争期间，慈禧太后都是抱着"避战求和"的心态进行观望的。而主和派李鸿章更是在慈禧太后等人的支持下一直与法国进行或明或暗的接触，试图通过外交途径解决问题。

在战争初期，法国是拒绝求和的，在它看来，战争好不容易发动，中国已成瓮中之鳖，怎么着也得掏两个金蛋才能罢手。

谁知局势一会儿是天堂，一会儿是地狱，法国在陷入马达加斯加战争的泥淖中后，便开始做出种种姿态，诱使清政府进行谈判。

再加上英、美、俄、德等国为了自身利益，积极进行调停，这就更加坚定了清政府"乘胜求和"的信念。

1885年4月4日，清政府授权中国海关驻伦敦办事处的英国人金登干与法国签订《巴黎停战协定》，议定双方停战，法国解除对台湾的封锁，双方择日在天津或北京议定条约细目。

6. 不失望是为了让你绝望

4月7日，清政府命令前线各路军队于4月15日停战，25日撤兵。

听闻这个消息后，前线将士"皆扼腕愤痛，不肯退兵"，"拔剑斫地，恨恨连声"。不少人把清政府给冯子材的退兵命令比作南宋秦桧命令岳飞从朱仙镇退兵的十二道金牌。在越清军被迫奉命撤回。

好吧，既然政府已决意求和，我也拦不住，那么，我们作为受害国和战胜国，如果能通过议和多获得一些补偿，也算有个心理安慰了。

于是很多人都在祈祷，政府，你千万不要让我们失望，我们还都指望用这个事迹来激励后代呢。

清政府果然没有让人失望，因为它做到了让人绝望。

1885年6月9日，李鸿章与法国驻华公使巴德诺在天津签订《中法新约》。

内容主要有：

一、清政府承认法国对越南的殖民统治，并在条约签字后6个月内，与法国一同派员到中越边界"会同勘定界限"；

二、法军退出台湾、澎湖；

三、中越陆路交界开放贸易，在中越边界指定两处为通商地点，一在保胜以上，一在谅山以北，允许法国商人在此居住并设领事；

四、降低中国云南和广西同越南边界的进出口税率；

五、以后中国如修筑铁路，须与法国"商办"。

227

这样，法国不仅达到了侵略越南的目的，还最先取得了在中国修筑铁路的特权。法国侵略势力从此伸入我国云南、广西，中国的西南门户被打开了。

别的话我不想多说，因为我怕抑制不住愤怒把电脑给砸了——即使真砸也应该用在下一节。

第 10 章

甲午中日战争

睡狮变成了病猫

老牌资本主义国家由于动手比较早，

抢占了不少殖民地。

后来者可就惨了，尤其是日本，

地盘小、资源少不说，人还贼多，

看来要想使全国人民都过上好日子，

刨自己的土地是不行了，

唯一的出路就是打别人的主意。

1. 准备从朝鲜开刀

19世纪后期，是主要资本主义国家向帝国主义过渡的阶段。

这一时期的主要特征，就是垄断组织的形成和发展。所谓垄断组织，按照教科书上的定义，是指资本主义大企业间为了独占生产和市场以攫取高额利润而联合组成的垄断经济同盟。

也就是说，以前是大家共同吃肉喝汤，虽然肉和汤都不是太多，但打打牙祭还是可以的。现在突然冒出一个老大，把肉全都捞了去，只剩下一些汤供大家分着喝，共同吃肉变成了一个人吃肉。

垄断组织最初以短期价格协定的形式出现于19世纪60至70年代。图为当时美国杂志刊登的关于垄断组织瓜分市场的讽刺漫画。

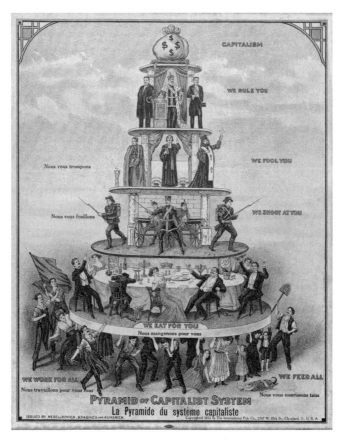

图为20世纪初揭露资本主义剥削实质的宣传画。图中的金字塔明确地揭示了资本主义社会的等级制度：最上层的钱袋代表资本主义，而第二层的国家领导人统治劳苦大众；下一层的神职人员负责愚弄人民，接着是军队维护上层统治，镇压人民；然后是资产阶级剥削人民，而最底层的民众则需要供养所有阶层，以维护资本主义统治体系。

随着帝国主义和垄断组织的发展，各国的经济、政治水平也发生了很大的变化。最突出的表现就是美国和日本的崛起。

但是美、日在崛起的过程中面临着一个问题，就是急需市场和原料。老牌资本主义国家由于动手比较早，抢占了不少殖民地。

后来者可就惨了，尤其是日本，地盘小、资源少不说，人还贼多，看来要想使全国人民都过上好日子，刨自己的土地是不行了，唯一的出路就是打别人的主意。

可是世界除了南极外，大部分地区都已被占了，真正能宰割的地盘，也就远东的中国及朝鲜等一些区域了。

嗅觉灵敏的列强自然就把目光集中在这里。

在觊觎这块"肥肉"的列强中，日本的表现最积极，态度最坚决，信心也最满。在它看来，这是最后的机会了，不成功便成仁，已经没得选择。

为了抢占先机，日本可谓蓄谋已久。早在明治维新时期，日本天皇便已确立对外扩张的政策，宣称要化剑为犁，以武力"开拓万里波涛，布国威于四方"。

日本的如意算盘是先从朝鲜打起的。

2. 埋在朝鲜的"地雷"

朝鲜也是中国的藩属国之一，加上前面提到的琉球和越南，这已是第三次提及这个概念了。

至于朝鲜与中国的关系，中国台湾作家柏杨在《中国人史纲》中这样说："世界上再没有两个国家能像中国跟朝鲜这么长期地密切融洽。中国为保护朝鲜所付出的代价，超过一个父母对儿女所付出的。"

关系好是建立在相互信任和彼此依存的基础上，对朝鲜来说，如果没有中国罩着，它恐怕早已沦落街头；对中国来说，如果没有朝鲜，"唇亡齿寒"这个成语就是最好的写照。因此，中国为了保住朝鲜，可以说付出了极大的心血。

除了中国，日本对朝鲜也付出了极大心血——不，是心机。

日本为了向中国本土扩张，决定以朝鲜为跳板，先吞并资源丰富的朝鲜。1876年，日本在美国的支持下，出兵攻占朝鲜的江华炮台，以武力胁迫朝鲜签订《江华条约》，获取了通商租地、领事裁判权和在朝鲜沿海自由航行等侵略特权。

从此，日本露出狰狞的面目，全方位向朝鲜渗透，离间中朝关系，以便与清政府争夺对朝鲜的宗主权。

朝鲜统治集团内部因此形成了不同派系，派系之间相互倾轧。矛盾越积越深，终于引起了火山喷发。1882年7月，朝鲜京军武卫营和壮御营的士兵因为一年多未领到工资，再加上对日本人训练的新式军队——别技军很反感，发生了起义。

起义的士兵和市民焚毁日本公使馆，杀掉几个民愤极大的大臣和一些日本人，然后攻入王宫，推翻了闵妃外戚集团的统治，推戴兴

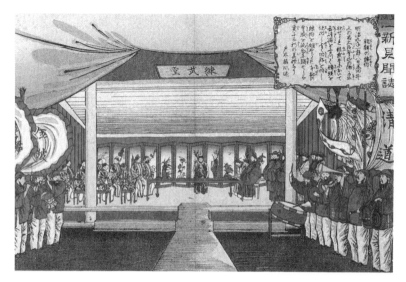

《江华条约》是朝鲜和外国签订的第一个条约，为日本进一步掠夺朝鲜以及后来侵略中国做了准备。图为双方签订《江华条约》时的情景。

1887年，日本制定了所谓"清国征讨策略"，决定以朝鲜为跳板，向中国本土扩张。图为日本画家绘制的《朝鲜发端图》。

宣大院君李昰应上台执政。这就是"壬午兵变"。

　　壬午兵变过程中，日本借口使馆人员遭到伤害，大举进兵朝鲜。清政府担心日本趁机控制朝鲜政府，也派兵进入朝鲜，并很快平定了内乱。值得一提的是，袁世凯也参加了这次平叛，还立了战功。

　　内乱结束后，日本耍起了无赖，说你看我的人也挂了，兵也来了，怎么着也得给我们一些补偿吧，于是迫使朝鲜订立了《济物浦条约》，获得了在朝鲜驻兵的特权。这为以后日本进一步发动战争埋下了伏笔。

　　1884年，日本趁着中法战争打得火热之际，指使朝鲜亲日的开化党发动"甲申政变"。开化党的主张是"外结日本，内行改革，联日排清，脱离中国，宣布朝鲜独立，实行君主立宪"。

　　他们判断，中法开战的结果必是中国战败，正好利用这次机会为将来增加政治筹码。谁知开化党在夺取政权成功之后，却被时任驻朝清军首领的袁世凯率兵一举平定，事情被搅黄了。日本对此大

日本以壬午兵变为契机，借口日本人在朝鲜被杀，强迫朝鲜政府签订《济物浦条约》，该条约使日本获得了朝鲜的巨额赔款，进一步扩大了日本的侵略势力。图为1883年庆祝朝鲜和日本通商的纪念宴会。

为不满，就抓住这个把柄对清政府进行要挟。

清政府此时内外交困，怕刺激日本给自己添乱，便又一次做出了让步。

1885年4月，日本派伊藤博文来华，与清政府实权人物李鸿章签订了中日《天津会议专条》，规定中日两国同时从朝鲜撤兵，以后朝鲜若发生什么重大事件，两国出兵须互相通知。

这样，日本在朝鲜就获得了与中国对等的权利，为以后挑起侵略战争种下了祸根。

3. 日本的野心是怎样膨胀的？

甲申政变失败后，日本有了这样一种认识，要想占领朝鲜，必定会与中国有一场大战。既然战争不可避免，日本统治集团中便有一些人认为，不如趁中法战争刚刚结束，立即发动对华战争。

这个建议在逻辑上是没有什么问题的，因为兵法有言，敌疲我打嘛。但是兵法还有一句话，知己知彼，百战不殆。

中国现在确实虚弱，提建议的人知彼算是做到了，但是有一点，这些人在知彼的同时显然忘了照镜子看看自己是啥德行。

不说当时，就是5年之后，日本的海军战舰在2000吨以上的才5艘，总吨位不过1.7万；而中国的北洋海军，2000吨以上的战舰有7艘，总吨位2.7万有余。中法战争之后要真开打，我们有理由相信，日本肯定哭得比法国还要有节奏感。

遗憾的是，当时日本有几个明白人，不但驳斥了上面的这个建议，还提出应该实施一个为期10年的扩军计划。更加遗憾的是，日本政府最后同意了。

1885年6月，日本明治天皇颁布《整顿海陆军诏书》，把这个为期10年的以中国为假想敌的计划宣告全国，为吞并朝鲜和侵略中国做准备。1887年，日本参谋本部又制定了一部《征讨清国策》，规定"以五年为期作为准备，抓住时机准备进攻"，要对中国进行一场以"国运相赌"的战争。

但是1890年日本发生了资本主义经济危机，先天发育不足的日本面临着十分严峻的困境。工人失业，农业歉收，物价飞涨，所有的这些都使人民的不满情绪不断高涨。

为了摆脱困境，转移民众视线，日本更加迫不及待地想从对外

日本的宪法规定，军部可以不受政府和议会的限制、监督。故明治末期，日本军部势力膨胀，逐渐凌驾于政府和议会之上。图为日本画家绘制的日本召开议会时的情景。

扩张中寻求出路，从而加紧了发动侵华战争的准备。也就是在这一年的6月，日本军阀头子、战争狂人山县有朋首相在国会发表施政演说时，毫不掩饰地把朝鲜和中国的东北、台湾等地说成是"与日本的安危密切相关的地区"，是日本的生命线，日本有权对这些地区进行"保护"。

所谓"保护"，只有在你的实力超过别人时才能成立。日本为了把这个"崇高"事业进行到底，以海军为例，就把超过清朝北洋海军作为工作目标，大量添置速射炮和购买新的巡洋舰。

1890年，日本大手笔地拿出财政收入的六成用作军费；次年，明治天皇又决定以6年为期，每年从宫廷经费中拨出30万日元，从文武百官的工资中抽出十分之一，补充造船费用。

这还只是官方的，像民间的一些百姓，有收入的要么直接捐钱，要么认购公债，没收入怎么办，那就去卖身，用得来的钱给国家买枪炮军舰。

就是在这种全民总动员的情况下，到甲午战争前夕，日本已组建了一支拥有6.3万名常备军和23万名预备军的陆军，以及排水量7.2万多吨、大大超过北洋海军的舰船海军。

此外，为了进一步了解对手，不打无准备之仗，日本参谋部还不断派遣间谍潜入中国，窃取政治军事情报，秘密绘制中国东北和渤海湾的详细地图。

有了上面这些做基础，还不能绝对保证打胜仗，因为如果对方不配合你胜利，且老天爷不偏颇，那你就只能怨自己命苦了。

什么是"不配合你胜利"？

为了使大家更容易明白，我这里还是先讲一下什么是"配合你胜利"，只要你能明白了这个短语的含义，那么"不配合你胜利"的意思自然就清楚了。

所谓"配合你胜利"，是指在打仗的时候，敌人所做的一切都是你期望他做的。比如你希望敌人起内讧，结果他们就起内讧了；比如你希望打仗之前敌人没饭吃，结果他们就真的断了粮草；比如你希望敌人在打仗的时候畏葸不前，结果他们还没开打就都跑了……

需要说明的是，"配合你胜利"很多时候都是一些无意识行为，如果是有意识的，只能说你们有破坏分子潜入敌军内部。

据我观察，在中国战争史上，"配合你胜利"做得最好的当属晚清时期的清军和后来的国民党军。

4. 配合你胜利

下面介绍一下清朝在"配合你胜利"的活动中有哪些具体表现。

在清朝统治集团内部，有两个派别存在着或明或暗的斗争。这两个派别分别是"后党"与"帝党"，前者以慈禧太后为中心，后者以光绪帝为中心。

这两个派别形成的原因不复杂：当初同治皇帝去世后，奕譞五岁的儿子载湉继位，是为光绪帝。还在穿开裆裤的光绪帝自然无法主持朝政，慈禧就垂帘听政，决定待光绪帝成年后再把权力交给他。1889年，慈禧宣布"归政"于光绪帝，但实际上她仍大权独揽。于是，支持慈禧的人就形成了后党，支持光绪的人则形成了帝党。

后党的人都是一些朝廷和地方实权人物，如皇帝的父亲醇亲王奕譞、军机大臣孙毓汶，以及李鸿章等人。

帝党的人多是一些文人，如帝师翁同龢和他的门生故吏，珍妃的胞兄礼部侍郎志锐，侍读学士文廷士，以及吏部侍郎汪鸣銮和他的门生张謇等人。

这两党之间不仅在争夺清朝最高统治权上有矛盾，在其他重大问题上也存在着革新与守旧、抗争与妥协的差异。比如在对待日本侵略问题上，没有兵权的帝党主张整军备战，遏制日本侵略；而掌有兵权的后党则一直消极应对，认为日本成不了大事，尤其是当1888年北洋海军成立后，他们更是有恃无恐、心宽体胖。

自认为很有艺术细胞的慈禧每天除了想揽权，就是看戏听曲。醇亲王奕譞为了讨好慈禧，在笼络李鸿章的同时居然建议用海军经费给太后修建颐和园。

李鸿章对此很纠结，一方面他不满意奕譞等人阻挠北洋海军的

慈禧虽然宣布"归政"光绪帝，却继续独揽大权。这导致直到甲午战争前，光绪帝都不知道战争是何物。图为1895年在北海公园乘坐冰橇嬉游的光绪皇帝。

建设，另一方面他也不满意帝党官员动辄动武的要求。一句话，两边他与谁都不能合穿一条裤子，但相对来说，他更靠近后党一边。

站在后党一边的结果就是李鸿章逐渐附和奕譞的私意，移拨海军军费用来修建颐和园，停购船舰。于是北洋海军在正式建军后，不仅再也没有添置舰船，后来连枪炮弹药也停止购买。到甲午战争前，北洋海军不仅在吨位上落后，在舰船的性能、速度、火力上也和日本舰队相差一大截。

就这样，在一场不可避免的战争之前，清政府在"配合你胜利"这个测试上交出了一份让日本非常满意的答卷。

而日本此时正焦急地做另一件事，那就是等待——等待机会。

机会终于来了。

1894年，朝鲜爆发了东学党（又称东学道）起义。这是一个由东学党领袖全琫准领导的反对朝鲜王朝封建统治、反对帝国主义瓜分侵略的农民起义。

《日清战斗画报》中关于东学党起义的插画。

起义军打着"弗杀人，弗伤物""忠孝双全，济世安民""逐灭倭夷，澄清圣道""驱兵入京，尽灭权贵"四个旗号，表示要"拯百姓于涂炭，奠国家于磐石；当内斩贪虐之官吏，外逐横暴之强敌"，深受百姓的支持。很快，起义队伍就发展到3万多人。

面对如此声势浩大的农民起义，朝鲜政府无力镇压，只得向宗主国清朝求援。

小弟遇到困难，大哥前去帮助一下，这本是清政府义不容辞的。但是正要下达命令的时候，清政府突然想到了一件事：日本会不会像上次一样横插一脚？如果日本要掺和的话，那还是算了吧，说不定又会闹出什么幺蛾子。

日本似乎看出清政府的心思，知道如果清军不先出动的话，根据先前的协定，自己也不好贸然强出头，于是积极勾引清政府出兵，并保证自己"无他意"，暗地里却在国内下达出兵动员令。

负责这事的李鸿章一看日本都做出保证了，想虽然你以前说话从来不算数，但我堂堂大清，不和你计较，再相信你一次也无妨，于是在接到朝鲜政府的正式请求后，先根据中日《天津会议专条》通知日本政府，然后才奏派直隶提督叶志超和太原镇总兵聂士成率领淮军1.5万人，于6月9日至11日陆续到达汉城（今首尔）西南的牙山地区。

谁知日本在清军赶赴朝鲜后不到一个月的时间内，先后以护送驻朝公使大鸟圭介返任和保护侨民为借口，陆续派遣1万余名士兵前往朝鲜，并占领从仁川到汉城一带的战略要地。

6月底，起义被镇压，朝鲜内部局势趋于稳定，清军想虽然在这里有吃有喝，但一直待下去也不是个事，况且万一手里的枪不小心走火，与日本发生什么冲突，爱好和平的太后又该不高兴了，于是就向日本提出两国同时撤兵。

日本收到清军的提议，回复说，家里又没什么急事，回去这么

《点石斋画报》中关于清政府计划出兵朝鲜的插画。

1894年7月23日，日军与朝鲜王宫卫队发生战斗，建立以大院君为首的亲日政权。大院君随即下令废除朝鲜与清政府签订的所有条约，并邀请日军驱逐在牙山的清军。图为大院君拥护大鸟公使入城。

早干啥，再说这里的局势还未完全稳定，不如我们共同监督朝鲜"改革"内政，尽一份做哥哥的职责吧。

清军终于明白日本这小子是想赖着不走了，又上当了。

但日本的真实目的可不是让你清政府上当的。日本政府在对大鸟圭介的一份训令中说："促成中日冲突，实为当前急务，为实行此事，可以采取任何手段。"

看见没有，是想找你打架呢。

7月，日军突然行动，闯入朝鲜王宫，俘虏国王，扶植傀儡政权，强迫朝鲜"邀请"日军驱逐在朝鲜的清军。

这个消息传到中国后，引起轩然大波，大家纷纷要求增兵备战，修理日本。

但是在战与不战之间，慈禧又一次选择"主和"。理由很简单，也很单纯，她的六十大寿快到了，真要是打起仗来，不吉利。另外，她还表态，谁要让她这个大寿过不痛快，她就让谁一辈子过不痛快。

话都说到这份儿上了，谁还敢提打仗的事啊。

事实上，没人真的想打仗。像实际负责军事、外交的李鸿章早在日军刚进入朝鲜那天起，就开始寻求列强出面调停。

他最先找到俄国，俄国在东北有利益，应该不会坐视不管。俄国确实管了，它第一时间令驻日公使与日本进行交涉，让其与中国同时从朝鲜撤兵。

日本惹不起俄国，搪塞说，你看这就是一个误会，我大日本帝国怎么会打朝鲜的主意！你问派那么多的兵去朝鲜干什么，他们是去度假的，不是去移民的，过段时间就回来，真的，不骗你，我用日本人的人格来保证。

俄国于是回复李鸿章说，你看，我也只能做到这份儿上，难不成真和日本撕破脸？

李鸿章极度失望，又找到英国驻华公使欧格讷。欧格讷开始还真担心日本会损害英国的利益，但回头一想，日本既然决意要战，自己拉也拉不住。再说日本北进刚好还能牵制住自己在远东最大的对手俄国，算是有失有得吧，也回绝了李鸿章。

慈禧太后六十大寿时，打算好好庆祝一番。她为自己准备了价值不菲的首饰与衣物，紫禁城与颐和园等处也修缮一新。银子花得如流水，仅装饰从紫禁城到颐和园路上的景点就花去240万两白银。图为19世纪末20世纪初颐和园的全景图。

李鸿章然后又找到德、法、美等国，这些国家都不愿管这事。李鸿章很快由郁闷转为忧郁。

寻求帝国主义调停失败后，李鸿章总算明白一个道理，有时这仗打与不打，决定权不是在自己手上。于是在光绪帝和主战派的压力和鼓动下，李鸿章心一横，管他呢，不能让你就这么欺负我。

终于，在7月24日前后，李鸿章派总兵卫汝贵、左宝贵，记名提督马玉崑等将领率清军1.4万人开赴平壤；另调天津练军2000余人从水路前去增援驻牙山的清军。

5. 偷袭你怎么了

1894年7月25日,沉不住气的日军终于不宣而战,在牙山口外的丰岛海面,突然袭击中国护航舰和运兵船。

与此同时,日本陆军也偷袭了驻牙山的清军。这标志着甲午中日战争正式爆发。

在开战的第一天,中方损失惨重。

海上方面,连中国租用的英国轮船"高升号"都被击沉,除少部分人获救外,船上其余官兵全部死难。

陆上方面,日本陆军4000多人进犯牙山的中国驻军,守将聂士成因寡不敌众,沿朝鲜海岸退往平壤;主将叶志超最具"传奇色彩",刚一开打就弃城逃往平壤,并向上级谎报说牙山大捷,居然还获得了2万两赏银。

上面两场交战都是小规模的战斗,中方虽处于下风,但损失不太大。到了这个时候,战争已然发生,清政府内部主战的呼声开始占据主流。

8月1日,光绪帝发布对日宣战上谕;同一天,日本也向中国正式宣战。

同样是宣战,不同的是,日本在这之前就已制定了详细的作战方案。其第一期是令军队侵入朝鲜,牵制清军,然后派日本联合舰队寻机与北洋海军作战,夺取黄海和渤海的制海权;第二期是命主力在渤海登陆,然后在直隶与清军主力作战,最后直取北京。

而清政府自始至终都没有一个明确而有效的作战方针。即使开战了,手握重兵的李鸿章也采取消极抵抗的策略,令陆军能守则守,不可即撤;令海军都猫在港口不能妄动,更"不得出大洋浪战"。

1894年7月，清政府雇用的英国商船"高升号"从塘沽起航，运送中国士兵前往朝鲜牙山。途中在丰岛附近海面，"高升号"遭到日本"浪速号"巡洋舰的攻击，最终船上大部分官兵殉国，史称"高升号事件"。在"高升号"沉没的过程中，日军只营救了船上的3名西洋人，还派兵射杀跳水逃生的中国士兵。图为第二天法国小炮船"雄狮号"救助落水的40多名清兵的情景，后来"雄狮号"将他们送回了烟台。

　　这给全军上下传达了一个错误信号，别说打不过，就是打得过他们也准备逃跑，反正政策允许，这事搁以往哪儿找去。

　　最要命的是，你既然是以防御为主，就应该好钢用在刀刃上，把优势兵力部署在最需要和最重要的地方。

　　遗憾的是，清政府眼中的重要地方和别人不一样，它认为东北奉天那几座祖坟比较重要，因此派重兵把守。另外京畿之地也比较重要，军队哪儿都别去了，紧紧把北京像铁桶一样箍住就行。

　　结果山东半岛、辽东半岛、黄海、北海等大面积疆域和海域裸露在外，日军的战刀像犁一样在上面一遍又一遍地划过。

6. 平壤战役：看谁跑得快

1894年9月初，日军1.6万余人分兵北犯，直逼平壤。

驻守在平壤的清军由两部分组成，一部分是8月初抵达的援军，一部分是8月底到达的叶志超、聂士成所率领的牙山败军。两部分共计35营，1.7万人。从兵力上看，中日双方旗鼓相当。

但是清军在天时、地利、人和方面至少占据两个优势。

首先是地利。清军驻守的平壤城，地势险要，易守难攻，只要充分利用，日军人再多也都是活靶子。

其次是人和。清军到达朝鲜后，朝鲜人民扶老携幼，箪食壶浆

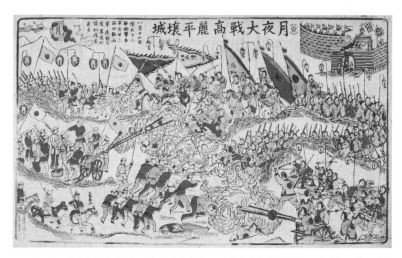

1894年9月，平壤之战打响。李鸿章任命之前打了败仗的叶志超担任清军总指挥，引起其他将领的不满。这导致清军士气低下、战力减退。但在战斗过程中，凭借平壤的坚固堡垒，清军也击退了日军的多次进攻。

以迎王师，甚至连被日本推上台的傀儡大院君李昰应都暗中给清军传递情报；而日军到来时，群众都像躲瘟疫一样避开。据说在开战之前，中国守军光子弹、粮食都堆积如山，日军则弹匮粮乏。

这样的形势，其实根本不用开战，只要清军能把住门，拖也能把日军拖垮。

正因为清军占据上述优势，日军只攻了一天平壤城，就因损失太大而开始议论要不要继续攻打。最后经过开会商议，日军决定，再攻打一天，如果没有大的进展，就准备撤军。

有意思的是，此时平壤城内也在举行一个会议，会议由叶志超主持，主题与日军会议有部分重合，那就是讨论如何弃城北逃。

这事让总兵左宝贵气得差点吐血，为了防止主将逃跑导致军心涣散，会后左宝贵特意安排自己的亲兵看住叶志超。叶志超的逃跑计划暂时流产。

9月15日，日军分四路围攻平壤，双方再次展开激战。守卫北城玄武门的左宝贵部，守卫东门及大同江东岸的马玉崑部，多次击退日军进攻，并给予重创。

不幸的是，左宝贵穿着黄马褂登城指挥将士杀敌时，被敌人当成活靶子给射了下来，英勇牺牲。玄武门随后失守。

玄武门失守后，叶志超闻讯连忙让人悬起白旗，停止抵抗，并下令全军撤退。

在撤退途中清军又遇到伏击，伤亡惨重。主将叶志超如惊弓之鸟，六天内率部向北狂奔500多里，退入中国境内。

朝鲜全境落入敌手。

7. 黄海战役：悲壮的失败

平壤战役后的第二天，日本为夺得黄海和渤海的制海权，给进攻中国本土创造条件，与中国北洋舰队在黄海展开了一场激战。

具体时间是1894年9月17日上午，北洋海军提督丁汝昌奉李鸿章之命，亲率十余艘舰艇护送援军至大东沟后，在准备返回旅顺的途中，遭遇日本舰队的突然袭击。

战斗中，北洋军舰有12艘，其中2艘铁甲舰(定远号、镇远号)、10艘巡洋舰，以及2艘炮舰。日军在开战前，已统一将各支舰队整编为联合舰队，由伊东佑亨海军中将担任联合舰队司令。

联合舰队的编队分为以下小队：本队第一小队、第二小队、第一游击队和第二游击队。日军投入战斗的舰船有12艘，包括其全部精华，即吉野、高千穗、秋津洲、浪速、松岛、千代田、严岛、桥立8艘5000马力以上的主力舰和巡洋舰。

下面是两军实力比较：

	人数	战舰数	吨位数	大小火炮门数	鱼雷发射管数	编队航速节数
清军	2126	12	34466	195	27	14.5
日军	3916	12	40840	268	36	18

从表格可以看出，日舰总吨位大，火炮多，编队航速也比北洋舰队快，其中联合舰队的主力舰"吉野号"航速更是达到22节。吨位大说明体格大、抗击打能力强，火炮多意味着攻击力猛，而航速快则更具优势，即使打不过还可以跑，自己也没什么损失。

1894年9月17日，中日两国舰队主力在黄海大东沟相遇，黄海战役随即打响。由于武器装备上的差距，中方的"经远号""致远号"和"超勇号"被击沉，"扬威号"和"广甲号"自爆沉没，其他战舰也受到重伤，日方战舰却无一沉没。图为黄海战役中日双方激战的场景。

　　虽然北洋军舰在总体上处于劣势，但是它有两艘远东第一流的铁甲舰定远和镇远，深为日舰所惧。打仗很多时候打的就是消耗战，歼敌一千，自损八百，开战时北洋海军心里没什么底，日军其实也一样。

　　日军来袭时是呈"一"字纵阵，主要是为了避开定远、镇远。北洋军舰则组成"人"字形阵，由定远、镇远两舰居"人"字形顶部，沉着应战。

　　谁知战斗刚开始，年久失修的"定远号"上的飞桥居然被自己开火的大炮震断，在上面坐镇指挥的丁汝昌坠落受伤，但他轻伤不下火线，坚持坐在甲板上进行督战。

　　然而不久，舰船上的信旗也被击毁，整个舰队失去了指挥。于是舰船只好各自为战，互相救援：定远、镇远始终保持着有利的战斗队形，来远、靖远临时结成姊妹舰，互相依持。

在激战中，致远舰管带邓世昌发现日舰"吉野号"等四艘军舰一起炮击北洋舰船老大定远，心想没见过这么以多欺少的，就下令将舰行驶到定远前头，替其应敌和挡子弹。

于是致远舰就成了靶船，船体被打得千疮百孔。

邓世昌想，与其被敌人炸沉，不如和敌人同归于尽，就开足马力冲向日本舰船老大"吉野号"。

"吉野号"一看来个不要命的，心里开始发虚，边跑边向水里投放鱼雷。结果"致远号"被鱼雷击中，全舰250余名官兵，只活了7人。

管带邓世昌落水后，他的随从扔救生圈给他，被他推到一边；有救生艇赶来相救，他也不上；他的爱犬一看主人这么固执，一口咬住他的发辫，使其头露出水面。但邓世昌抱定与战舰共存亡的决心，搂住爱犬，一起被海水吞没。

既然是打仗，有英雄，也会有狗熊。

"济远号"管带方伯谦和"广甲号"管带吴敬荣一看要落败，赶紧脚底抹油，开溜。不过这二人也没落到什么好下场，海战结束后，方伯谦因"临阵退缩，致将船伍牵乱"的罪名被斩首，吴敬荣也被"革职留营，以观后效"。

黄海战役历时5个小时，因其参加兵力之多，耗时之长，战斗之激烈，被西方人称为"近数十年欧洲各国所未有"的海战。

海战的结果，日本舰队有5艘受伤，北洋舰队有5艘沉没。中方损失大于日方。

但需要知道的是，北洋舰队虽败，并非大败，日军虽胜，也非大捷。北洋舰队损失的确较大，可舰队的主力定远、镇远两艘铁甲舰还在，其余受伤舰船只需稍微修整下还能再战。

而日舰受伤，受的可都是重伤：旗舰"松岛号"被打得几乎完全丧失战斗力，唯一的用途就是回炉炼钢了；"吉野号"甲板、舱面设备均被炮火扫荡殆尽，仅剩一具躯壳；其余舰船受创也都颇严重。

再从战略意图上看，日本联合舰队主力此次倾巢出动，目的是与北洋舰队主力决战，以实现"聚歼清国舰队于黄海"。但从海战的

黄海战役中"致远号"和"松岛号"激战的场景。

邓世昌壮烈殉国后,光绪帝在挽联中写道:"此日漫挥天下泪,有公足壮海军威。"图为《点石斋画报》中关于邓世昌与其爱犬殉国的插画。

结果看，日本显然并未达到目的。

所以至少我感觉，北洋舰队在毫无准备的情况下，在敌强我弱的情况下，在敌攻我守的大环境下，能有一份这样的战绩，还是挺不容易的。

可惜，事态的发展并没有我想象的那么乐观。

8. 辽东战役：
好的开始与坏的结束

　　无论是丰岛海战还是黄海战役，其实都是日本为侵犯中国本土做铺垫的。

　　10月下旬，日军分两路向辽东进攻，揭开了侵犯中国领土的序幕。一路日军由山县有朋率领，从朝鲜渡过鸭绿江刺进；另一路以大山岩为司令，从辽东半岛东岸的花园口插入。

　　习惯自我安慰的清政府，再一次感到不爽。

　　不过日军感觉爽坏了，因为这两路军一路打下来几乎没有遇到什么抵抗。

　　其中鸭绿江沿江驻守的数万清军不战自溃，随后其他清军纷纷效仿，很快就拱手让出了九连城等一连串的战略要地。幸亏有聂士成等少量官兵拼死抵抗，才打消日军准备在奉天过年的计划。

　　而花园口失守后，危及金州。旅顺守将徐邦道一看如果金州沦陷，那下一个就轮到旅顺了，就建议各军分兵增援。

　　但李鸿章这时发话了，我看谁敢挪窝，管好自己的一亩三分地就可以了。徐邦道见没人响应，只好自个儿率部下前往金州御敌，结果败退又回到旅顺。

　　11月7日，即金州被攻破的第二天，日军开始进攻大连湾炮台。进攻之前日军有点紧张，因为和清军照面打，大家用的都是洋枪，死了身上也不过是多个指头大的孔，但要是死在炮弹底下，绝对是要粉身碎骨的啊！

　　紧张了一夜，次日武装到牙齿的日本兵慢慢向大连湾炮台靠近。周围很安静，刺骨的海风吹在日军的身上，有人居然冒了汗；离炮台越来越近了，周围还是很安静，一些心理素质不好的士兵已经紧张到了崩溃的边缘——这是什么大炮啊，怎么还不响？

难道是大炮坏了，或者是开大炮的还没有睡醒？当然都不是，是开大炮的都跑了。

跑得一个都不剩，且是前一天跑的。

大连湾炮台被攻陷——不，准确地说应该是拱手相让，让给了日军。

缺少金州、大连拱卫的旅顺，此时在洁白的海滩映衬下，像银子堆砌的城堡，激活了日军体内所有的欲望。

11月18日，日军开始疯狂地进攻旅顺。徐邦道迎敌，击退了日军先头部队。

这是一个好的开始。

但是徐邦道部只是驻守在旅顺的六支军队中的一支。这六支军队名号不一，互不统属，且多数都属于"内战内行，外战外行"那种，所以当听说日军已经打上门来，除徐邦道外，其他人都在寻思退路。

比如清军统帅龚照玙，本着实事求是的态度，为了不给旅顺军民添乱，在保卫战刚开始就已转到烟台"度假"去了。

这样，有了上面的条件做前提，驻守1.3万余名清军，且配有21座炮台及百余门火炮的旅顺，在不到五天的时间内便失守也就不足为奇了。

22日，日军攻陷清政府耗费巨资建造的号称"东亚第一要塞"的旅顺。从此，渤海门户洞开。

随后，兽性大发的日军开始对手无寸铁的平民进行屠杀。四天内，有2万余人被杀，全城仅留36人用以搬运尸体。

这是一个坏的结束。

9. 威海战役：打胜仗了还有罪？

黄海战役前，日本原想一口吃掉北洋海军，结果不仅没有吃掉，反而差点把自己的牙给硌掉。

日本联合舰队回国后，忍着牙疼，大肆渲染黄海战役的胜利，民众情绪再一次被点燃，于是该捐钱的继续捐钱，该卖身的继续卖身。

日本就在这种氛围下筹划着下一步侵吞北洋海军的计划。

而黄海战役后的清政府，情绪显得十分低落。李鸿章趁机表示北洋海军身受重伤，需要调养，命令舰队全都藏在威海卫军港，压制将士巡海迎敌的要求。

这让很多人想不明白，战争都已经打到这份儿上了，短期内也和平不了，你李鸿章还让海军母鸡一样抱窝不动，到底是什么意思？

李鸿章的意思很简单，就是保住自己的心血、地位和前程。前者很容易明白，可后者就让人费解了，你想保住自己的地位和前程，不打胜仗怎么能保？你看这次黄海战役吃了败仗，连身上的黄马褂都被人脱了下来吧。

其实道理很简单，在古代的官场上，说话做事是要有后盾支撑的。如果你是皇亲国戚，那么皇上、皇后这两口子就是你的后盾；如果你是文臣，那么与你结党营私的人就是你的后盾；如果你是武将，那么你的军队就是你的后盾。

李鸿章是靠军功发迹的，当然明白军队就是他的命根子，就是他的后盾。北洋海军是他一手营建的，里面的将士多是与他出生入死的弟兄，正是有了这些人和这些人手里的家伙，他在朝廷说话才有底气，有分量，有人听。

否则，你嗓门再大，也不过是一个没通电的高音喇叭。

其实黄海战役后最为痛心的就是李鸿章，他痛心不是因为没了黄马褂穿，而是因为自己的心血白白流失掉了。在他看来，只要是消耗了实力，战争无论胜败，他都是败的。他唯一希望看到的，就是避免战争。

可是你不想打敌人想打怎么办？那我就躲起来。

对于北洋海军来说，威海卫是个不错的避难所。威海卫位于山东半岛北岸的东端，海港被一圈陆地半抱住，开口处刚好有刘公岛挡着，军舰躲在这里面，可以说既安静又安全。

李鸿章想，只要能保住这点家底，朝廷中就永远有我说话的地方。

但日本可没想那么多，只要你存在，你就是威胁。

于是在日军占领旅顺后，威海卫便成了它重点清除的目标。当时港内有铁甲舰、巡洋舰7艘，炮舰8艘，鱼雷艇13艘，如果算上南帮、北帮、刘公岛及其余岛屿的炮台，日军想啃下这块骨头，理论上要比上次在海上偷袭难多了。

大家需要注意，我上面说的是理论上，具体操作起来又另当别论。因为以往清政府的表现证明，理论上的事一般很不着调，这次自然也不会例外。

1895年1月20日，日军一面用舰艇封锁威海卫海口，一面派遣陆军在山东荣成龙须岛成山头登陆，包抄威海卫后路。丁汝昌不甘心当瓮中之鳖，向领导请求主动出击。李鸿章不同意，说就剩这点家底了，再打就光了，"如违令出战，虽胜亦罪"。

身为军人，打胜仗了还有罪，这事恐怕也只有喜欢创造奇迹的清朝有。

1月30日，日本陆军在联合舰队的掩护下，分两路包抄威海卫后路，先后攻占了南北两岸炮台。

你不是怕家底打光吗，那你就不怕家底被打光？

2月3日，日军集中火力，开始从海陆两面同时发动进攻，把港内的北洋舰队围困成瓮中之鳖。丁汝昌坐镇刘公岛进行指挥，随后发现自己是光杆司令——刘公岛成了一个没有护卫舰的航母。

战斗打得很辛苦，失败的恐慌像病毒一样在军营中疯狂传播。不少人认为这个仗打得太窝囊，即使侥幸存活也会被国人的口水淹死。那还不如投降，说不定还有个"赖活"的机会。

日军抓住清军的心理，劝丁汝昌投降。

丁汝昌说，怕死不是大清官员，居然想让我投降，就凭你们也配？

上面这句话是我臆造的，不过据我分析，在当时的情况下，丁汝昌还是极有可能说出上面这句话的。这就好比临刑前的好汉，死得不痛快，骂也要骂个痛快。丁汝昌是痛快了，但军中有些人却不乐意了：你丁汝昌不怕死，可不代表所有的人都愿意给你陪葬。

于是当丁汝昌命令炸沉舰船以免资敌时，这部分人抵死拒绝——要是用这种精神与日本人打仗，还能轮得上你们在这里寻死觅活？

不好，败类丛生的地方通常也为英雄提供了肥沃的土壤。2月10日，"定远号"弹药告罄，又中鱼雷，管带刘步蟾"守船亡与亡之义"，遂服毒自杀殉国。

11日，见大势已去的丁汝昌，也在绝望中自杀。

次日，英国人马格禄假借丁汝昌的名义，伙同一撮民族败类，起草了一份投降书，向日军投降。可怜丁汝昌生前如此爱惜羽毛，死后却被自己的同胞给无情糟践了。

日军收到"投降书"后，很快做出回应，于17日进入威海卫，将北洋舰队残余的11艘舰船收入囊中。就这样，李鸿章苦心经营十几年的家底，在他的眼皮底下被掠夺殆尽。而历时30余年的洋务运动，也就此宣告破产。

北洋海军失败了，但清政府并不认输：上一次海战你日本已让我颜面扫地，现在还想得寸进尺，告诉你，没门！看来我不给你一点颜色看看，你就不知道这个世界多姿多彩。李鸿章的淮军没有雄起，不代表我大清所有兵种都是饭桶，我们还有曾经让长毛魂飞胆破的湘军呢。什么？你问我八旗军怎么样？喂，喂，把你的问题再重复一遍行不，我没听清，喂，喂……

于是，在1895年3月日军大举进犯辽河下游地区之际，清政府任命湘系首脑、两江总督刘坤一为钦差大臣，督率各路清军6万余人出战，驻防在山海关内外。

这是中日开战以来清政府最大规模一次出兵，在当时人看来，

1895年2月11日，丁汝昌回绝日军劝降，服鸦片自杀。丁汝昌死后，清政府内的清流、顽固党人交相攻击他，将北洋海军失利归因于丁汝昌缺乏指挥海军的经验，光绪帝下旨"籍没家产"，不许将其下葬，其子孙被迫流落异乡。直到宣统二年(1910)，经载洵及萨镇冰等人力争，清廷才为丁汝昌平反昭雪。

甚至有点破釜沉舟的味道。

　　但是此时的湘军，已不是当年的湘军。首先，装备比较落后，现代化水平淮军都不如，更不用说和日军比了；其次，湘军各部派系复杂，将领之间不是很熟，导致刘坤一无力掌控前线故事；最后，湘军听说连风传超级厉害的北洋海军都被日军给灭了，士气多少受到一些打击。

　　湘军的战果是，3月4日至9日，牛庄、营口、田庄台等军事要塞全都主动丢失，为大清保存了珍贵的有生命兵力——注意，不是有

牛庄之战是甲午战争爆发以来规模最大、最残酷的一次肉搏战。清兵纷纷躲入居民家中，利用街巷展开巷战。图为中日双方在牛庄激战的情景。

生兵力。

湘军的溃败，让主战的光绪帝最后一丝希望也变成了绝望，而当初主和的慈禧在沮丧之余，则有了一丝窃喜。

慈禧想，不听老人言，吃亏在眼前，看看，这仗打来打去，不是还得求和吗，费那劲儿干啥。我早就说过，我大清是爱好和平的，打仗非我们所长，投降才最在行。

10.《马关条约》：流血的城下之盟

中国既然战败，那么求和就成了第一要务。

但一些悲观的大臣对求和能否成功表示怀疑，纷纷为当亡国奴做准备，就是不想当亡国奴也开始挖井系绳，为殉国做准备。

然而，令人奇怪的是，怕死的慈禧却没见有什么大的动静。

没有大的动静是因为大的动静早已过去，只不过那时正值中日酣战，大家的目光都集中在战争上，慈禧的动静虽然弄得不小，但很少有人去注意。等战争这个最大的动静结束，慈禧弄出的动静也只剩下余音。

慈禧制造的动静主要有以下几点：一是起用在中法战争期间被罢黜的恭亲王奕訢主持总理衙门；二是密切关注列强对这场战争的态度，凡是利益受损的都是将来可以争取过来的；三是派出使臣去日本进行疏通求和。

1895年1月11日，在中日战争接近尾声之际，清政府派户部侍郎张荫桓和湖南巡抚邵友濂为全权大臣赴日本议和，并于2月1日与日本代表伊藤博文在广岛会晤。

因为当时日军正在进攻威海卫，形势一片大好，所以日本对清政府提出的休战议和建议不感冒。

伊藤博文说："两国开战，这么大的事，清政府怎么只派了两个省部级的官员来应付，也太不当回事了吧。"

张荫桓等人一听这话，忙拿出官凭印信说："我们现在的身份是钦差大臣，代表的是皇帝，没有比这级别更高的了。"

伊藤博文说："那不成，若不论以前的官职，那你们皇帝如果派个马夫来，我是不是也得按照最高规格来接待啊？今天我就把话撂在这儿了，要想谈判，可以，但起码得是奕䜣或者李鸿章这样的人来和我对话。你们俩还是哪儿来哪儿去吧。"

张荫桓、邵友濂没办法，只好于2月12日打道回府。

不过，这一次求和失败，并没有击退慈禧对和平的渴望，尤其是当日军占领威海卫后。慈禧认为，日本拒绝的理由只是张荫桓这帮人"全权不足"，并没有把话说死，还是有很大的回旋余地。你日本不是嫌级别不够吗，那我就按照你的意思，派李鸿章去处理这件事。

李鸿章对此表示很无奈，他知道这次议和肯定会有不少难题，但最大的难题是割地问题。日本胃口可不小，万一狮子大开口，漫天要价，噎死了还好，否则清政府就会因为受伤过重，流血而亡。于是他再次找到列强，看有没有可能让它们出面促使日本放弃割地要求。

英美表示拒绝，俄国虚与委蛇，暗地里却趁机和日本进行分赃，表示若保证俄国在中国东北和环渤海地区享有特权，就支持日本割占台湾。

日本拍拍俄国熊的背说，大哥，你就放心吧，我只啃骨头，肉都给你留着呢。俄国熊听到这话很开心，继续冬眠去了。日本转脸阴鸷地对其他列强说，关于我大日本帝国割占辽东半岛一事，请诸位一定要严格保密！

李鸿章见外交斡旋没指望，只好退而求其次，向清政府表示只有给他割让土地的全权后才能赴日，别像上次崇厚和俄国谈判，人还没回来监狱大门就已经为他打开了。慈禧一听李鸿章这么说，连忙称病不出，传话出来，让他"一切遵上旨"，把皮球踢给了光绪帝。

光绪帝见皮球踢过来，不能踢开，踢开就等于和慈禧决裂，只好接着。他并没有立即答复李鸿章，而是在观望湘军在辽东的战局。

3月初，清军在辽东全面溃败，求和势在必行，光绪帝只得让奕䜣代传他的"面谕"，表示可以授予李鸿章"以商让土地之权"。

1895年3月14日，李鸿章带着儿子李经方、美国顾问科士达等人

264

由天津乘船去日本。日本首相伊藤博文、外交大臣陆奥宗光及美国顾问端迪臣对李鸿章一行早就望眼欲穿，见其平安到达，也稍微松了口气。

日方对李鸿章的到来表示欢迎，接待会在心照不宣中冷清收场，一场没有硝烟的战争随即拉开序幕。

日方的谈判代表是伊藤博文，他年轻的时候曾来过中国，对晚清洋务运动的主要倡导者李鸿章非常景仰。然而，形势比人强，此时的李鸿章却坐在自己的对面来签订城下之盟。

伊藤博文代表日本提出的要求很简洁，只有四个字：割地赔款。

李鸿章说，割地赔款没问题，但你们能不能少割点地或者少要点钱，我回去也好交差些，做买卖还能讨价还价呢，何况这是外交。

伊藤博文回答得很干脆：两国实力相当，外交就是力量；两国实力悬殊，力量就是外交。你现在有资格和我们讨价还价吗？你是不是还想让我们把你的来回路费都给报销了？

谈判于是陷入胶着状态，李鸿章满腔郁闷无处发泄。3月24日这

1895年3月14日，已经73岁的李鸿章带着光绪帝"承认朝鲜独立，割让领土，赔偿军费"的授权，开始赴日和谈的旅程。图为李鸿章离开中国去日本谈判的情景。

天，李鸿章满怀心事，坐轿返回驿馆，突然外面一阵嘈杂，人群中窜出一名日本男子，在李的随从还未反应过来之际，非常镇静地瞄准李鸿章就是一枪。

李鸿章左颊中弹，当场昏厥。刺客则趁乱躲入人群，溜之大吉。李鸿章遇刺这事令日方非常尴尬，所幸子弹虽然留在脸上，但未伤及眼睛，德国驻日公使馆特地派医生赶来为他看病。

经各国医生会诊后，日本医生建议开刀，但德法两国医生表示反对，说既然子弹对李鸿章眼睛无大碍，不如暂时留在脸上，万一开刀把人开死了，你上哪儿再找这么好的财神爷？

日本政府一想也对，李鸿章倘若真死了或者拍屁股走人，这仗要是一直打下去，非把自己给拖死不可。于是日本政府为了表示歉意，也为了避免列强借口进行干涉，随即宣布除台湾、澎湖列岛外，停止军事行动。

与此同时，行刺李鸿章的凶手也很快被抓获，此人是一名日本右翼团体"神刀馆"成员。他不愿意看到中日议和，一心希望将战争进行下去，所以决定刺杀李鸿章，以挑起中日间的进一步矛盾，将战争进行到底。

这和日本政府见好就收的想法大相径庭，难怪伊藤博文闻讯后气急败坏地发怒道：这一事件的发生比战场上一两个师团的溃败还要严重！

李鸿章遇刺的第二天，清政府发来电报，除慰问伤势之外，还表示，你遇刺虽不是什么好事，但对谈判而言却是一个绝好的机会，可以趁机使日本进行某些让步。

话都说到这份儿上，看来李鸿章的这顶卖国贼帽子是戴定了。4月1日，中日谈判重新开启，日本提出中国须以割让辽东半岛、台湾、澎湖列岛和赔偿日本军费3亿两为媾和条件。

李鸿章在清政府的指示下，"竭力申说"，尽可能争取少一些的割地赔款。

4月10日，日本提出最后修正案，伊藤博文对李鸿章说，你挨了一枪，我们减少你们1亿两白银的赔款，超值吧，但别的条款再无回

图为刺杀李鸿章的凶手被审问的场景。

甲午战争前，清朝的有线电报应用已经比较普及，国家商用和军用电报电线形成网络。图为清朝电话局接线生作业的场景。

旋余地，你只需回答"允、不允两句话而已"，否则你就回北京等我大日本帝国的军队端了你们老窝吧。

李鸿章知道，如果拒绝的话，慈禧那个老妖婆肯定会先把自己的老窝给端了，就说，条款我基本没什么意见，不过你们限定必须一个月内办理割让台湾，是不是有点急了，希望能宽限一下，反正台湾已是贵国口中之物。

伊藤博文回答说："还没咽下去，饿得厉害！"

这么赤裸裸的无耻话都能说出来，李鸿章只好硬着头皮做下去。

4月17日，李鸿章终于正式与日本代表签订了丧权辱国的《马关条约》。

《马关条约》的内容主要有：

　　一、割辽东半岛、台湾及其附属岛屿、澎湖列岛给日本；

　　二、赔偿日本军费白银2亿两；

　　三、开放沙市、重庆、苏州、杭州为商埠，日本轮船可沿内河驶入以上各口；

　　四、允许日本在中国的通商口岸开设工厂，产品运销中国内地免收内地税。

11. 大哥被小弟打败之后

《马关条约》签订的消息传出后，全国一片哗然。

以前我们败给英法等国，国人还可以自我安慰，它们毕竟是老牌资本主义国家，不要说中国，世界上有哪个国家能干过英法？所以输了也就输了，不丢人。

但输给日本就不一样了。

几千年来，中国几乎没正眼瞧过日本——没办法，身高一米七的看一米五的只能俯视，正眼看的话，估计连头顶都瞅不着。即使日本有几次试图作乱（如明朝的倭患），也都被我们不费劲地给摁下去了。

大哥与大哥之间火并，无论谁输了都能摆正心态，大不了回去接着练，争取下次能赢；但大哥要是被小弟给干趴下，即使下次能赢，也很难在道上继续混了。

往小了说这是面子问题，往大了讲就能上升到尊严的高度。如果说中日战争之前，列强对中国还有一些敬畏的话（最典型的说法是把中国比作睡狮），那么等战争结束后，中国在它们眼里只能算是一只病猫。

从此，甲午一战颠倒乾坤，自汉唐以来亚洲以中国为中心的局面被打破了，日本开始跳上东方大舞台扮演起了主角。

除了清政府，全国上下几乎没人能够咽下这口气。军人、士人甚至妓女都突然之间变得异常爱国起来，纷纷组织或自发进行各种抗议活动。台湾民众都表示"与其生为降虏，不如死为义民"，所以只要清政府发话，定能让日本人的鲜血沃我中华。

而作为一国之君的光绪帝，更是一度对条约抵触强烈，甚至拒

甲午战争后，日本一跃成为亚洲唯一的新兴资本主义强国，开始争夺世界霸权。图为美国杂志刊登的关于日本跻身列强的漫画。

绝用宝，直拖到5月2日才被迫批准《马关条约》。也就是在这一天，以康有为为首的千余名举人联名上书朝廷，抗议签约，是为近代史上有名的"公车上书"。

但是一切都无法挽回，中国百姓进一步处于水深火热之中，中国的半殖民地化程度大大加深了一步。

《马关条约》的直接危害表现在以下几个方面。

一是大片土地的割让，进一步破坏了中国的主权完整。

这次中国不仅失去了富庶的台湾和澎湖列岛（辽东半岛后来被有条件归还，下文会有讲述），而且刺激了列强瓜分中国的野心，为接下来列强争相在中国划分"势力范围"做了铺垫。

二是巨额的赔款加剧了中国人民的负担。

条约规定的赔款数目（算上后来3000万两赎辽费）差不多相当于清政府三年的财政收入，也相当于日本四年的财政总和。也就是说，我们需要三年不吃不喝来供养日本四年的啥都不干。不吃不喝是不可能的，但清政府又一下子拿不出这些钱来，于是不得不变本加厉地压榨人民和以各种国家主权作抵押大借外债。前者能让国人的裤腰带越来越短,后者使得清政府进一步受制于人。

三是新的通商口岸的开放,使帝国主义的侵略势力深入中国内地。

沙市、重庆、苏州、杭州4个口岸的通商通航,使得中国最富庶的长江流域,从江浙到四川,全线向帝国主义敞开。列强的商品市场由原来的沿海一条线变成了现在的内地一大片。

四是条约中允许日本在华投资设厂,适应了帝国主义资本输出的需要。

甲午战前,列强在中国设厂还不是合法的,现在援引"利益均沾"的片面最惠国待遇条款,越来越多的外国工厂开在中国人的家门口,利用中国廉价的原料和劳动力,生产出产品来赚取我们自己的钱。所以国人生活水平继续下降,比如以前每个月还能吃顿饺子改善一下生活,现在就只能每年吃一顿了,而且还是素馅的。

而日本方面,则利用中国的资金和市场等条件,借着第二次工业革命的东风,一跃成为帝国主义强国,拿到了可以"以强凌弱"的执照,在影响世界时局的同时也在搅动着世界时局。

12. 三国干涉还辽：
一场浑水摸鱼的游戏

然而，中日之间的议和并没有使事情结束，因为这不是一个皆大欢喜的结局。

首先表示不满的是俄国。俄国在帝国主义列强中，属于比较爱出风头的那种，平时和自己没关系的都能插上一脚，更别说和自己息息相关的事了。

俄国认为，日本也太不地道了吧，居然敢背后算计我，说好不损害我在中国东北的利益，现在把辽东半岛割占了是怎么回事？这不是等于在我家门口埋个地雷吗？俄国财政大臣对此表示说："为俄国的最大利益着想，要求维持中国的现状……决不可让日本渗透到中国的心脏而在辽东半岛攫得立足点。"

于是在中日签订《马关条约》的那天，俄国向法德两国政府建议，不能就这么便宜了日本，哪有这么心安理得吃独食的，我们至少应该让它把辽东半岛吐出来，否则很有必要给它上一堂军事教育课。

法国是俄国在欧洲的盟国，于情于理都应该站在俄国这边，再说这是一件浑水摸鱼的事，对自己有利无害，所以积极响应。

德国在列强中算是后起之秀，一直渴望在远东事务中能插上手，认为这是一次难得的机会，也表示支持俄国。

日本一看三个重量级的国家准备同时来砸场子，顿时傻眼了，别说与清政府刚打完仗，元气大伤，就是恢复体力后与它们中随便一个单挑，也没有什么胜算。

甲午战争后，日本成为亚洲的"暴发户"，而此时俄国也在觊觎远东地区，因此俄日两国在远东的争端在所难免。图为当时反映俄国感受到日本威胁的漫画。

1895年4月23日，俄、法、德三国公使向日本政府递交照会，劝日本政府退还辽东半岛，限定15天内答复。随后，三国军舰同时在日本海面冒出，战争一触即发。

日本知道这个仗不能打，所以现在唯一能做的就是尽量避免冲突。而避免冲突的最好办法是把事情摆到台面上，日本怕独自招架不过来，便试图获得英国和美国的支持。英美两国不仅不愿蹚这个浑水，还劝告日本接受三国的要求。

无奈之下，日本被迫妥协，同意退还辽东半岛，但条件是中国须向其支付5000万两的"赎辽费"。后经过讨价还价，10月19日，中日正式达成协议，中国付给日本白银3000万两，赎回辽东半岛。

辽东半岛赎回后，俄、德、法以功臣自居，纷纷向清政府勒索报酬。

而清政府要回来的辽东半岛，实际上也只是替俄国看管，因为在随后掀起的瓜分中国的狂潮过程中，辽东半岛很快又被俄国给强占去了。

13. 台湾人民的反割台斗争

《马关条约》签订后，还有一件事值得一提，那就是台湾人民的反割台斗争。

当条约一签订，割台消息便传到台湾。台湾民众"骤闻之，若午夜暴闻轰雷，惊骇无人色，奔走相告，聚哭于市中，夜以继日，哭声达于四野"。

台北市民鸣锣罢市，纷纷拥到巡抚衙门，抗议并斥责清政府的卖国行径。台湾绅民联名发布檄文，声称："愿人人战死而失台，决不愿拱手而让台。"

然而，台湾人民保台的决心却抵不过清政府割台的决心。1895年5月，清政府派李鸿章的儿子李经方为割台大臣，在美国顾问科士达的陪同下，于日舰上如期办完交割台湾的手续，并下令文武官员撤出台湾。

5月下旬，日军登陆台湾，很快攻陷基隆。台湾巡抚唐景崧获知基隆被日军占领后，没等开打，便仓皇逃往厦门，台北不战而陷。

爱国士绅丘逢甲率领义军在台北西南新竹附近与日军进行激战，最后"全军尽丧，逢甲仅以身遁"。随后，为了便于统一指挥，台湾军民公推刘永福为领袖，领导抗日武装斗争。

6月中旬，日本近卫师团兵分两路进攻新竹，试图打开通往台中的门户。徐骧、吴汤兴、姜绍祖等率领的义军和刘永福部清军，共同据险阻击日军，前后大小战斗20余次，虽因力量悬殊以失败而告终，却牵制日军达两月之久。

8月中旬，日本增调2万日军到台湾，会同占领新竹的日军，分三路向南进逼。

《台湾官绅会议不允割地》图景(清代／佚名)。

日军在前进的过程中,遇到了顽强的抵抗,但由于清政府断绝大陆对台湾的一切接济,台湾守军的粮饷、武器日渐匮乏,形势越来越严峻。

10月11日,日军进攻嘉义,守军光凭地雷就炸死日军700余人。次日,恼羞成怒的日军用大炮轰开城墙,拥入城中。

徐骧等人率义军浴血奋战,伤亡很重,只好退守台南北面的曾文溪。10月19日,日军重兵压向曾文溪,炮火齐发,枪弹如雨,义军寡不敌众,徐骧阵亡。

驻守台南的刘永福余部孤立无援、弹尽粮绝,被迫搭乘英国轮船退回厦门。

21日,台南陷落,台湾全省沦入敌手。

台湾保卫战历时5个月,大小百余仗,战果辉煌:日军主力部队近卫师团有一半被消灭,陆军中将、明治天皇的叔叔北白川宫能久亲王和山根信成少将被击毙,合计打死打伤日军3万多人,比甲午战争中清军打死打伤的日军都多。

但台湾还是没能保住。

不过这场战争的结束是另一场战争的开始，台湾人民在接下来的50年时间里，一直在进行抵抗。

就凭这点，台湾永远也不可能与中国分离，台湾永远是中国领土不可分割的一部分。

第 11 章

瓜分中国的狂潮

其实这是一场戏

清政府当时的年收入是白银8000万两左右，

看上去很多，但别忘了它的摊子也很大，

皇宫、军队、官员个个都是吃钱的机器，

再怎么精打细算也是入不敷出，

日子过得很紧巴。

可就是在这么一个困难情况下，

还突然之间欠了别人一屁股债。

1. 不借我的钱我跟你急

俄、德、法三国干涉还辽后，清政府、日本、西方列强对当时的形势还是比较满意的。清政府虽然付出了惨重的代价，但好歹也能睡上个安稳觉了。

日本自不必说，仅凭清政府割下的那几块肉也够消化好长一段时间了；西方列强尽管在甲午中日战争中没有得到具体的好处，可他们对未来充满信心。

这一时期，世界主要资本主义国家，先后过渡到帝国主义阶段，对海外殖民掠夺也逐渐由以前的商品输出向现在的资本输出转变。

西方列强认为，《马关条约》中虽没有向我们赔款的内容，但里面也没有写明不需要"帮助"的条款啊！清政府一下子被人放了那么多的血，我们作为上帝的子民，怎么能"见死不救"？即使你真的无可救药，也得等我们扎两针试试看，谁让我们拿的是"医生"的营业执照呢？

但西方列强可能不知道，是医生还是屠夫其实往往只是在一念之间。

好在清政府的确需要帮助，所以列强的"扎两针"也不算是强人所难。

不过清政府的病不是靠扎针或打点滴就能够解决的，它患的是心病，医治的方法很简单，只需一味药。这味药不光是对清政府，对很多人来说也都比较稀缺，那就是钱。

清政府当时的年收入是白银8000万两左右，看上去很多，但别忘了它的摊子也很大，皇宫、军队、官员个个都是吃钱的机器，再怎么精打细算也是入不敷出，日子过得很紧巴。可就是在这么一个困难情况下，还突然之间欠了别人一屁股债。

根据"欠条"(即《马关条约》)规定，清政府应在3年内把所欠的2亿两白银还清，逾期要交5%的滞纳金。如果算上1895年11月之前需要缴纳的3000万两"赎辽费"，清政府在战后的第一年，就需支付1亿多两白银。

你就是把清政府卖了也没这么多钱！

好在还有高利贷可借，清政府想。

但自古以来，借钱之难，难于上青天，谁就是再有钱也不会无缘无故借给一个破落户。然而，对清政府来说，借钱不是最难的，难的是向谁借钱。当时世界上最财大气粗的当属英国，所以清政府在签订《马关条约》之时，便已向中国海关总税务司赫德咨询了一下借款的事。

谁知这个消息不胫而走，被俄国的耳朵逮个正着。俄国找上清政府，说："你也太不够哥们儿了吧，到底还认不认我这个朋友？我不信帮你要回辽东半岛，我们之间的关系反而生分了。"

清政府连忙打哈哈："怎么会呢？只要你愿意当我大哥，我就绝不会把你当外人！"

俄国板起脸，问："既然你这么说，那你能给我解释一下向英国借钱是怎么回事？"

清政府说："这不还没借嘛，再说我也就是那么一问。"

俄国又问："你怎么记吃不记打，忘了当初是谁最先打你的吗？我告诉你，英国不是什么好东西，再说借钱是咱们兄弟之间的事，最好不要让外人插足。否则，要我这个当哥哥的干什么。"

清政府说："那是，那是，不过我知道大哥你手头也不太宽裕，我要借的钱数额太大，若全从你那儿借，你承担的风险也很大。"

俄国听清政府这么回答，佯装生气："你说这话我可不爱听，我是没英国有钱，可我对你的诚意是谁也比不了的。你说吧，需要多少钱，我就是砸锅卖铁也不能委屈了你是不？"

清政府说："你还是看着借吧，但一定要在自己生活质量不下降的情况下量力而为。"

于是俄国最先成为清政府的债权国，借款的数额是4亿法郎，折合白银近1亿。

这是一笔大数目，俄国若一下子拿出这么多，可能真得去砸锅卖铁了，于是就联合法国一同充当债主。英国一看有人居然抢先一步，不乐意了，便联合被俄、法撇下的德国向清政府施压，说要是不借它们的钱，"将不惜诉诸武力"。

清政府谁也惹不起，只好答应向这几个国家都借款。

甲午战争以后清政府向列强借债情况表

时间	债主	借款额	年息	折扣	年限	共计	偿还本息
1895	俄、法银行团	4亿法郎	4厘	约94	36		
1896	英、德银行团	1600万英镑	5厘	94	36	白银3亿两	白银7亿两
1898	英、德银行团	1600万英镑	4.5厘	83	45		

有人看到这里，可能会感到很奇怪，这些国家是不是脑子都进水了，你就不怕借钱给清政府是肉包子打狗，有去无回？

它们的脑子当然没有进水，别说进水，就是受潮都绝不会有。

要知道，杀头的生意有人干，赔本的买卖无人做，列强既然把钱借给清政府，就有十足的把握做到不亏本。清政府的确没有什么油水，但这不代表中国没有油水。

要知道，政府和国家其实是两个完全不同的概念。

清政府借了列强的钱，年限很长，利息很高，从上面表格可以看出，等到还完，本息要比本金多了一倍多。列强之所以敢借钱给清政府，是因为在放贷的时候都附有政治条件，如以中国的海关税收和内地部分的盐税、厘金作抵押。

在当时，清政府的主要收入是海关税收，每年大概有白银2000万两，而这个数目刚好是每年交付给列强的本息。

这样，清政府的海关"实际上已经成为中国的外国债权人的收款机关"。

难怪在李鸿章赴日谈判《马关条约》之前，中国海关总税务司赫德可以非常自信地说："（中国）对日赔款如交我筹措，恐怕除了海关之外，还有许多别的职权交到我手中。"

一个政府，如果连自己的钱袋子都被人管着，尊严之类的东西对其而言只能是奢侈品。

2. 修路不一定是为了扶贫

除了争当中国的债权国，列强在争夺中国的铁路投资权方面表现得也是相当积极。

中国人对铁路的认识开始于第一次鸦片战争前后，在中国土地上修建的第一条铁路是1876年英国资本集团在上海修建的吴淞铁路。

铁路通车后引起当地人的不满，他们认为火车声音影响作物和牲畜生长，破坏祖坟风水，最后这条铁路仅运行16个月就被清政府花钱买回给拆除了。

随着时间的推移，铁路在中国大地上还是日渐增多，很快就达到了上万千米，不过都是由列强修筑的。清朝统治者中仍有不少人认为这玩意儿是奇技淫巧，不太认可。

中国第一条自己修筑的营运铁路——京张铁路，是由詹天佑于1909年主持修建完成的。

列强在中国修筑铁路当然不是来扶贫的，而是为了更好地宰割中国。按照日本《朝日新闻》的话说，"铁道所布，即权力所及。凡其地之兵权、商权、矿权、交通权，左之右之，存之亡之，操纵于铁道两轨，莫敢谁何！故夫铁道者，犹人之血管机关也，死生存亡系之。有铁路权，即有一切权；有一切权，则凡其地官吏，皆吾颐使之奴，其地人民，皆我俎上之肉"。

1896年6月，法国最先获得在中国西南修筑铁路的权利。其他帝国主义国家十分眼红，俄国找到清政府说："这不行，论关系的亲疏，怎么着法国也得排在我后面。法国获得了西南地区的铁路修筑权，东北的铁路修筑权必须给我！"

图为中国第一条铁路通车的场景。1876年，英国怡和洋行未经清政府批准，在上海修建了中国第一条运营铁路——吴淞铁路，全长14.5千米。后来，清政府花费28.5万两白银将其赎回并拆除。

清政府想俄国的块头虽没有法国大，但两国接壤，以后低头不见抬头见，会有不少交道要打。俄国是小人，帮忙是别指望，使坏可是行家，得罪不起，只好同意它的要求。

榜样的力量是巨大的，英国一看俄国也在中国取得了铁路修筑权，由眼红变为心慌，知道这事不是医院看病挂号，自己不去争取，心慌变成心病也不会有人理睬，于是一口气向清政府提出了五条铁路的修筑权。

英国政府通知驻华公使说："你在和舰队司令磋商之后，可以发出限定他们答复的日子的通牒。"

清政府连俄国都惹不起，更别说英国了，只得表示五条路中除津镇路(天津到镇江)另议外，其余全部接受。

清政府没有答应津镇铁路是因为这条路要经过山东，那里是德

283

国的势力范围，它可不想刚打发走饿虎又迎来毒蛇。

后来，英国绕开清政府，直接和德国对话，以两国共同分割英国在非洲的殖民地为条件，来换取德国在津镇铁路上的让步。双方议定：天津到山东南境的一段由德国修建，镇江至山东南境的一段由英国修建，全线竣工后由双方共同经营。

除了上述几个国家，比利时、美国等国也在中国获得了或多或少的铁路修筑权。本来清政府还打算再修几条属于自己的铁路，这么一看，得，还是算了吧，别羊肉没吃着，反惹一身骚。

至此，投资和修筑铁路成为甲午战争后列强在华输出资本和巩固势力范围的重要手段，铁路沿线的中国领土主权对清政府来说已是名存实亡。

与此同时，列强对在中国投资矿山和开设工厂也表现出了极大兴趣。

总而言之，19世纪末期，帝国主义在中国这个舞台上你方唱罢我登场，好不热闹。

3. 势力范围这件事

1896年4月，年逾古稀的李鸿章获得了一个公费出国的机会。

首站是俄国，目的是参加沙皇尼古拉二世举行的加冕典礼。

4月30日，李鸿章到达圣彼得堡，尼古拉二世亲自接见，给予最隆重的礼遇。

在国内，尤其是《马关条约》签订后的这一年，全是骂李鸿章的声音，到了异国他乡他突然听到久违的恭维话，怎能不开心？谁知，俄国趁着他的这股高兴劲儿，兜头给他泼了一盆凉水，问："日本只是一个弹丸岛国，你大清地大物博，子民数万万，怎么能败给一群身高不足一米六的人？"

李鸿章听了这话表情异常尴尬，愣了好久方说："可能是意外吧！"

俄国摇头说："这世上没有意外，任何事情都是有原因的。你大清大而弱，日本小而强，这种状态短期内不会有明显改观，所以就需要你们提防日本哪天突然发神经再找你们打一仗。"

李鸿章想了一下说："你说得对，但根据我的经验，你这么问我，就说明你肯定有解决的方案。"

"和聪明人谈话就是省事，我也不绕弯子了。"俄国说着从腰里取出一份文件，"你先看看这个。"

这是一份关于"共同防御日本"的条约，李鸿章翻看了一下，说："这是一件大事，我恐怕做不了主。"

俄国说："应该说你怕担责任吧，但这是一件大好事，能有什么责任？再说食君之禄，分君之忧，这可是一个千载难逢的好机会啊。"说着把一张300万卢布的支票在李鸿章的眼前晃了一下，并塞进他的口袋。

李鸿章嘿嘿一笑："你说得很有道理。"

6月3日，李鸿章在莫斯科同俄国代表签订了中俄《御敌互相援助条约》，即《中俄密约》。条约的内容主要有：

> 日本如侵占俄国远东或中国以及朝鲜土地，中俄两国应以全部海陆军互相援助；开战时，中国所有口岸均对俄国军舰开放；非两国共商，缔约国一方不得单独与敌方议和；为使俄国便于运输部队，中国允许俄国通过黑龙江、吉林修造一条铁路以达海参崴，该铁路的建筑和经营，交由华俄道胜银行承办；无论平时或战时，俄国均可在该铁路运送军队和军需物品；此约自铁路合同批准日起，有效期15年。

表面看来，这个条约是一个军事同盟，实际上是俄国在"共同防日"的幌子下，通过修筑中东铁路把自己的势力伸入到中国东北地区。

俄国财政大臣维特说，中东铁路的修建，必然"使俄国在任何时间内，都能用最快的速度把自己的军事力量运到海参崴，或集中于满洲、黄海海岸及离中国首都的近距离处"。

随后，俄国又进行了一系列的活动，逐渐把中国东北变成了它的势力范围。这刺激了其他列强争夺中国的欲望。

首先动手的是德国。

1897年11月14日，德国借口两个德籍传教士在山东巨野县被杀，派军舰占领了垂涎已久的胶州湾，并夺取青岛炮台。

德国的这个举动事前其实已得到俄国默许，而俄国则利用这次机会在12月中旬抢占了旅顺口和大连湾。

事后，俄国还对德国表示感谢，说要不是你占领了胶州湾，我还真不好意思进行军事行动。

此后，法国、英国、日本齐上阵，用刀劈斧砍的方法肢解中国的土地。

上图：1896年6月，进行环球考察的李鸿章乘火车自俄国前往德国，还专门赶到汉堡附近拜访了"铁血宰相"俾斯麦，图为二人会见的场景。

下图：作为清政府的全权大臣，李鸿章从法国乘船抵达英国后，觐见了维多利亚女王。图为李鸿章向维多利亚女王转达中国皇帝问候的情景。

帝国主义列强在中国划分的"势力范围"

国别	割占和强迫租借的地区	势力范围
德国	强迫租借胶州湾	山东
俄国	强迫租借旅顺和大连地区	长城以北和新疆
法国	强迫租借广州湾	广东、广西和云南
英国	强迫租借九龙半岛界限街以北、深圳河以南地区和附近岛屿(今统称"新界"),还有威海卫	长江流域,云南、广东
日本	割占台湾和澎湖列岛	福建

4. 什么是"门户开放"?

"门户开放"是由美国提出来的。它提出这个概念的原因是当时自己被关在中国的"大门"之外,如果中国的"门户"不"开放",它就进不来。

美国进不来不是因为有人堵在门口,而是它无法插手中国事务。当初帝国主义在中国划分势力范围时,美国正忙着同西班牙争夺古巴和菲律宾,没时间也没精力去顾及中国。

1898年,美国打败西班牙,兼并夏威夷,占据了菲律宾群岛,刚要腾出手伸向中国,才发现此时的中国几乎已被其他列强瓜分殆尽,连个下脚的地方都没有。

美国打败西班牙,开始将势力范围扩展到南美洲。

但是美国没有抱怨，因为抱怨解决不了任何问题。通过分析，美国认为，我自己的地盘已经够大了，领土对我而言没有什么意义，还不如多获得一些在中国的实际权利。于是在1899年9月至11月间，美国由国务卿海约翰出面，向英、法、俄、德、日、意六国抛出了一个"门户开放"的宣言。其基本内容是：

一、各国对他国在中国所取得的任何势力范围、租借地、通商口岸和既得利益，不得干涉。（这是标准的外交语言，没有什么实际意义。）

二、各国对运往自己势力范围各口岸的他国货物，均由中国政府按照中国现行关税率征税。（其实和清政府没有什么关系。）

三、各国对进入自己势力范围各口岸的他国船舶，不得征收高于本国船舶的港口税；当他国使用自己所修或所经营控制的铁路运输货物时，不得征收高于本国商品的铁路运费。

这个政策的意思很明显，就是运用"机会均等"的手段，让列强保持一个冷静克制的态度，在一个"和谐"的氛围下，把中国变成一个开放的市场，大家一起发财；否则，大家谁也不会落什么好。

列强一想，觉得美国这小子说得有道理，于是六国政府相继不同程度地表示同意。美国终于再一次把别人忽悠到了一艘由它掌舵的船上。因为当时美国的工业产值已跃居世界第一，资金最雄厚，商品最具竞争力，在同等条件下，获益也肯定是最多。

在很长的一段时间内，美国都在为自己的这一决策得意非凡，认为"在外交史上从来没有比此次更辉煌和更重大的胜利"，"它保护了现在的利益，保障了未来的利益，使美国立于一个牢不可破的地位"。

就凭这智商，美国混成世界老大，也不过是时间问题。

第 12 章

戊戌变法

流血的康庄大道

1898年慈禧64岁，
已守了近40年的寡。
在守寡期间，
她最着迷的就是权力，
也最相信权力。

1. 清政府的愤青之路和康有为的政治炸弹

鸦片战争后的清政府在世界舞台上一度表现得像个社会愤青，面对列强时总感觉很不服气：老子进行洋务运动，"师夷长技以制夷"，随时都在准备翻盘。

于是，洋务搞了很多年，取得了一些成绩，清政府底气逐渐足了，腰板逐渐硬了，嗓门逐渐亮了。

眼看着就可以和洋人叫板了，不料日本这时跳了出来，劈头盖脸一顿打，居然把中国打败了。

在亚洲，中国当了几千年的老大，没想到最后被一个自己从没正眼看过的日本给搞趴下了。清政府彻底没有脾气了，本来想吃肉，没想到连粥都有可能喝不上。

但是，一个愤青倒下，千万个愤青立马又站了起来。有人认为，我大清帝国就是吃肉的命，没有肉，饿着也绝不该去喝粥。现在我们中国这头雄狮已经醒了，可惜着了凉，浑身无力，不过不是什么大病，给开剂药吃下就好了。

准备给大清帝国开药的人叫康有为。

和中国其他医生不同的是，康有为开的药不是中草药，而是西药，名字叫"维新变法"。康有为认为，只要这一剂药吃下去，保管中国这头雄狮又能活蹦乱跳，吃肉喝酒，张嘴即有。

"维新变法"这剂药其实是康有为自己配的，并没有经过临床试验，至于药效如何，估计他自己心里也没底。但康有为对外宣传的时候比某些电视广告还能唬人——这剂药一定而且肯定能治疗中国的贫弱之病。

不管你信不信，反正有些人是信了，而且信得厉害，其中就包括梁启超、谭嗣同和严复等人。时间长了，本来还半信半疑的康有为也变得完全相信了。

需要说明的是，康有为等人用"维新变法"来救治中国，不是以改善自己的生活水平为出发点，因为他们中的很多人不但能吃得起肉，而且还营养过剩。如康有为他爸干过知县，谭嗣同的老爸更是官至湖北巡抚，他们都算是标准的官二代。梁启超和严复拼爹虽然拼不过康、谭，但他们家也都不是靠刨土地生活的。而其他倡导"维新变法"的人也多是从地主阶级知识分子发展来的。

所以说，至少从这一点来看，康有为还是有些"为万世开太平"的念头。

康有为(1858—1927)，广东南海人，打小就开始学习四书五经，但相对来说，他更喜欢读一些课外书。他认为，圣人之道虽然有道理，可很难运用到现实中来，所以他比较推崇"经世致用"——尤其是当他目睹民族危机和国家衰败的情景后。

1879年，康有为去香港自助游，看到香港街道繁华、建筑瑰丽，地上没有垃圾，墙上没有涂鸦，"乃始知西人治国有法度，不得以古旧之夷狄视之"。旅游回来后，他又读了一遍《海国图志》和《瀛环志略》，还买了张世界地图进行研究，开始有意识地了解西方。

另外据说此哥们儿爱读书而不爱书，每天抱一摞书放在那里，右手拿一把锋利的铁扎子，猛力向下一扎，扎穿几本读几本，读不完不休息。数下书上的窟窿眼就能知道他最喜欢看什么书，充分印证了"爱得越深伤得越狠"这句话。

1882年，康有为到北京参加高考(顺天府乡试)，结果名落孙山，回来时途经上海，再次感叹在资本主义浸淫下的城市之繁华，很受刺激。于是他买了大量图书，到家后便饥不择食地去读，试图从里面找寻一些救国真理。

1888年，康有为再一次到北京参加顺天府乡试。

当时恰值中法战争后，中华民族危机更加深重，康有为也早已

僵化的科举制度导致晚清社会发展严重迟滞，当时的国人仍把传统的旧式教育和科举视为正途，青少年在私塾里学习落后于时代的知识，却对新世界、新技术一无所知。图为19世纪末私塾里的学生学习的情景。

由愤青转为愤怒。于是他就利用这次考试机会，在这一年的10月，写了一篇5000多字的文章上书皇帝。

在上书中，康有为陈述了变法强国的必要性和紧迫性，并提出"变成法，通下情，慎左右"三条纲领性的主张。康有为乐观地表示，如果实行变法，"岁月之间，纪纲已振，十年之内，富强可致，至二十年，久道化成，以恢属地而雪仇耻不难矣"。

可惜的是这篇文章火药味太浓，被有关部门的有关大臣给扣住，未能到达皇帝案头，即使这样，文章还是让清廷政局产生了极大震动。因此，这次考试康有为虽然又没考中，却把自己的招牌打出去了。

康有为回到广州后，于1891年设立著名的"万木草堂"，开坛讲学，梁启超、麦孟华、陈千秋这些名噪一时的牛人都是他的学生。康有为在讲学之余，笔耕不辍，写就了两本支撑起他彪悍人生的著作——《新学伪经考》和《孔子改制考》。

这两本书从名字和内容上看都极像今天的学术论文，但康有为可不是抱着学术的心态去写的。事实上它们是披着学术外衣的政治炸弹。

《新学伪经考》这本书的主要内容是证明一件事，那就是被历代王朝统治者奉为圭臬的"古文经"是假的。

所谓"古文经"，是相对于"今文经"这个词而言的。为了使大家更容易理解，这里有必要对这两个名词进行简单的介绍。

当初，秦始皇为钳制人的思想，实行"焚书坑儒"，以至于除了一些医卜种树之类的书，别的书都被火葬。到了西汉时期，皇帝开始重视文化大发展与大繁荣，推崇儒家经典，但儒家经典此时已不见踪迹。

没办法，皇帝只好派人四处访求老儒，将老儒背诵的经典文本和解释记录下来。因为他们记录所用的文字是西汉通行的隶书，属当时的"今文"，所以这类经书被称为"今文经"。

谁知到了汉武帝末年，山东曲阜的鲁恭王在把孔子旧宅给拆掉，扩建自己私人别墅的过程中，发现孔府旧宅墙壁夹层中藏有包括《尚书》在内的大批藏书。这些藏书由于是用先秦时代的蝌蚪文（篆文）书写的，被称为"古文经"，且相对于"今文经"可信度更高。后来，又经过刘歆、马融、许慎等一批经学大师的努力，终于确定了"古文经"在儒学中的垄断地位。

但是，古、今文经之间的争斗从来没有停止过。康有为经过"考证"，在《新学伪经考》这本书中认为，自东汉以来被奉为经典的"古文经"，是王莽的国师刘歆为了帮助其篡汉建立"新朝"而伪造的，只能称之为"新学"，是伪经。而孔子，则一直希望"托古改制"，是个铁杆的改革派。

这无疑是向绝对权威公开叫板，康有为掀起的这场思想大飓风刮得"古文经"的忠实粉丝睁不开眼。

当然，康有为的这个论断也未必依据的是真实的历史，但它却十分符合康有为的政治主张，从而为维新变法提供理论依据。从效果来看，康有为的目的已初步达到。

《孔子改制考》初刊于1898年。康有为在该书中认为，孔子以前的历史都无据可考。孔子创立儒教,提出自己创造的尧、舜、文、武的政教礼法,而"六经"不过是他托古改制的范本,目的就是借古圣先贤的言论,来宣传自己的主张。

此外,康有为还在这本书中以历史进化论附会公羊学说,宣称人类社会是按照"据乱世""升平世""太平世"的顺序演变的,相对应的是君主专制时代、君主立宪时代和民主共和时代。他以此论证变法维新的必然性,要求因革改制。

这些观点自然又引起了反对派的强烈不满,认为康有为这是"无父无君"的叛逆行为。康有为才没心情搭理这帮人,只把飞溅而来的唾沫归拢一下,充当维新变法的润滑剂。

不过,康有为的这些观点有不少比较主观,连他的大弟子梁启超都说,为了印证自己的思想,他(康有为)"往往不惜抹杀证据或曲解证据"。再加上康有为毕竟是读着儒家经典长大的,他不愿也不能与儒家思想彻底决裂。否则,他也不会"处心积虑"地披着孔子的外衣来展示自己的思想,所以他在《孔子改制考》中又说:"布衣改制,事大骇人,故不如与之先王,既不惊人,自可避祸。"

看见了没有,这就是康有为与孙中山之间的区别。

2. 梁启超：青出于蓝而胜于蓝

梁启超（1873—1929），字卓如，号任公，别号饮冰室主人，广东新会人，著名的政治活动家、启蒙思想家、资产阶级宣传家、教育家、史学家和文学家，戊戌变法领袖之一、民初清华大学国学院四大教授之一。

他是康有为的大弟子，而他的存在似乎就是为了证明"青出于蓝而胜于蓝"这句话的，其"八岁学为文，九岁能缀千言"，12岁中秀才，17岁中举人。

猛吧？更猛的是1895年，他同康有为一同进京参加会试，因文章写得太牛，被守旧派的代表人物、同时也是主考官的徐桐认为是康有为写的，就被刷了下来，结果成全了两次不中的康有为。

除了经历牛之外，梁启超还有篇很牛的文章，名字叫《少年中国说》。

此文描绘的是当时中国现状，条理清楚，分析透彻，运用一连串比喻、排比等修辞手法，行文一泻千里，呈现出大气磅礴的风格。

这里给大家摘录一段，有兴趣的话你可以自己找来全文去过瘾。

梁启超半身照。

故今日之责任，不在他人，而全在我少年。少年智则国智，少年富则国富，少年强则国强，少年独立则国独立，少年自由则国自由，少年进步则国进步，少年胜于欧洲则国胜于欧洲，少年雄于地球则国雄于地球。

红日初升，其道大光；河出伏流，一泻汪洋；潜龙腾渊，鳞爪飞扬；乳虎啸谷，百兽震惶；鹰隼试翼，风尘吸张；奇花初胎，矞矞皇皇；干将发硎，有作其芒；天戴其苍，地履其黄；纵有千古，横有八荒；前途似海，来日方长。

美哉我少年中国，与天不老；壮哉我中国少年，与国无疆！

后来梁启超的影响与日俱增，以至于"每一文出，则全国之身目为之一耸"。

二次革命后，袁世凯试图复辟帝制，梁启超就此写了一篇《异哉所谓国体问题者》的檄文。

此照片拍摄于梁思成家中，沙发旁边是书柜和唱片机，唱片机上放着林徽因的旧照。

袁世凯听说后，让人以20万高价收买，结果被拒绝。

梁启超不但自己牛，后代也都不含糊，长子梁思成（其妻子是林徽因）是著名的建筑学家，次子梁思永是著名的考古学家，次女梁思庄是著名的图书馆学家，五子梁思礼是著名的火箭控制系统专家，等等。

不好意思，扯得有点远，还是回到正题。

3. 将上书进行到底

1895年4月，康有为等人在北京参加会试，恰值日本逼签《马关条约》的当口。参加会试的举人听闻后，火冒三丈，纷纷以省籍为单位到都察院请愿。

康有为以"带头大哥"的身份，奔走呼号，发动了1300余名举人于5月2日联名上书朝廷，痛陈形势危殆，建议光绪帝当机立断，实行挽救危机的措施，即"下诏鼓天下之气，迁都定天下之本，练兵强天下之势，变法成天下之治"。

这就是名扬天下的"公车上书"。

这次上书，是资产阶级变法维新思潮转变为政治运动的标志，冲破了清政府规定的知识分子不得干政的禁令，是近代中国知识分子第一次群体性的爱国运动。

尽管都察院以条约已经签字，无法挽回为由，拒绝代呈上书，但上书的内容则被传抄印刷，维新思想传播日广，康有为政治声望日隆。

"公车上书"的第二天，会试发榜，康有为榜上有名，中进士，授工部主事。但这哥们儿并未上任，而是回到住处闭门著文，在这一年的5月和6月，他接连两次上书光绪帝，即第三书和第四书，反复阐述自己变法维新的道理和"设议院以通下情"的主张。

其中第三次上书辗转到了光绪帝手中。光绪帝读后，深为感动，在命人抄送给慈禧太后、军机处和各省督抚的同时，还派自己的师傅，协办大学士、户部尚书翁同龢去拜访康有为，商讨变法事宜。

康有为在得到光绪帝的支持后，顿感精神振奋，其他维新派人士也都觉得这是一个好的开局，纷纷挽袖，准备大干一场。

然而当时清朝统治集团内部，"帝党"和"后党"分立，矛盾重重。

《伏阙陈书图》(清代／吴友如等),此图描绘了公车上书的情景。

光绪帝和支持他的帝党官僚,虽倾向变法,但不掌握实权。若得不到慈禧太后和"后党"的支持,想法再好,也只能憋在肚子里自己消化。

这一点康有为等人并没有意识到,或者说认识不足。他们认为,只要皇帝拍板了,那这事几乎就算是成了,所以上面的实际问题并没有影响到他们的干劲儿。很快,在维新志士的卖力宣传下,维新变法迅速成为一种时髦的社会思潮,两人见面如果不谈两句这个好像就与社会脱节似的。

1895年8月17日,康有为在北京创办《万国公报》(后改名为《中外纪闻》),两天一期,由梁启超、麦孟华等人编辑、撰稿,鼓吹变法,宣传西学。每期印1000份(后增至3000份),随当时专门刊载诏书、奏折的"邸报"免费送给在京官员,在部分官员和士大夫中产生不小震动。

同年11月,在康有为、梁启超等人的积极推动下,由翰林院侍读学士文廷式出面组织了北京强学会,推早期维新思想家之一、户部主事陈炽为提调(即会长),梁启超为书记员。强学会每十天集会一次，大家欢聚一堂，畅谈一下国家和民族的未来。康有为在《强学会叙》中说，中国形势危急，犹如在列强牙缝中生存，"羼卧于群雄之间，鼾寝于火薪之上"。

强学会影响日益增强，引起了不少官僚的兴趣，翁同龢答应每年拨给强学会一定数量的经费，湖广总督张之洞以及刘坤一、王文韶、袁世凯等人也都捐银入会。李鸿章也想凑个热闹，表示要捐两千两银子入会，结果因为名声太臭，被果断拒绝。

看来那时候的知识分子不但有脾气，还很有骨气。

维新派的风生水起，让一些顽固守旧派坐不住了。1896年1月，李鸿章的亲家、御史杨崇伊上奏，指责强学会是"私立会党，将开处士横议之风"。这引起慈禧的注意，责令光绪帝处理。光绪帝无奈，只好查封北京强学会和《中外纪闻》。张之洞见风使舵，随即也解散了上海强学会，并查封了刚出三期的《强学报》。

但维新派认为这些挫折不过是通往成功道路上的绊脚石，跌倒了再爬起来，迈不过去就绕道走，反正总有解决的办法。因此，强学会虽被查禁，但维新运动的火焰却越烧越旺。

在北京，经翁同龢的同意，在强学会的旧址上设立了官书局，由被誉为"三代帝师，一朝名相"的孙家鼐主持，每月拨银1000两，以供购买、翻译外国新书和报刊之用；在上海，《强学报》停办后，张之洞的亲信幕僚汪康年、江宁洋务局总办黄遵宪等人又于1896年8月9日创办了《时务报》，聘请梁启超为主笔，继续宣传维新变法思想。

《时务报》一经出刊，便风行海内，很快便行销上万份，为中国有报以来所未有，成为维新派的舆论阵地。梁启超也借此名声大噪，与其老师康有为被合称为"康梁"。

他在《变法通议》中说："法者，天下之公器也；变者，天下之公理也。大地既通，万国蒸蒸，日趋于上，大势相迫，非可阏制。变亦变，不变亦变。变而变者，变之权操诸己，可以保国，可以保种，可以保教。不变而变者，变之权让诸人，束缚之，驰骤之。呜呼，则非吾之所敢言矣！"

怎么样，写得不赖吧，别怕拗口，背下来，写作文的时候引用一下，绝对拉风。

4. 几名维新骨干人员

当北京、上海的维新运动渐入佳境之际，湖南也开始躁动起来，成为全国最具维新气息的省份。

这主要得益于湖南巡抚陈宝箴、按察使黄遵宪的大力支持和谭嗣同、唐才常等人的努力倡导。

谭嗣同（1865—1898），字复生，号壮飞，湖南浏阳人，出身官宦世家，青少年时师从欧阳中鹄、涂启先等浏阳学者，博览群书，好任侠。甲午战败，中国丧权失地，激起了他的民族意识和爱国之情，他开始对儒家经典中的"三纲五常"和封建制度产生怀疑，并由信奉"中学"转为热衷"西学"。

后来谭嗣同与唐才常在浏阳开办学馆，宣讲新学，首开湖南维新之风。他非常崇拜康有为，自称是康有为的"私淑弟子"。

1896年春，谭嗣同专程跑到北京去找自己的偶像，结果没见着，不过遇到了梁启超。他二人一聊，非常合脾气，便一同为变法鼓与呼。这一时期，谭嗣同写了不少宣传变法的文章，他发挥了王夫之的"道不离器"的思想，认为"器既变，道安得不变"，为变法提出理论依据。

1897年1月，谭嗣同写完他的代表作《仁学》一书。此书杂糅儒、墨、道各家思想和西方一些科学、政治、经济学说，对孔子的"仁"按照维新派的需要进行资产阶级化的改造。

在书中，谭嗣同提出男女平等，消除君民隔阂，并猛烈抨击封建专制制度和封建伦理观念，说"君为末，民为本"，皇帝如果干得不好就换人。而要想解决这些问题，则"唯变法可以救之"。

毫无疑问，在维新派的知识群体中，谭嗣同的一些提法已经跳出了改良范围,带有民主革命的思想色彩。

1897年10月,湖南巡抚陈宝箴(史学大师陈寅恪的祖父)在长沙创办时务学堂,任命熊希龄(此兄后来任民国第一任民选总理,算是那个时代的风云人物)为提调,聘请梁启超、李维格(钢铁专家,著名的汉阳铁厂的主要开拓者)分别担任中、西学总教习,培养了不少维新人才。

次年2月,谭嗣同、唐才常等人又创立了南学会,总部设在长沙,各府县设立分会。总会一个礼拜举行一次讲座,讲座的内容以变法维新、救亡图存为主,听者云集,每次都得提前占座。

除了湖南之外,天津的维新运动搞得也很不错,其主要的旗手是严复。

严复像。

严复(1854—1921),福建侯官(今福州)人,父辈是给人看病的。到了他这儿,就变成了给时代把脉,替清政府看病了。

1866年,严复考入由沈葆桢主持的福州船政学堂,学的专业是开轮船,毕业后在军舰实习几年便被公派到英国留学。在留学期间,他对英国的社会政治产生浓厚兴趣,涉猎了大量资产阶级政治学术理论,并且尤为赞赏达尔文的进化论观点。

1879年严复学成归国,被分配到福州船厂工作,次年又被调任天津北洋水师学堂任教习。此后他先后任知府、北洋水师学堂总办、俄文馆总办等职,并与他人创办《国闻报》和《国闻汇编》,经历可谓异常丰富。

这些特殊的经历使得严复能够更客观地站在东西方立场上看待时局。鸦片战争后,中国正值民族危亡关头,严复审时度势,认为康有为的维新变法还算比较靠谱,就加入这个阵营大肆抨击封建专制制度和封建主义旧文化。

1897年冬，严复创办《国闻报》，在其增刊上连载几年前他翻译的一本名叫《天演论》的书。

《天演论》原名叫《进化论与伦理学及其他》，作者为英国博物学家赫胥黎，严复翻译的是这本书的前两部分。此书的主要内容是作者用达尔文关于生物进化论的原理，来解释社会现象和人与人之间的社会关系，认为生物界的"物竞天择，适者生存"的法则也适用于人类。但国人由于只知道"弱肉强食"，可能很难理解什么是"适者生存"，所以严复在翻译的时候还加了不少按语。

严复认为，中国若想避免亡国灭种，不被"天演"淘汰，必须要富强，而富强须维新，维新须大力倡导西学。只有这样，才能鼓民力、开民智、新民德，才能达到国强民富的目的。

《天演论》一经出版，立即成为畅销书，风行全国，康有为、梁启超读到后，也吸收进化论的思想并融入自己的著作中。

除了翻译《天演论》，严复还翻译了孟德斯鸠、斯宾塞等一些西方资产阶级社会政治名家的书，从而确立了他在中国近代思想领域中的地位，他也因此获得"于西学中学皆我国第一流人物"的称谓。

上面介绍的几个人物及其思想，是稍后变法维新政治实践的基础，虽然不尽相同，但聚集起来还是相当猛烈的。

维新派认为，别管有没有草船，先把东风借来再说。而这引起了某些人的警觉，于是一场由维新派与守旧派共同参与的论战展开了。

5. 没有输赢的辩论赛

中国有句话，叫真理越辩越明。

此话潜在意思是只要你说服我的大脑，也就等于说服我的肉体，这个与有些人喜欢用暴力解决问题是不太一样的。

维新运动的迅猛发展，冲破了封建守旧势力的底线，以刚毅、徐桐为首的顽固派和以李鸿章、张之洞为首的洋务派觉得不能任由维新派这么闹腾下去，需要对他们进行"说服教育"。

有些激进的人甚至不等组织发话就给康有为等维新人士扣上了诸如"名教罪人""士林败类"的帽子。

康有为什么大风大浪没见过，他连孔子的权威都敢挑战，还怕别人给他扣帽子？

好在辩论之前场面虽然有些混乱，但大家还是尽可能控制，各就各位。这场辩论主要就以下几个问题进行了探讨。

一是要不要变"祖宗之法"。

顽固派首先发话，抛出自己的观点，说"祖宗之法不能变"。因为祖宗之法是先王留下来给我们治理国家的，如果变的话，就是违背天理。大学士徐桐甚至叫嚷："宁可亡国，不可变法。"老爷子肯定不懂逻辑学，国都亡了，祖宗之法不仅会变，而且是变没有了。

不过维新派没那闲工夫和他们玩文字游戏，直奔主题说："这世上但凡不被人欺负的国家，哪个没有变过法？你说用老祖宗的法来治理国家，现在国家都快没有了，别说治理了，不修理你就够可以的了。再说这世间万物，'无时不变，无事不变'，你祖宗之法又不是狮子老虎，为啥不能碰？"

二是要不要兴民权，实行君主立宪，这是这场辩论的核心问题。

虽然洋务运动推行了30余年，但清朝绝大多数官员仍对世界现状缺乏理性认识，还沉浸在"天朝上国"的美梦中不肯醒来。图为当时总理衙门的官员，前排右起：孙毓汶、徐用仪、庆亲王奕劻、许庚身、廖寿恒、张荫桓。

　　顽固派极力反对民权，认为封建君主专制是最美好的制度，所谓民权，就是"人人造反，时时作乱"。而清朝的百姓，跪下磕头感觉踏实，真要是站起来，腿打哆嗦，反倒不自在，因此"民权说，无一益而有百害……民权之说一倡，愚民必喜，乱民必作，纪纲不行，大乱四起"。这话是由探花出身的张之洞说的，顽固派听完纷纷点头，等待维新派的反应。

　　维新派中的谭嗣同脾气躁，性子急，立马站起来反驳说："刚有人的那会儿，这世上并没有什么君主臣子，只不过后来根据需要，才推举出一个人领导大家。既然君主是大家推举出来的，那同样根据需要，自然也可以废掉他。"

　　康有为一看谭嗣同要跑题，连忙插话说："当然，我们并不是说要废掉君主，只是在君主和民众之间加塞一个议院。议院可以起到一个调节的作用，就是当君主犯错的时候，可以把他的破坏力降到最低。这样，才能'解生民于倒悬之危，置国家于磐石之安'。"

1888年清政府首次将自然科学纳入考试内容。1898年加设经济特科。戊戌变法失败后，慈禧下令所有考试悉照旧制。图为清代科举考试的插画。

三是要不要废"八股"、倡西学，改革教育制度。

辩论了半天，场面一直被维新派掌控，顽固派和洋务派非常不甘心，好在当看到这个议题的时候，可以长舒一口气了。因为讲西学拼不过维新派，但要说八股，他们可都是行家里手，只要您愿意听，八股的好处就是说上十天十夜也说不完。

顽固派抨击维新派兴办学校"名为培才，实则丧才"，"且贻人心风俗无穷之忧"。洋务派则继续坚持自己的"中学为体，西学为用"，表面上对这个议题持骑墙态度，实际上早就跨进顽固派阵营里了。

维新派则直截了当地指出，要想挽救民族危亡，就必须变法维新，而"变法之本，在育人才，人才之兴，在开学校，学校之立，在变科举"。八股取士不过是统治者"牢笼天下"的愚民政策，它导致的"锢智慧""坏心术""滋游手"三大祸害，任何一条都足以亡国。至于"中学为体，西学为用"，更是如同让牛体产生马用一样荒谬可笑。

这场辩论赛的大致情形就是这样，我之所以没有在辩论中给双方亮牌打分是因为这是一场没有输赢的辩论赛，最终他们谁也没有说服谁。

6. 百日维新：一场奢望的盛宴

正当维新运动进行得如火如荼之时，1897年11月，德国突然出兵抢占了胶州湾。这激起了全国人民的愤慨，也引起了在上海的康有为的注意。

康有为见微知著，隐约感觉此事不妙，立马放下手头工作，急忙赶赴北京，并于12月向光绪帝上书(即第五次上书)。

在上书中，康有为指出，德国强占胶州湾，开启了一个恶劣先例，可能会激起其他列强瓜分的欲望。中国此时的处境"譬犹地雷四伏，药线交通，一处火燃，四面皆应"。皇帝您如果不能立即下定决心"发愤维新"，将来你恐怕"求为长安布衣而不可得矣"！

遗憾的是，这次上书没有递到皇帝的手中，但由于内容言论激烈，经过一些士大夫和报刊的传播，影响巨大。

有开明官员读到后，就奏请光绪帝召见康有为，委以重任。光绪帝于是很想见一下康有为，然而恭亲王等人搬出祖宗之法说，你看，本朝成例，非四品以上官员不得召见。

这皇帝当得也真够窝囊的，连见人都不能做主，无奈，光绪帝只好下令，让王公大臣传康有为"问话"。

"问话"大臣由李鸿章、翁同龢、荣禄、廖寿恒、张荫桓五人组成，地点在总理衙门西花厅，时间是1898年1月24日。

"问话"刚一开始，荣禄便气势汹汹地教训康有为，说："你整天就知道变法啊变法，可你知道不，祖宗的法可不是那么随便就能动的？"

康有为冷冷地回答："你们不是说祖宗的法是用来治理祖宗的土地吗？现在连祖宗的土地都保不住了，祖宗那套法还有什么用？就拿总理衙门来说吧，祖宗的法里并没有，是最近这些年要跟洋人更好打交道才设立的。所以说时代变了，祖宗的法也得变变了。"

一席话把荣禄噎得半天喘不匀气，没等结束就中途退场。

事后翁同龢向光绪帝汇报了一下"问话"过程，对康有为赞赏有加。

光绪帝此时已读过康有为的"第五次上书"，越发对其器重，便命令总理衙门，以后凡有康有为的条陈，即日递呈，不得扣压。

从此，康有为终于有了一个能与皇帝直接沟通的绿色通道。

1月29日，康有为趁机呈送了《应诏统筹全局折》(即《上清帝第六书》)，请求光绪帝确定维新变法政策。这个奏折实际上是资产阶级维新派的施政纲领。康有为指出，"能变则全，不变则亡；全变则强，小变仍亡"，算是把光绪帝的退路给堵死了。为了让光绪帝更有底气，康有为建议仿效日本的变法，并设立制度局，广招优秀人才。

不过，在"统筹全局"的上书中，康有为并没有提及以前炒得很热的开议院、兴民权之事。其实这是一种智慧的妥协，因为在顽固派的干扰下，和皇帝讨论分权问题，无异于与虎谋皮。

光绪帝看完《应诏统筹全局折》后非常满意，"置御案，日加披览，于万国之故更明，变法之志更决"，这给康有为等维新人士很大的鼓舞。同年4月，康有为趁各省举人到北京会试的机会，与御史李盛铎共同倡议，发起组织了保国会。

保国会是一个以保国救亡为宗旨的团体，其宗旨是"保国、保种、保教"，在北京、上海设立总会，各地设立分会。它发展很快，在其影响下，全国各地纷纷响应，成立了诸如保滇会、保浙会、保川会等类似组织。另外，根据保国会的一些内部条款和规定来看，它已具有资产阶级政党的性质。

但是，保国会的成立遭到了顽固派条件反射似的反对。顽固派说，保国会"名为保国，势必乱国"；顽固派还说，康有为等人"僭越妄为，非杀头不可"；顽固派又说，保国会"徒欲保中国四万万人，而置我大清国于度外"，是想把"四万万人"与"大清国"完全对立起来，狼子野心，不可不察……

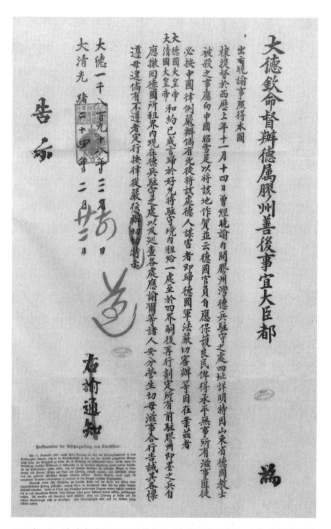

大德欽命督辦德屬膠州善後事宜大臣都

出示曉諭事照得本國

棣提督於西曆上年十一月十四日曾經曉諭內開膠州灣德兵駐守之處四址詳明特因山東省德國教士

被殺之事應向中國照雪是以將該地作質並云德國官員有應保護良民俾得承平無事所有滋事匪徒

必挾中國律例嚴辦倘有先徒將該處德人謀害者即歸德國軍法嚴切審辦等因在業茲者

大德國大皇帝和約已成言歸於好先將駐守境內租給一處至於四界嗣後再行劃定所有前駐膠州即墨之兵自

大清國大皇帝所租界內現在德兵駐守之處以及巡查各處應諭爾等諸人安分營生切毋滋事合行告誡其各懍

遵毋違倘有不遵者定行挾律從嚴懲辦切切特示

大德一千八百九十八年三月廿二日
大清光緒二十四年二月廿二日

告示

右諭通知

為

1898年3月，清政府簽訂了不平等條約《膠澳租借條約》，此告示即珍貴的史料證明。

311

光绪帝听得头晕，说："还是容我说两句吧。你们脑子里那种'非我族类，其心必异'的思想啥时候才能清除干净？朝廷天天喊要加强团结，也不知是否灌进你们的耳朵里。再说我们也是国家的一分子，保国会说能保国，岂不是件好事？"

保国会终于"暂时"保住了自己，毕竟保住自己才是"保国"的前提。

我这里说"暂时"，是因为朝廷虽没有查封它，但是在顽固派私下干扰和恫吓之下，不少成员开始首鼠两端，有的甚至"倒打一耙"，其中就包括发起保国会的主持人李盛铎。最后，由于会员大量流失，保国会名存实亡。

1898年春夏之交，随着维新运动的高涨，在康有为和翁同龢等"帝党"的鼓动下，不甘做傀儡皇帝的光绪帝，在和慈禧打过招呼（这点很重要）后，终于下定决心，立即实行变法，推行新政。6月11日，光绪帝颁布《定国是诏》，开始变法，史称"戊戌变法"。

《定国是诏》颁布后，光绪帝于6月16日在颐和园仁寿殿召见康有为，商议和确定变法的步骤及措施。这是康有为第一次面见皇帝，他看到这个比自己小十多岁的帝王神情疲惫，眉宇间显出一种稚嫩的无助，心情十分激动。

光绪帝问："现在大权都掌握在守旧顽固之人手里，你也知道，我帮不了你们多大的忙，变法维新之事，你有什么好的办法没有？"

康有为回复说："食君之禄，分君之忧。我们也知道您的难处，为了避免不必要的压力和阻力，皇上您只需就现有之权，行可变之事。那些旧衙门，不用去除，留给那些守旧大臣养老，而增设的新衙门，应多招用一些才俊志士，不必加其官，只委以差事，赏以卿衔，许其专折奏事就可以了。"

光绪帝点头说，这件事我还是能做到的。于是在召见之后，特许康有为专折奏事权，并任命他在总理衙门章京上行走（办文稿）。

康有为有了这个便利，在接下来的三个月时间里，埋头苦干，本人或代其他官员起草的变法奏折就有50多个，平均每两天一个。7月3日，光绪帝授予梁启超六品卿衔，专办京师大学堂和译书局的事务。9月5日，谭嗣同、刘光第、杨锐、林旭四人又被赏四品卿衔，任军机处章京，负责起草变法的上谕诏书，批阅官吏递上的奏折，这是一项有决策权的机要工作。

"戊戌变法"从6月11日起，到9月21日止，历时103天，所以又称"百日维新"。在这段时间内，光绪帝颁布的新政诏书、上谕有一百多道，内容主要有：

政治方面：准许官民上书言事；取消闲散重叠机构，裁汰冗员；废除旗人寄生特权。

经济方面：京师设立铁路矿务局和农工商总局，保护农工商业的发展；奖励创造发明；改革财政，编制国家预算决算；裁撤驿站，设立邮政局。

军事方面：裁撤绿营，精练陆军，改习洋操；实行征兵制；添设海军。

文化教育方面：开办京师大学堂，各地设立中小学堂，兼习中西学科；废除八股，改试策论，开设经济特科；设立译书局，翻译外国新书；准许设立报馆、学会；派人出国留学、游历。

从变法内容来看，新政涉及的范围十分广泛，不过还是未提到维新派曾多次提出的开国会、设议院、定宪法等主张。在变法诏令中，也未触及帝国主义在华的各种特权，这说明，"戊戌变法"实际上是一个资产阶级和封建势力相妥协的产物。

好在我们也能理解，变法毕竟不是革命，不能苛求太多，它是一个循序渐进的过程。如果能把上面的那些都落实了，也很不错，至少有了一个好的开始。

但那不过是我们的一个奢望，奢望的东西都是奢侈品，不是一般的人能消费得起的。

7. 山雨欲来风满楼

变法的诏令是颁布了，但落实又是另外一回事。光绪帝下达的变法诏令根本无人理睬——不，准确地说，除了湖南巡抚陈宝箴外。

光绪帝于是想，你们不把我说的话当回事，是不是看不起我啊。臣子们都是读圣贤书的人，自然不会那么残忍地打击皇帝，如在裁减兵员这件事上，回复说，不是不执行，而是不能执行，因为现在社会不太稳定，真要是闹出什么乱子，再临时征兵就晚了。

究其原因，这需要继续回到权力问题上，在一个君主专制的国家里，君主如果没有权力，可以说是对这个制度的巨大嘲讽。

为此光绪帝承受着巨大的精神压力。

更让他坐立不安的是，当初曾表示不过问变法之事的慈禧太后，正在用行动证明自己说话等于放屁。

在《定国是诏》颁布后的第四天，慈禧便开始采取行动，迫使光绪帝连下三道谕旨：一是免去翁同龢的军机大臣等一切职务，让他回家养老；二是以后新任职的二品以上大臣，要到皇太后那儿谢恩，限制了光绪帝的人事任免权，使之无法重用维新派和支持变法的"帝党"官员；三是任命荣禄为直隶总督，并加授文渊阁大学士衔，统帅董福祥的甘军、聂士成的武毅军和袁世凯的新建陆军，待机行事。

顺便提一下，甘军的前身是1867年被左宗棠收编的甘肃回民起义军；武毅军是1896年直隶提督聂士成仿效德国兵制操法编制而成的，军队主要来源于淮军；新建陆军即袁世凯在小站练兵的那帮人。甘军、武毅军、新建陆军以及由宋庆所率领的毅军被称为北洋四大军。

与此同时，慈禧还提升颐和园和北京内外的安全级别，并广布心腹，密切监视光绪帝的一举一动。

看来，这世上有些人的话还真是不能信，尤其是怀有野心的人。

而这一切都是权力惹的祸。

在这个世界上，其实最能令人上瘾的不是毒品，而是权力，因为毒品损坏的只是人的肉体，而权力，则连同人的精神都一同腐蚀。金庸名著《笑傲江湖》中的东方不败和岳不群就是很好的例证。

慈禧就是一个对权力上瘾到无可救药的人。

温室内长大的光绪帝自然无法明白这个道理，他有着童话里王子的天真，却不是生活在童话世界里。他不知那个每天他喊作"亲爸爸"（光绪帝对慈禧的独有称呼）的慈禧是在给他下套呢，目的就是看他到底能蹦跶多远。

好在天真也有天真的好处，无知者无畏嘛。已成年的光绪帝觉得不能束手就擒，他受够了在慈禧阴影下整天像老鼠一样小心翼翼地生活。

他决定反击！

是的，反击！

在光绪帝看来，活着比死去更需要勇气。活都不怕，还能怕死？

9月4日，反击开始，光绪帝下令将阻止礼部主事王照上书的礼部尚书怀塔布、许应骙等六人革职，并提拔了王照（变法的铁杆支持者、近代拼音文字的倡导者、"官话字母"方案的制定人）；9月5日，赏谭嗣同等人四品卿衔；9月7日，将阻挠新政的李鸿章和敬信从总理衙门赶走。

光绪帝的这一系列反击措施，让顽固派再也坐不住了，也使得慈禧下定决心立即扑灭新政。

黑云压城城欲摧。

光绪帝突然感到莫名的慌乱，他想这次可能是躲不过去了。他不怕死，怕等死。要是在以前，他肯定会把自己的师傅翁同龢叫来谈谈此时心中的忧虑、苦闷，甚至是绝望。可惜该走的都走了，只剩下一群神色可疑的太监和宫女留在身边。

恰在这时，京城中开始流传10月间慈禧太后与皇帝去天津阅兵的事，说是到时将会发生兵变，逼迫光绪帝退位。

9月15日，几近绝望的光绪帝让支持变法的新晋官僚杨锐给维新人士传出一道密诏，说今"朕位且不保"，你们人多想法也多，看有没有什么好计策应对，我"实不胜十分焦急翘盼之至"。

杨锐是张之洞的门生，有这么大的后台撑腰，可能影响了他对当时形势的认识，就没太当回事，未把密诏及时送出。

两天后，已乱成一团的光绪帝又命令维新人士林旭带出第二道密诏。这封密诏康有为等人及时看到了，内容很简洁：你们几个还是别管我了，已经晚了，赶紧逃命吧。

"汝一片忠爱热肠，朕所深悉"，希望多保重，将来要是有机会，"共建大业，朕有厚望焉"。

康有为等人看到密诏（第一道密诏也转由林旭带到）后，跪诵痛哭，却束手无策。

由此可见，有些文人的主要功夫还是在嘴上，当然，真遇到大事，眼睛可能也会用上，反正就是哭呗，虽然解决不了问题，但至少可以宣泄一下情绪。

等哭累了，康有为一干人这才商议对策。虽说皇命不可违，但作为臣子的，君忧臣辱，君辱臣死，在这种危急关头，皇帝首先想到的还是下属的安危，这种好领导可不多见，所以他们决定拼死营救。

维新派首先想到的是慈禧最为忌惮的帝国主义，只要获得它们的支持，便可渡过难关。况且在政变之前，英、日等国好像还曾表示过愿意帮助中国变法来着，所以康有为等人对其抱有极大的期望。

可是期望的东西很容易变为奢望，帝国主义的确做过承诺，但那是站在自己的利益角度表态的。没有利益这个基础，别说承诺了，就是签字画押都不行。

9月，日本前首相伊藤博文访华，中国舆论极力热炒，官方也十分关注，并给予了这个把日本由弱变强并打败中国的前首相以极高的礼遇。

清政府这么做，其实就是想从伊藤博文那里学点富强的门路和经验，因此，一直向光绪皇帝鼓吹学习日本的"明治维新"的维新派也是很高兴的。

但伊藤博文显然不是来旅游的，他是想找寻"政治合作伙伴"的。最开始，他是看好光绪帝和维新派的，然而，经过一段时间的观察，伊藤博文改变了主意，认为他们不可靠，也不能信任。

所以，当康有为等人找上门来的时候，伊藤博文仅以一句"深表同情"便打发了事。接下来，维新派又去找其他国家的驻华公使进行活动，也没有结果。

最后，他们准备把赌注押在袁世凯的身上，让其举兵勤王。

8. 最猛不过袁世凯

袁世凯(1859—1916)，字慰亭，河南项城人，出身于官宦世家，他的从叔祖父袁甲三曾当过漕运总督，是淮军重要将领，父亲袁保中也系地方名绅，不过他自幼便过继给了叔父袁保庆。

袁世凯像(荷兰／胡博·华士)。

有了这么好的家世，袁世凯打小就喜爱军事，常不惜重金搜罗购买各种版本的兵书战策，立志学"万人敌"，尝自谓"三军不可夺帅，我手上如果能够掌握十万精兵，便可横行天下"。

袁世凯曾参加几次科举考试，成绩都不理想，遂决计弃文从武。早年他投靠淮军将领吴长庆，后攀上了李鸿章的高枝，得以出任清政府驻朝鲜公使。

甲午战争后，袁世凯四处钻营，又受到刘坤一、张之洞、荣禄、李鸿藻等人的赏识，于1895年，接替胡燏棻，在小站督练新建陆军。

小站原名新农镇，位于天津东南70里处，是天津至大沽站中间的一个铁路站。1894年，在李鸿章的军事顾问汉纳根的建议下，清廷派遣长芦盐运使胡燏棻在小站以德国陆军操典编练"定武军"10营，近5000人。

新建陆军由督办军务处直接控制，由户部供饷，饷银每年近百万两，在当时各军中待遇最优。

在编制上，新建陆军基本摒弃了八旗、绿营和湘军、淮军的旧制，注重武器装备的近代化和标准化，强调实施新法训练的严格性，开中国近代陆军先河。

袁世凯接管小站练兵任务后，在极力采用资本主义先进技术的同时，仍沿袭湘军、淮军"兵为将有"的旧习，专门培植依附于自己的势力，很快兵力便发展到7000人左右。这成了奠定袁世凯一生事业的基础。

袁世凯学习不行，对军队的感觉还是很不错的，他曾就练兵之事说过这样的话：练兵的事

清代新军军服复原图(刘永华／绘)。

情，看起来似乎很复杂，其实很简单，主要就是让部下绝对服从命令。让他们服从命令的方法是，一手拿着官和钱，一手拿着刀，服从就有官有钱，不服从就吃刀。

小站练兵的成果在全世界范围内都可以说是空前绝后的，从这里，一共走出了袁世凯、冯国璋、徐世昌、曹锟、段祺瑞5位总统，徐世昌、段祺瑞、唐绍仪、赵秉钧、江朝宗、王士珍、靳云鹏、张绍曾、贾德耀9位总理，还有30位督军(相当于省军区司令)，猛吧？

当然，最猛的还是要数袁世凯。

9.生与死的对话

　　维新派之所以把袁世凯当作最后的救命稻草,是因为袁世凯当初曾表示过支持维新,前文所讲的袁世凯捐银给强学会就是例证之一。尽管他们对袁世凯本人不太了解,但是也没有办法了,试一下可能成功,若不试就肯定失败。

　　袁世凯当时并不在天津,而是住在北京法华寺里(古代官员出差,因嫌旅店喧闹嘈杂,常选择环境清幽的寺庙居住)。他是几天前被光绪帝从天津宣召至北京的,光绪帝接见他时说:"人人都说你练的兵、办的学堂甚好,此后可与荣禄各办各事。"

　　意思是说你以后将不受上司直隶总督荣禄的控制,可与其分庭抗礼,试图把袁世凯拉到自己这一边。

　　对此,袁世凯很苦恼,一边是皇太后,一边是皇上,他都得罪不起。

　　正在这时,谭嗣同来了,一个人来的,时间是9月18日。谭嗣同来时已是深夜,不过袁世凯也没有睡——是不是给人一种搞阴谋都是在月黑风高夜的感觉?

　　谭嗣同不废话,开门见山就问:"以将军看,皇帝这人咋样?"

　　反正拍马屁也不费钱,袁世凯回答说:"这还用问,旷代圣主啊!"

　　谭嗣同一拍大腿说:"我也是这么认为的,那既然咱们志同道合,我就不绕弯子了,你还是跟我们混吧,拥护皇上,诛杀荣禄,囚禁或干掉太后那个老妖婆。"

　　袁世凯听到这话吓了一跳,想,这也太看得起我了吧,就我手里的那点兵,别说发动政变,估计还没等在颐和园门口放把火就被人给灭了,所以面露难色。

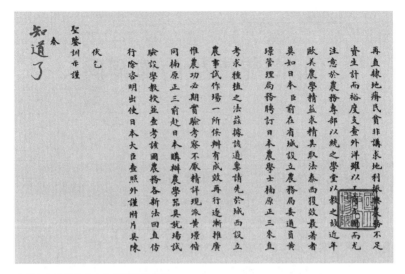

袁世凯奏请设立直隶农务学堂的奏折。

谭嗣同一看袁世凯神色不对，忙拿出光绪帝的密诏给他看，说："现在可救皇上的，只你一人，若成功的话，就会有享不尽的荣华富贵！这可是一次千载难逢的政治投资机会！"

袁世凯借着微弱的灯光反复把密诏看了几遍，也不知是真是假，心想多一事不如少一事，刚要回绝，却发现谭嗣同腰间鼓出一块，突然醒悟他是身怀利刃来的，知道若不能让谭嗣同满意，自己今天恐怕不会有好果子吃，话到嘴边就成了："兄弟你放心吧，这事就包在我身上，杀荣禄还不就跟杀条狗一样容易嘛！你看时间也不早了，我这儿只有一张单人床，就不留你过夜了，回头我请你喝酒啊！"

谭嗣同是性情中人，见袁世凯话都说到这份儿上了，就信以为真，满意离去。袁世凯待谭嗣同走后，反复权衡，"如痴如病"，最后还是觉得投靠光绪帝自身难保，投靠慈禧高位易得。

于是他在9月20日请示皇上后，便赶赴天津，直奔直隶总督衙门，一五一十把事情说给了荣禄，出卖了维新派。

同时出卖的还有自己最后的一丝良心。

10. 向死而生的谭嗣同

1898年，慈禧64岁，已守了近40年的寡。

在守寡期间，她最着迷的就是权力，也最相信权力。

这一年，她的精气神还不错，每天逗逗鸟、听听戏，和我们现在很多老头老太太退休后的生活也没什么区别。

然而突然有这么一天，她非常宠信的一个人(荣禄)向她告发，说皇帝和维新派正密谋杀死自己，并试图围攻颐和园。

这使得慈禧极为震怒，在关乎权力和生命这件事上，她的容忍度为零。9月21日凌晨，慈禧以迅雷不及掩耳之势回到紫禁城，将光绪痛骂一顿后，把他囚禁在瀛台，再一次发动政变，并发布"训政"诏书，再次垂帘听政。

这就是"戊戌政变"，也是慈禧继"辛酉政变"后发起的第二次宫廷政变。两次政变都以她的胜利而告终，也都成就了她的政治野心。

与此同时，抓捕维新派的行动也在开展。

慈禧下令关闭北京各城门，封锁交通，共出动3000名军士在全城进行地毯式的搜索。维新派这回没有抱头痛哭后再商议计策，而是迅速作鸟兽散，其中康有为在英国人的保护下，逃往香港；梁启超在日本人的掩护下，化装逃到日本。

在逃走之前，梁启超见到了谭嗣同，再三劝他和自己一起去日本。但谭嗣同拒绝了，他把自己的诗文和书稿交给梁启超，并说："各国变法，无不从流血而成，今中国未闻有因变法而流血者，此国之所以不昌也。有之，请自嗣同始。"

第二天，谭嗣同被逮捕，在狱中，他在墙壁上题诗一首：

六君子慷慨赴刑(陈雪／绘)。

望门投止思张俭，忍死须臾待杜根。

我自横刀向天笑，去留肝胆两昆仑。

9月28号，慈禧太后下诏，由铁杆顽固派、军机大臣、刑部尚书刚毅监斩，将抓到的谭嗣同、杨锐、刘光第、林旭、杨深秀、康广仁六人押赴菜市口开刀问斩，时人称之为"戊戌六君子"。

六君子临刑前，谭嗣同高呼："有心杀贼，无力回天；死得其所，快哉！快哉！"

除了上面几个人，清政府又囚禁、罢黜、放逐了数十名维新人士和参与新政及倾向变法的官员。

新政中，除京师大学堂外，其余各种新措施全部被取消，"戊戌变法"宣告失败。

11. 失败的意义

关于变法失败的原因，教科书上说，这是由于资本主义发展不充分，维新派具有软弱性和妥协性。

具体表现为：顽固势力十分强大；维新派缺乏坚强的组织领导，却把希望完全寄托在没有实权的皇帝身上；在顽固派进攻时，又把希望寄托在袁世凯和外国侵略者身上，脱离了广大人民群众。结论：在半殖民地半封建社会的中国，资产阶级改良道路是行不通的。

上面说的是深层次原因，在考试答题时要以此为标准，否则就是错的。在这里，我还要补充一些标准答案之外的一些原因。这些原因可能登不了台面，但它们是真实存在的，就附在下面作为参考吧。

有不少人认为，戊戌变法失败的一个重要原因是慈禧太后作梗，其实这是不准确的。因为在经历甲午战争后，慈禧见识到了日本明治维新所取得的成就，就想进行一些改革。虽然她这人很自私，但她也确实想着把国家给弄好，至少每天不用担惊受怕了。为此，她对光绪帝说："苟可致富强者，儿自为之，吾不内制也。"事实上她也是这么做的。

然而变法不是革命，欲速则不达。光绪帝和维新派疾风骤雨般的变革，造成整个社会结构的强烈震荡，使不少与现实社会有利害关系的势力集团觉得受到了威胁。

清代学者黄鸿寿在《清史纪事本末》中描述："时百日间，变法神速，几有一日千里之势。其尤为雷厉风行者：一令都中筑马路，二令办理国防，三命八旗人丁，如愿出京谋生计者，任其自由。于是满族诸人大哗，谣谤四起。"这使得部分满族统治者很快意识到，无论变法给中国带来多大的好处，都会让他们这个既得利益团体付出沉重的代价，不但可能丧失自己的特权，更有可能丧失300年来一直把持的政权。

戊戌变法失败后，所有新政都被废止，只有京师大学堂被保留下来。京师大学堂即北京大学的前身。图为1901年曾任总教习的丁韪良等人在京师大学堂前的合影。

　　于是满族统治者达成这样一个共识：变法利中国，不利满洲；中国兴则满洲亡。所以他们是"宁与友邦，不与家奴"。

　　另外，再加上在维新期间，变法诏令几乎每天一道，让人应接不暇，各地方官员根本忙不过来，都怨声载道。而光绪帝处理的办法是严惩，结果树敌越来越多，使原本持观望态度的人也都倒向了顽固派。中央和地方的人你都得罪完了，光凭那几个维新人士就想变法，可能吗？

　　但戊戌变法的意义还是值得肯定的。

　　首先是进步意义。政治上，维新派批判封建制度，主张设立议会，限制皇权，希望通过改良的道路逐步变封建专制制度为资本主义的君主立宪制度，虽然最终失败了，但他们的宣传、影响促进了资产阶级革命的发展。经济上，维新派要求在中国发展资本主义，这符合中国历史发展的趋势。

　　其次是爱国意义。在帝国主义侵略日益加深、瓜分危机迫在眉睫的紧要关头，维新派为挽救民族危机、发展资本主义而奔走呼号，并指出变法的目的是救亡图存。这对激发人民的爱国思想和民族意

外国画家绘制的清朝缠足仕女形象。

识，很有帮助。

再次是启蒙意义。戊戌变法是近代中国的一场思想解放潮流。资产阶级维新派提倡新学，主张兴民权，对封建思想文化进行了抨击，起到了一定的启蒙作用，促进了中国人的觉醒。比如维新派在中国最早创办近代报刊，把旧式书院和私塾逐渐转变为近代学校，广泛建立了政治性和学术性的社团。又比如在维新运动期间，维新派曾把戒除妇女缠足作为一项社会革新运动，广为宣传。"戊戌六君子"之一、康有为的胞弟康广仁就曾和梁启超、谭嗣同等人在上海发起"试办不缠足会"，等等。

最后要说的是，作为资产阶级的一次改良运动，戊戌变法是失败了，但它的精神一直在流传。

因此，从这个意义上讲，它又是成功的。

第 13 章

义和团运动和 八国联军侵华战争

悲情闹剧

由山东到直隶，由农村到城市，

由非法组织到认可，历经坎坷，

义和团终于拿到了"扶清灭洋"这张营业执照。

有了合法的营业执照，

义和团决定大干一场，

不辜负清政府对他们的期望。

1. 义和团：清政府的眼中钉

义和团的兴起与基督教的传入有直接关系。

明末清初之际，基督教在中国风行一时，许多外国传教士到中国传教。第一次鸦片战争后，西方列强强迫清政府开放教禁，允许外国传教士在通商口岸传教。

第二次鸦片战争后，《天津条约》《北京条约》更是规定外国传教士可以深入内地传教。

外国传教士终于批量进入中国。

批量进入的弊端是不能保证质量，因此，在中国的外国传教士鱼龙混杂，打着传教的幌子干什么的都有，有兼职做间谍收集情报的，有给侵华军队做翻译和向导的，有浑水摸鱼的，总之，没有闲着喝茶看报的。

不知上帝如果看到了会不会抓狂。

因为基督教不是主动引进而是被动接受，所以清政府虽感觉不爽，但还是要强颜欢笑，把宣传耶稣的传教士当成菩萨来供着。

传教士在别的地方传教都是求人信教，来到中国后突然发现别人都供着他们，优越感日益膨胀，于是在传教过程中，妄图

北京西什库教堂主教樊国梁像。他曾引导八国联军在中国抢掠财物。

改变中国的礼俗，排斥佛教，诋毁孔儒学说，以便让人一心一意地信奉上帝。

更过分的，有些传教士在中国待得时间久了，干脆把传教当成一个副业或者幌子，如何捞钱才是他们正儿八经的工作。

于是在那个时候的中国，如果你家的房子被征用改建为教堂，你是没有机会成为钉子户的。首先，这是上帝的意思，你要想讲理只能和上帝去讲；其次，你不会得到任何的赔偿，因为没有人见过上帝从口袋里往外掏钱；最后，你没处说理，哪怕你跑到衙门告状也不会有人受理，因为你要告状的人有可能正和官老爷喝茶聊天呢。

这还不是最让人头疼的，最让人头疼的是那些传教士的教徒。

《谨遵圣谕辟邪全图》是清末周汉刊印的一套反洋教的宣传画。书中描绘了传教士在中国犯下的种种"罪恶"，并宣扬"杀猪斩羊"等观念。图为宣传画之一的《猪叫剜眼图》。

这些教徒多是投机倒把之人，成分比较单一——地痞流氓。这个也是没有办法的，在当时，中国人对洋教有条件反射般的抗拒心态，外国教会招不到高素质的人，也就只好不择良莠，来者不拒。

于是一些"无识愚民，或因词讼无理，或因钱债被逼，辄即逃入教中"。他们凭借主子的庇护，"作奸犯科，无所不至。或乡愚被其讹诈，或孤弱受其欺凌，或强占人妻，或横侵人产，或租项应交业主延不清偿，或钱粮应缴公庭抗不完纳，或因公事而借端推诿，或因小忿而殴毙平民，种种妄为，几难尽述"。

尽管如此，外国传教士不但不管，反将治外法权延伸到这帮人渣身上。

义和团就是在这种背景下产生的。

义和团原名义和拳，最初是乾嘉时期的一个以民间秘密教门、拳会为核心的反清组织。

义和团始终没有统一的领导和组织机构。它的基层组织称作

义和团的拳民照。

"坛"，人数不等，少则数十人，多则上千、逾万。"坛"的首领一般称为大师兄，总坛的首领一般称为老师。各坛之间互不统属，当斗争需要联合时，便散发传单，"传单一出，千人立聚，兵刃森列，俨同敌国"。

义和团组织虽散，却有着严格的纪律，从首领到团民都须遵守戒条：不贪财、不好色，不违父母命，不违朝廷法，灭洋人，杀赃官，行于市必俯首，遇同道则合十，不拿老百姓一针一线，缴获战利品要归公，等等。

义和团的成员比较广泛，以农民为主体，以失业的水手、脚夫、手工业者为补充，随着势力的发展，后来还混入一些游兵散勇、中小地主，甚至政府官员。

此外，根据成员性别、年龄、职业的不同，义和团还有"红灯照"（由青少年妇女组成）、"蓝灯照"（由中年妇女组成）、"黑灯照"（由寡妇组成）、"花灯照"（由妓女组成）等妇女组织。

义和团通常用念咒、画符、请神、扶乩之类的方法动员群众，发号施令，各坛口都供奉牌位，全是他们敬仰的偶像，如鸿钧老祖、玉皇大帝、张飞、刘备等，具有一定的迷信色彩。

所有的这些特点，都不可避免地使清政府把义和团列入非法组织的名单。

2. 安内必先攘外

义和团运动的火苗最先是从山东燃起的。

甲午战争中，山东成了火药桶，本想等战争结束后好好静养一番，不料帝国主义又接连在上面撒了几把盐。

1895年初，2万日军侵占威海卫，在此盘踞了三年之久；日军刚撤，英军又来强租。与此同时，德国也趁机强占胶州湾，把山东发展成势力范围。山东的局部疼痛终于变成了浑身发痒。

山东既成外国的势力范围，外国教会势力发展更加迅速，截至19世纪末，有大小教堂1300多所，传教士150余人。这些教众人数虽不多，但分布均匀，其中不乏披着宗教外衣做些不地道勾当者。于是人们口耳相传，洋人的面目变得愈加凶神恶煞起来。

恐怖就这样像病毒一样开始在民众心中扩散，虽然当时很少有人见过洋人，但事实上大家都已经把洋人当成敌人来对待。现在，只需要一根导火线，或者一杆树起的大旗。

1897年春，冠县梨园屯的天主教民在法国传教士的指使下，霸占了该村的玉皇庙，修建天主教堂，激起众怒。梨园屯村民阎书勤率众拆毁教堂，驱逐教民，并邀请直鲁交界处的义和拳首领赵三多前来护庙。

4月，赵三多率徒弟来到梨园屯，比武"亮拳"三天，周围拳民闻讯前来参加者达3000余人，义和拳声势大振。传教士一看对方叫来帮手，单挑群架都不是对手，就要挟清政府去镇压拳民。

负责这件事的是山东巡抚张汝梅。作为封疆大吏，张汝梅只想安稳地当几年土皇帝，不料时运不济，赶上了必须向洋人服软这当口儿，每天憋了一肚子气。于是他在收到洋人请求镇压拳民的消息

《大闹教堂图》(清代／吴友如等)。

后,一边做表面文章,暗中偏袒义和拳,采取剿抚兼施、以抚为主的方针;一边建议朝廷将拳民列入团练,"听其自卫身家,守望相助"。

清政府和义和拳之间原本好比是父子关系,有矛盾也属于内部矛盾,两人再怎么闹是自己的事,外人可以看热闹,但不能横插一腿当成自己的事,否则父子矛盾就会变成次要矛盾,一致对外。

对于义和拳来说,能同时反清和灭洋当然是最理想的,但因为基本上是空想,所以他们采取了一种迂回救国的方案——安内必先攘外。

1898年10月,赵三多、阎书勤等人在冠县蒋家庄树起了"助清灭洋"的旗帜,攻打红桃园天主教堂。教会无视义和拳"助清灭洋"这几个字,仍然请来了清军镇压,拳众随即东撤临清,沿途队伍发展到千余人,蔓延十几个县。

有了第一个吃螃蟹的人做榜样,后面的追随者便越来越多。赵

周汉的画刊引起了很大反响，各国传教士纷纷表示不满，德国驻北京公使曾亲自持周汉的宣传画要挟总理衙门，要求惩处周汉，但周汉等人被短暂逮捕后旋即被释放。

三多等人起义后不久，山东荏平、平原、禹城的拳民也按捺不住、跃跃欲试。他们在荏平拳民首领朱红灯和禹城拳民首领心诚和尚的率领下，发动多起反教会斗争。

1899年秋，由于天灾造成庄稼歉收，吃不上饭的拳民就向平原县教民李金榜家借粮。

李金榜囤积居奇，存粮不借，仗势欺凌贫民，与拳民发生冲突，并到平原县状告群众"闹教"。知县蒋楷派差役逮捕拳民6名，当地其他拳民邀请朱红灯前来相助。

朱红灯立即联络拳民1000余人奔赴平原县，打着"天下义和拳兴清灭洋"的旗号与清军干仗，在击退蒋楷军队的同时，还乘势攻打了恩县教堂。

至此，可以看出清政府对"助清灭洋""兴清灭洋"的口号不感冒，在逮捕朱红灯、心诚和尚后也没领义和拳什么情，而是直接杀掉。

清军虽然对拳民进行了果断的镇压，但由于水平有限，义和团越剿越多，帝国主义对此大为不满。清政府无奈，只好撤掉时任山东巡抚的毓贤，换袁世凯署理山东巡抚。

袁世凯到达山东后，一改前两任巡抚"剿抚并用"的政策，一面发布告示要求义和团解散，一面进行疯狂镇压。

为了提高工作效率，他还与德国在青岛的军队以及教堂的武装联合起来，合力攻击义和团。山东义和团的力量遭到很大破坏，幸存的或转为秘密活动，或转移到直隶进行斗争。

3. 义和团的春天

为避开袁世凯的屠刀，义和团转入直隶后，与当地的义和团联合，实力大增。

1900年5月，义和团分东、西两路向京、津挺进，这使得清政府和帝国主义势力都十分不爽，尤其是后者。

在帝国主义的压力下，同时也是为了自身安全起见，直隶总督裕禄(清末大臣，满洲正白旗人，湖北巡抚崇纶之子。这里注意一下与曾担任过直隶总督的荣禄的区别，两人除了名字相似外没有任何血缘关系)还是派兵对义和团进行了镇压，不过没有成功。

尽管清政府砍杀了不少义和团的弟兄，但义和团还是坚定不移地举着"兴清灭洋"的旗帜不动摇。

这么踏实忠诚的部队上哪儿找去？于是朝廷内部对义和团是"剿"是"抚"进行了激烈的辩论。

提倡剿灭的主要有直隶总督裕禄和湖广总督张之洞。他们的观点是如果任由义和团发展肯定会损害帝国主义的利益，列强要是以此为借口进行武装干涉，事情就会变得复杂，会进一步动摇我大清的统治。

主张招抚的人包括军机大臣兼刑部尚书赵舒翘、顺天府尹何乃莹，以及山东原巡抚张汝梅和毓贤。赵舒翘、何乃莹所说的招抚主张其实就是利用义和团来对付帝国主义，两败俱伤最好，伤了一个也不错，只要别是我大清受伤就行。

这明显是直接套用"鹬蚌相争，渔翁得利"的策略，但没有考虑到鹬吃掉蚌后可能会啄瞎渔翁的双眼这层风险。而有着长期基层工作经验的张汝梅和毓贤的论据显然要有力度得多。他们根据自己镇

1900年法国画报中关于义和团运动的插画。

压义和团的实际情况，认为山东民众与教会之间的矛盾不可调和，靠武力镇压不是长久之计。而越是在这个时候，我们的胳膊肘越不能朝外拐，应注重团结民心。

这一观点得到不少大臣的赞同，御史黄桂鋆在奏折中说："自德人占据胶澳，教焰益张，宵小恃为护符，借端扰害乡里，民间不堪其苦，以致衅端屡起。地方官不论曲直，一味庇教而抑民，遂令控诉无门，保全无术，不得已自为团练，借以捍卫身家……盖刀会、拳会与团练相表里，犯法则为匪，安分则为民。"建议对义和团"善为安抚"，以"收为干城之用"。

上面两种观点客观上讲都有一定的道理，慈禧太后也一直在这两个选项间纠结。

一方面，她不敢公开和列强撕破脸；另一方面，她又是一个极其要面子的老太婆，大清被帝国主义轮流踩踏，她心里也极其不爽，义和团若真能教训一下列强，以后和列祖列宗相遇也算有点炫耀的资本。

但真正让慈禧决定与列强决裂的是一件家事。

戊戌变法后，慈禧对光绪帝的"背叛"和"不听话"极度失望，就想废掉光绪，另立新君。当然，慈禧也知道，废立皇帝没有想象中的那么简单，这里面纠缠了太多的利益关系，所以她经过全面考察、仔细斟酌，最后选定一个至少她比较满意的储君——爱新觉罗·溥儁。

溥儁被慈禧看中是因为他有几个得天独厚的条件。首先他的父亲端郡王载漪是嘉庆帝的孙子，根正苗红；其次他的母亲为慈禧的侄女，两人关系未出五服；最后是他年龄不大，容易控制。

有了以上几个条件，慈禧自信地认为，只要自己愿意，换皇帝应该就是小菜一碟。

光绪二十五年(1899)十二月二十四日，慈禧太后传懿旨，溥儁入继穆宗同治帝为嗣，赏头品顶戴，号"大阿哥"。

如果顺利的话，按照慈禧的计划，来年开春就可以举行光绪禅位典礼了。但令她没有想到的是，不但朝廷内部大臣反对，连各国公使也都表示异议，拒绝入宫庆贺。各国公使认为，皇帝不是班干部，不能说换就换，反正我们只认光绪帝一个。

"废立"计划受挫后，刚毅、载漪等一帮顽固派气愤异常，慈禧也是窝了一肚子火。在慈禧看来，废立皇帝只是爱新觉罗家族的内部事务，你列强插手算哪门子的事，老虎不发威，还真把我当病猫呢。

要面子的慈禧终于在列强与义和团之间做出了一个大胆的尝试。

1900年1月，清政府发布上谕说，大意是，最近全国各地一些会众闹教案，有人说他们是匪徒，建议镇压取缔。我们秉着对大清子民负责任的态度，多次开会进行深入研究，最后大家一致认为，"会众"和"匪徒"除了字形长得不一样外，定义也不一样。匪徒属于社会不稳定因素，而会众不过是一群练习技艺自卫身家的人。地方官员务必睁大眼睛，认真甄别，不要良善不分、听信什么谣言。今后如果再遇到教案发生，只看其是不是匪徒闹事，若不是，就让他们自己解决，省得有人说我们偏袒。

　　于是义和团终于得到了官方的默认（不是公开承认），属于他们的春天到来了。

4."扶清灭洋"到"灭洋"

清政府默认义和团的存在后，一夜之间的工夫，义和团团民就从田间地头、大街小巷冒了出来。

以北京为例，在1900年初春，城内便开始出现各种公告。公告的内容多以洋人和时局为题材，如"最恨和约，误国殃民，上行下效，民冤不伸。原忍至今，羽翼洋人，趋炎附势，肆虐同群"，"练习义和神拳，保护中原，驱逐洋寇，以免生灵涂炭"，等等。

到了这一年的5月，从附近州县来到北京城的团民不断增加，不少城里的居民都把加入义和团当成一件时髦的事。月底，军机大臣兼刑部尚书赵舒翘等人上奏提出："拳会蔓延，诛不胜诛，不如抚而用之，统以将帅，编入行伍，因其仇教之心，用作果敢之气，化私忿而为公义，缓急可恃，似亦因势利导之一法。"

经过一段时间冷静思考的慈禧太后，此时又开始举棋不定，她没有信心镇压义和团，更没有胆量利用义和团去和列强叫板。反复思量之下，她决定还是让义和团解散比较妥当，于是在6月5日和6日，分别派赵舒翘和刚毅前往涿州劝义和团各自回家，该干啥干啥，并保证清军不会为难他们。而刚毅私下觉得如果就这么让义和团"各散归农"，实在有点可惜，发挥不了对付洋人的作用。

为了达到自己的意图，刚毅在涿州的这段时间里，不仅默许义和团合法存在，而且命令清军停止镇压。等到6月中旬，清政府招抚义和团的态度开始变得明朗，聚集在京郊附近的团民乘势大批进入北京，负责守卫城门的官兵也"任其出入"。到了6月下旬，全城设立的坛口已达1000多个，团民逾10万人。

相比于进京的顺利，义和团进天津时则遇到了不少阻力。这是

1900年法国画报中关于清朝正规军部队的插画。

由于主持天津军务的裕禄、聂士成对义和团一直持有敌视态度。后来清政府与帝国主义开战，才允许大批团民进入天津。静海义和团首领曹福田、新城义和团首领王德成趁机到天津设坛，一时间城内"神坛林立，业冶铁者，家家铸刀，丁丁之声，日夜相继"。据裕禄奏报，此时的天津义和团团民，已不下3万人。

由山东到直隶，由农村到城市，由非法组织到认可，历经坎坷，义和团终于拿到了"扶清灭洋"这张营业执照。有了合法的营业执照，义和团决定大干一场，不辜负清政府对他们的期望。

义和团的工作内容在他们的营业执照上得到具体体现，那就是"扶清灭洋"。"扶清"的口号义和团很早就开始喊了，不过清政府从

1900年法国画报中关于义和团和清军联合行动的插画。

来没怎么当回事，首先清政府认为自己还没有到需要人扶的地步；其次是清政府就是真需要人扶也不会找义和团；最后一点很重要，从义和团成长的经历来看，它自己就有点站不稳当，哪有能力去扶别人？在清政府眼里，义和团给他们带来的麻烦要比帮助大得多。

"扶清"这事义和团既然不能做也做不了，憋着劲儿的团民只好把精力都用在"灭洋"上。于是义和团的主要工作内容就变成了"日以焚教堂、杀洋人为事"。

据外国教会统计，在1900年夏天的屠杀中，共有241名外国人被杀。这些被杀的人中，肯定有很多怙恶不悛的人，但也应该有不少无辜之人。

看来无论做什么事，都需要有个度。

5. 话可以说绝，事不能做绝

义和团杀了那么多的外国人，列强应该有相应的反应才对。

列强最开始的反应是让清政府两个月内将义和团镇压下去，否则将直接出兵干涉，"代为剿平"。

两个月后，义和团不但没被剿平，反而愈演愈烈，列强一看，指望清政府平定是别想了，就议定联合出兵镇压义和团。清政府无奈，只好表示允许外国士兵保护使馆。

1900年5月30日至6月2日，由400人组成的各国侵略军以保护使馆为名，陆续从天津乘火车开进北京，进驻东交民巷使馆区。随后，列强不断增兵，除集结在大沽口外的各国军舰24艘外，天津租界的侵略军也聚集了2000余人。

战争之前的空气像果冻一样不动，压抑得让人喘不过气。

外国军队集结完毕后，没有立即动手，他们在等待各自的政府授予便宜行事之权。只要有了这个，不小心把地球炸成两半也不用承担风险。6月6日前后，驻华公使们相继拿到战争许可证；6月10日，由英、法、德、俄、美、日、意、奥八国组成的2000多名联军在英国驻华舰队司令、海军中将西摩尔的率领下，在大沽登陆后，从天津乘火车向北京进犯。

义和团这帮人文化水平虽然不高，但是不笨不傻，知道联军不是来找他们踢联谊赛的，所以一边积极准备，一边设置重重障碍。

联军的计划是早晨坐火车出发，顺利的话应该能喝上当天的下午茶。谁知火车没跑多远，他们便惊奇地发现通往北京的铁轨被义和团拆毁了。

无奈之下，联军只好边修边走边战斗，直到14日才到达廊坊车

义和团运动中受到清军保护的外国人。

站。廊坊被誉为京津走廊上的明珠，我曾去过几次，城市建设得很不错，人也很热情，每次下车都能看到不一样的变化，让人心情很愉悦。

联军下车后显然没有我这样的好心情，因为他们看到的是义和团明晃晃的大刀。经过几天激战，持有先进武器的联军寡不敌众，被迫退回杨村车站，试图从北运河乘船北上。当地义和团和聂士成武卫前军自然不会错过这个难得机会，当晚就对这支狼狈之师进行了围攻，打死打伤40人。

西摩尔这时几近绝望，"召诸将议事，咸谓进京之路，水陆俱

1900年法国画报中关于义和团成员拆毁铁轨的插画。

穷""惟回津之计可行"。19日，联军开始沿着运河徒步往天津逃窜，沿途与义和团多次照面，三天后方才到达天津西沽。25日，这支死伤近300人的萎靡军队在2000多名俄、英侵略军的接应下终于又回到了天津租界。

在西摩尔的联军深陷义和团的重围中无法自拔时，不远处的海面上，各国海军将领已在俄国中将基利杰勃兰特的主持下，密谋侵占大沽炮台。6月16日下午，大沽炮台守将罗荣光收到联合舰队的最后通牒，内容是让他在次日凌晨两点交出炮台，否则他就会变成炮灰。

罗荣光时年68岁，在被誉为"天下第一海防"的大沽口炮台已经工作了24年，早已把这里当成自己的第二故乡。老爷子出身贫寒，没有后台，经历了许多大风大浪方才干到这么一个重要的位置。再说他这个年纪在当时已算高寿，正是把名节看得最重的时候，所以罗荣光拒绝了敌人的要求。

战斗就这样打响了。

经历了6个小时的激战，炮台守军共打死打伤130余人，击伤敌舰6艘。但因为实力悬殊，大沽炮台还是失守了。

罗荣光光荣殉国。

与此同时，北京城内也在进行着一场战斗。战斗地点是西什库教堂和东交民巷的外国使馆区。西什库教堂是法国天主教会在直隶北部的总部，里面除了有传教士和教徒，还驻有少量的法、意侵略军，是帝国主义在北京的重要据点。而东交民巷的使馆区，更是列强在中国的指挥部。当时在义和团营中有个顺口溜，说："吃面不搁酱，炮打交民巷；吃面不搁醋，炮打西什库。"总之这两个地方成了中外矛盾的聚焦点。

进攻西什库教堂的部队是一支由端郡王载漪所率领的义和团。自从列强破坏了载漪儿子当皇帝的好事后，他对列强的仇恨可谓如滔滔江水连绵不绝，又如黄河泛滥一发不可收拾。战斗是在6月15日傍晚打响的，义和团先后使用了自制的穿屋火龙、炸弹、抬杠等火器向教堂发动进攻，教堂守军则以快枪与之对战。6月17日起，清军也参加了进攻。

战斗时断时续，在进攻过程中，义和团挖地道、埋地雷，非常卖力，先后进行了4次爆破，炸毁仁慈堂，炸死教民和儿童400多人。而另一方清军，则实行明攻暗保的策略，用圆木充当炮弹，声音听起来很响，威力则与声音成反比。

尽管经过半个月的围困，教堂一直未能攻下，但教堂内的形势还是越来越严峻，由于缺粮，连干活用的骡马和战马都被杀掉吃光，并且被困的人开始食用院内的树皮和野草。

西什库教堂事件前后经历了两个月，直到八国联军攻陷北京后

《北京炮打西什库》图景(清代／佚名)。

才最终被解围。虽然此时驻守教堂部队的指挥官、副指挥官以及教堂的主教已先后战死,但教堂总算是保住了。

对东交民巷使馆区的外国使馆发起总攻的时间是6月20日,这一行动中清军是主角,义和团负责配合。在不到三天的时间内,就有4个使馆被烧毁。7月13日,义和团又攻入并烧毁法国使馆,还曾一度攻入德国使馆。

不过清军的攻打通常是形式大于实际,很多时候只是把使馆四下围住,自己不打,也"不许义和团帮打"。

这个就是慈禧太后做事不同于别人之处,话可以说绝,但事不能做绝。事后她说:"处处都留着余地,我若是真正由他们尽意地闹,难道一个使馆有打不下来的道理。"

有了这句话做铺垫,我们也就不难理解当天津失陷后,慈禧太后不仅没对使馆内的"人质"撕票,还派人送去瓜果蔬菜,以示体恤的原因了。

6."雄起"的清政府

与八国联军的仗虽然打起来了,但清朝统治集团内部对八国联军是继续战斗还是求和仍然存在着分歧。

如果是战,那清政府就是与义和团绑在一块儿了,成为一个战斗体;如果是和,则需要立即把屠刀转过来,砍向义和团,至于是否砍得死,或者被对方砍死,可就不好说了。

为此,慈禧太后接连召集大臣举行御前会议,商讨对策。礼部侍郎许景澄、太常寺卿袁昶,地方督抚张之洞、刘坤一等人认为同时与八国开战,无异于玩火自焚,所以主张对内镇压,对外求和;端郡王载漪、大学士徐桐、协办大学士刚毅等人,则继续坚持利用义和团抗击列强,好给对方点颜色看看,让其见识一下中国的七彩虹。

被软禁的光绪帝也参加了御前会议,他的态度十分明确,表示赞同前者意见,不知算不算对列强支持自己的回报。

唯一举棋不定的人就是慈禧太后,她时而谕令前线将领准备武力阻止洋兵进京,时而急调驻防山东的袁世凯和驻防山海关的马玉崑率部来京剿团,时而又电召主和派李鸿章由广东来京商议。

17日,慈禧接到列强索取大沽炮台的奏报,又听闻载漪等关于列强让她归政于光绪帝的谎报,终于怒火中烧;于是当19日传来大沽炮台失守的消息后,她便立即召开第四次御前会议,不顾光绪等人的反对,强行决定对外宣战。

6月21日,清政府颁布宣战上谕:"与其苟且图存,贻羞万古,孰若大张挞伐,一决雌雄。"

要知道,这可是向当时世界上几乎所有强大的国家宣战,后面有没有来者我不知道,但绝对是前无古人。

宣战后，为了表示战斗决心，慈禧不仅处死了反对宣战的许景澄、袁昶等人，还给北京的义和团发放粳米2万石，银10万两，令其与清军共同防御北京。

但没过多久，随着八国联军大量增兵来华，清政府刚刚坚挺的腰板又开始发软了。

如在6月29日向列强解释宣战的原因时表示：我大清不是不想痛剿义和团那帮乱民，主要是他们就在我眼皮底下，不能操之过急，否则搞不好容易造成更大的变乱，那样对大家都不好。至于前几天向你们发表的宣战声明，其实不是我的真心话——我如果说是口误你们信吗？不信的话也没办法，但我还是希望各位尽量保持冷静和克制，让你们手下的弟兄赶紧回家和亲人团聚，来回路费我全报销。另外，我还要以祖宗的名义向你们郑重承诺，只要局势一有好转，我肯定第一时间替你们收拾心头大患义和团。

由此可以看出，慈禧虽想利用义和团发泄对列强的怨愤，但也处处为自己留后路。事实证明，她后者要比前者做得好。

但既然你宣布要"一决雌雄"了，这时如果要反悔，你就是舍得下老脸求和，列强也不会同意的。

列强在海上漂泊了几个月，不远万里来到中国，什么都没干就让打道回府，连老婆孩子都不好交代，总不能说自己是进行环球旅行去了吧。

战争无法避免，就得做好准备，清政府为了高效利用义和团，特意任命庄亲王载勋、协办大学士刚毅等人对其统率，并制定了《团规》。

《团规》要求各地义和团一定要听从"总团"指挥，要与清军一家亲，如缴获武器和抓到战俘须交给政府处理，否则就是"假团"，按"匪徒"处理，格杀勿论。

7. 大势已颓

八国联军攻占大沽炮台后，开始大举进犯天津。

天津地区的清军和义和团在拆毁通往北京和塘沽的铁路，切断对外的电报通信，阻止侵略军前进的同时，还围困了天津紫竹林租界。

紫竹林租界位于天津城南，是指挥各国驻津领事的"国中之国"，也是联军镇压义和团的大本营。1900年6月上旬时，这里聚集了约2400人的各国军队。

但这些军队并不安分，经常出来寻衅骚扰百姓，并于6月中旬焚毁了租界附近的武备学堂，使里面的学员全部遇难。这件事引起直隶总督裕禄的强烈不满，从而转变了他对义和团的态度，由镇压变为招抚，并鼓励团民配合驻军进攻紫竹林租界。

租界内的联军凭借火力优势进行顽抗，随后得到了大批侵略军的增援，到26日，已有1.2万余人。27日，联军反守为攻，开始攻打租界东面的东局子。东局子是清政府在华北最大的兵工厂，如果被占领，那清军以后打仗恐怕只能捅刺刀了。

为了保住东局子，新城义和团首领王德成率部前来增援，与这里的守军先重创前来攻打的2000余名俄军，随后又击退了800余名赶来支援的英、美、日联军。

不过东局子本身也具有危险性，在激烈的战斗中，因为炮手操作失误，炮弹不小心落入弹药库，引起爆炸，所以守军伤亡惨重，最后只好从这里撤出。

联军占领东局子后，见盘踞在老龙头车站的俄军正被曹福田率领的义和团攻打，已死伤了几百人，就立马调集人手前去支援。

1900年6月16日夜，八国联军战舰突然轰击大沽口南北岸炮台。在炮火掩护下，侵略军陆战队乘坐小艇，分左中右三路，直赴南岸炮台。图为当时双方激战的场景。

　　6月底，曹福田又联合附近的清军，以及赶来助阵的张德成所率领的团民，共同攻打车站，但最终没能成功。

　　天津租界的战事主要由聂士成负责。

　　聂士成在甲午战争中曾露过脸，因功勋卓著，此时已被提升为直隶提督。不过他和总督裕禄一样，对义和团没什么好感，曾对破坏铁路电线等公共物品的义和团进行过杀伐，遭到义和团的嫉恨。

　　但在外敌当前之时，这两个对手又走到了一块儿。自7月7日，聂士成与张德成的团民突然联合向租界发起了进攻，使得租界里的敌人大为惊慌。联军于是不断增兵，人数很快达到1.8万左右。

　　然而，恰在这紧要关头，清政府却调来力主剿杀义和团的四川提督宋庆主持天津战事。宋庆刚到天津，就放手让清军对义和团进行一番宰杀，然后又把部分义和团人员调离抗敌前线。

　　据当时人记载："宋军遇团即杀，年十六岁以下，则酌给川资，令其回里。半日间城内外竖旗立坛者皆散去。"正是有了这些战略变动，9日，联军不仅趁机兵分三路冲出租界，还绕到驻扎在八里台的聂士成部背后捅了一刀。

1900年，八国联军侵入天津。

聂士成率部奋力抵抗，在激战中壮烈牺牲，其余部众也大多为国捐躯。

随后，部分清军将士试图挽回败局，但大势已颓。

天津在7月14日被攻陷。

8. 老太太跑得快

　　攻占天津后，8月4日，八国联军又组织2万余人，分为左右两翼，开始沿运河两岸向北京进犯。

　　此时慈禧先前对列强的暴脾气一点都没了，"方寸已乱"之下居然做了一件互为矛盾的事情：一方面任命李鸿章为议和的全权代表，并禁止京郊义和团继续进京，另一方面又将城外的部分义和团调往前线，企图阻止联军前进的脚步。

　　这就让人难以理解了，既然慈禧太后当时已抱定求和的心态，那么再派义和团去前线挡子弹，除了能增强敌人的愤怒，恐怕没有别的用吧。

　　不知慈禧为何这点道理都想不明白，看来不是"方寸已乱"，而

俄军在东交民巷的路障后与义和团展开激战。

1900年8月14日，八国联军攻陷北京，慈禧惊慌失措之下，带着光绪仓皇西逃，任由列强在京城烧杀抢掠，犯下种种罪行。在8月29日出版的《笨拙》漫画中，英国人将慈禧描绘成推着宝物逃窜的贵妇形象。

图为日本人绘制的八国联军攻陷北京的场景。

是"方寸已失"。

最让人感到莫名其妙的是，慈禧没有强令制止那些爱国清军进行抵抗。如在北京东部北仓战斗中，清军一口气就歼敌数百人。

当然，我们现在看多半会觉得很爽，但要知道，等战争结束后，这笔账列强肯定变本加厉地算在清政府头上，而清政府则会把账分摊到百姓头上。这还是上面的道理，如果决定投降，抵抗只会增加无谓的伤亡。

联军攻占北仓后，再未遇到顽强抵抗，多数清军都是一触即溃。

这里值得一提的是两个品级很高的人，一个是直隶总督裕禄，一个是帮办武卫军事务大臣李秉衡。他俩虽然打了败仗，但都选择了自杀以谢天下，至死也没丢份儿。不像慈禧太后之类的人，无论遇到什么样的挫折，丢掉多大的颜面，都能吃得饱睡得香，勇敢地活下去。

不好意思，扯得有点远，不过这会儿联军应该已经攻入北京了。

是的，一路绿灯的联军此时的确进入了北京，时间是8月14日凌晨。

一天后，已打扮成乡下农妇的慈禧太后，踩着熹微的晨光，狼狈地带着光绪帝和部分王公大臣，从北京城西北，出德胜门，经昌平、居庸关，逃往西安。

9. 不光是京津

需要说明的是，当时义和团运动并不局限于京、津一带。

在山西，义和团早在1900年五六月间就开始活动。当清政府向列强宣战后，时任山西巡抚的毓贤甚至发布告示表示对义和团予以"支持"。这使得义和团以太原为中心，很快发展到全省很多地方，焚毁教堂90余所。

在今河南和内蒙古，1900年夏天前后也出现了义和团的活动。其中河南全省有四分之三的教堂被捣毁，而内蒙古的义和团，在击退前来镇压的士兵后，还活捉了西南蒙古教区的主教韩默理。

但声势最大的当属东北义和团抗击俄国侵略军的斗争。

义和团在东北发展得很快，1900年短短几个月的时间内，就已从铁路沿线发展到奉天府。不久，各地就相继打出了"保护中华，逐去外洋""保国灭洋"之类的大旗，积极与当地为非作歹的传教士和铁路沿线的俄国护路军展开战斗。其中沙俄为了掠夺和侵略中国，在东北修建的中东铁路几乎全被焚毁，损失7100万卢布。

但是，这也让一直想独占中国东北的沙皇尼古拉二世找到了侵略借口。1900年7月上旬，俄国调集15万多人的军队，以保护中东铁路为名，分兵七路侵入东北。到这一年的10月，东北的主要城市和交通路线都被俄军占据。

在俄军侵略中国东北的过程中，制造了诸如"血洗海兰泡""强占江东六十四屯""火烧瑷珲城"等一系列惨案。

海兰泡当时有3万人口，半数以上是中国人。俄军到这儿后，一口气屠杀了六分之一的人口，以致"骸骨漂溢，蔽满江洋"。而江东六十四屯的中国居民，更是直接被驱逐出屯，其中有2000多人不是

1903年，俄国陆军大臣库罗巴特金在日记中写道："我们皇上的脑袋中有宏大的计划：为俄国夺取满洲……还想把西藏并入本国。"图为美国杂志刊登的关于俄国妄图侵略中国领土的插画。

淹死在黑龙江里，就是惨死在俄军的屠刀下。

至于瑷珲（今黑龙江黑河），在被俄军占领后，仅其纵火焚城就有数千中国居民被活活烧死。

沙皇为了使其对中国东北地区的占领合法化，以最终实现建立"黄俄罗斯省"的美梦，便用武力胁迫清朝盛京将军增祺到旅顺签订了一个所谓《奉天交地暂且章程》的文件。

文件的中心意思就是把盛京甚至整个东北地区变成俄国的殖民地。这引起了中国人民的强烈反对，清政府也始终没有承认这个章程——当然不可能承认，东北是清朝的龙兴之地，真要是认了以后皇帝祭祖还得办理出国签证。

10."东南互保"保护谁

相对于北方的一团糟，南方的局势则表现得相对稳定。

这主要得益于南方部分督抚采取了保护西方列强利益、坚决镇压民众斗争的政策，与列强相互保护。

在义和团发展如火如荼之际，头号帝国主义国家英国就开始担心义和团的势力是否会危及自己在长江流域的利益。于是就主动向两江总督刘坤一和湖广总督张之洞提出合作"保卫"长江的建议。

前文已说，刘坤一、张之洞在对待义和团的问题上是力主镇压的。所以，当他们接到英国方面的建议后，即向英国保证，会尽力镇压长江流域的反帝斗争。

不过计划赶不上变化，正当列强与东南督抚商议"东南互保"活动之际，清政府却发布了"宣战"和"招团御侮"的上谕，令形势发生了急剧变化。

张之洞、刘坤一认为，如果真和帝国主义开打，列强水师肯定会死守各通商口岸，而这样一来势必会影响税收，二来各地本来就兵单饷绌，打起仗来只有苦果子吃。因此，如何才能阻止列强进攻长江，使南方各省避开战争，成了他们迫切需要解决的问题。

虽然这是在为朝廷分忧，但双方正在开战，若明目张胆地与列强进行沟通显然不太合适。此时，就需要一个有分量的人进行牵线搭桥。扮演这种角色的人我们生活中其实也能遇到，比如媒婆；当然，在外交上这种人有一个专有称呼——政治掮客。

当时，在上海任督办芦汉铁路大臣的盛宣怀就符合政治掮客的条件。

盛宣怀在中国近代史上是个绝对绕不开的人，尽管很多人对他不是特别熟悉。在当时，如果有人做个"中国富豪榜"，盛宣怀必列前三。

据说盛宣怀死后，遗产大约有1350万银元，而"宰相合肥天下瘦"的李鸿章，去世时连棺材都算上资产也都和他差一大截。

除了有钱，盛宣怀还是一个喜欢创造"第一"的人：创建中国第一家电信企业——天津电报局；创建中国第一家华资银行——中国通商银行；创建中国第一所现代大学——北洋大学堂……一口气创下了十来个"第一"。

罗列盛宣怀这么多的成就，目的其实只有一个，就是证明他不是一般人。因此，作为与列强沟通的最佳人选，盛宣怀有不少得天独厚的条件。

首先，他是吃皇粮的商人(俗称官商)，立场没问题；其次，他曾长时间担任李鸿章的幕僚，与列强、东南各省督抚的关系都很好；最后，他本人乐意也擅长做这种事。

于是盛宣怀在经过刘坤一、张之洞的授权后，很快同各国驻上海的领事进行正式接触，并共同议定了《东南互保章程》。章程规定：上海租界归各国共同保管，长江及苏杭内地均归各督抚保护；各国兵舰不得擅入长江，并不可接近吴淞及长江各炮台。

《东南互保章程》提出后，由于列强之间的矛盾和形势发展，虽没有正式签字，但它规定的各项内容却为大部分列强所接受。这对于南方免遭战火之祸，是大有益处的。

11. 八国联军暴行之非学术报告

联军早在攻入天津时，就已激发了其体内的兽性，大家都你不让我，我不让你，赶趟儿似的进行疯狂的烧杀和抢掠，很快就乱成一锅粥。

侵略军内部有人看到，如果这么放任下去，肯定都捞不着好处——历史上因分赃不均自己人掐起来的事还少吗？所以非常有必要任命一个总司令进行统一的指挥协调。

各国都表示同意，但在任命谁来当总司令这个问题上发生了分歧。因为大家都看到，胜利已经在望，抢到这个职位就意味着拥有支配更多利益的权力。

首先俄国陆军部很想抢到这一职位，且陆军大臣库罗帕特金还打算亲自担任。不过这一打算有违俄国政府表面维持对华友好的方针，也受到英、日两国的反对，因此没得逞。

英国当时是帝国主义的老大，原本最有资格担任，但由于刚在南非吃了败仗，让各国怀疑其军事水平，也被排除了。而由美国人或日本人出任总司令则是不可想象的，前者在中国的利益不像欧洲列强受的损害那么大，从一开始就不怎么积极，而后者毕竟在欧洲老牌帝国眼里还只能算是小弟。

至于剩下的法国对这事不上心，奥匈帝国和意大利出兵很少（都不足百人），更不可能。所以当德皇威廉二世以德国公使克林德在6月20日被杀为借口，建议由德国元帅瓦德西担任联军总司令时，大家就只好表示同意了。

9月25日，也就是北京已被联军占领一个多月后，从欧洲坐游轮颠簸了两个月的瓦德西方才到达中国天津，此时各国增兵来华的人

日本人绘制的八国联军形象。

数已突破10万。

　　在瓦德西到达中国前后的几个月时间里，八国联军犯下的暴行让人不忍直视。看来，人要是真残暴起来，和文化高低还真没有什么关系。

　　在大沽周围地区，曾经繁华的大沽被夷为平地，拥有5万多居民的塘沽"已无华人足迹"，1000多户的新河被烧得只剩下300余户。从大沽到侵略军所经之地，"房屋未经被毁者极为罕见，大都早已变成瓦砾之场"。

　　在天津，被当时著名文化人李希圣誉为"严守纪律，不扰居民"的日军把大炮架在北门城楼上，对准城内人口稠密区进行攻击，导致城内居民死伤无数。

　　至于抢劫财物，侵略者更是使出浑身解数，当日本人从盐道衙门抢走了"价值几百万鹰洋的纹银"，并把衙门烧毁后，美国人居然又从那里挖出"价值几百万的纹银"，这些银子堆积起来，成了一座"高三十英尺、宽三十英尺的银山"。

在北京，八国联军的一系列举动更是骇人听闻。

屠杀方面，在翰林院供职的叶昌炽记载说："城破之日，洋兵杀人无算……但闻枪炮轰击声，妇稚呼救声。街上尸骸枕藉，洋兵驱华人舁而埋之，畚锸既毕，即将舁尸之人尽行击毙，亦埋坑中。……大约禁城之内，百家之中，所全不过十室。"

英国使馆工作人员扑笛南姆·威尔也记载了他目击的情况："法国步兵之前队，路遇中国人一团，其内拳匪、兵丁、平民相与挽杂，匆遽逃生。法国兵以机关枪向之，逼至一不通之小巷，机关枪即轰击于陷阱之中，约击十分钟或十五分钟，直至不留一人而后已。"

抢劫方面，联军总司令瓦德西在10月22日给德皇的报告中这样描述："最近的战斗使北京许多街区毁灭。北京被占领之后头三天公开允许的抢劫造成不可估量的破坏。英军的抢劫是相当有制度的，强抢来的东西必须集中放在外交使团的一个地方，以便日后拍卖。拍卖的收入再按照计划在军官中间分配。而且英国军官告诉我，印

八国联军运输所抢劫的珍宝。

度士兵(英军几乎完全由印度士兵组成)根本不能理解没有劫掠的胜利有什么意义。日本军的战利品必须上缴国家，国家肯定收获了可观的数目。在美军，抢劫是被官方禁止的，但是美国官兵都是些冒险家，禁令被最彻底地置之不理。俄军的抢劫以最原始的方式进行，东西被扔得乱七八糟。法国在抢劫方面也不落人后。"

如果说抢走的金钱或焚毁的房屋是有价值的话，那么皇室宫殿、颐和园的珍宝文物和珍本古籍的损失就无法用钱来衡量了。像翰林院所藏著名的《永乐大典》，几乎丧失殆尽；其他经史子集等珍本图书，共损毁4.6万余册。

清人学者柴萼在《庚辛纪事》中就说，经此浩劫，中国"自元、明以来之积蓄，上自典章文物，下至国宝奇珍，扫地遂尽"。

其他方面，"联军尝将其所获妇女，不分良贱老少，尽驱诸裱褙胡同，使列屋而居，作为官妓。其胡同西头，当径设法堵塞，以防逃逸，唯留东头为出入之路，使人监管，任联军人等入内游玩，随意奸宿"。

12. 做个病猫的代价

慈禧太后逃离北京后，终于明白"老虎不发威，你当我是病猫"这句话说的不是自己，而是列强。

现在列强这只老虎发威了，慈禧要么做病猫，要么做死猫。求生欲很强的慈禧不想做死猫，但问题是当病猫也得经过列强的同意才行。

好在这么多年与列强的交道不是白打的，慈禧知道，要想平息帝国主义的愤怒，就必须赶在列强的前面，把他们给伺候舒服了。

大家都知道，要想让人感觉到舒服，必须要有一个良好的环境。而要想有一个良好的环境，必须剔除不安全的因素。于是慈禧在经山西逃往西安的路上就发布了"剿匪"命令，要求官兵对义和团"严行查办，务净根株"。

很快，在中外势力的联合绞杀下，轰轰烈烈的义和团运动失败了。

除了绞杀义和团，慈禧还急切地期待与列强议和。

其实早在北京陷落以前，清政府已任命李鸿章为谈判全权大臣。8月27日，慈禧为了增加议和成功的概率，表现出自己的诚意，又增派与外国关系不错的庆亲王奕劻为全权代表，名列李鸿章之前。

但列强对清政府的这种"示好"反应不一。反应不一的背后是利益的争夺：俄国当时侵占东北，为了将其收入囊中，故意向清政府展现一种友好姿态，第一个表示愿意撤军和议；英国与俄国正在争夺中国霸主，什么事都对着干，就否决俄国的主张；德国计划侵占烟台，为进一步控制山东，不仅不主张撤军，还希望继续增兵；日本与俄国争夺东北有矛盾，同意英国主张；法国反对英国在两广的扩张，同意俄国的建议；美国则趁机提出《第二次门户开放宣言》，附和德国主张……

是不是感觉有点乱？幸亏有点乱，否则中国真有可能早被列强当成西瓜切得七零八散了。至此，帝国主义意识到，在这种情况下是无法瓜分中国的，所以联军统帅在给德皇的奏议中说，"欧美日本各国，皆无此脑力与兵力可以统治此天下生灵四分之一"，"故瓜分一事，实为下策"。

37年后，日本对这个见解提出了挑战，结果如何大家都知道的。

无奈之下，列强于是接受了美国的门户开放建议，形式上保持中国的领土和行政完整，承认慈禧太后的权力，同意与清政府进行议和谈判。

议和是从1900年10月开始的，进展并不顺利。主要问题不是出在清政府与帝国主义之间，而是在列强之间。

在长达一年的谈判过程中，清政府极少有机会与各国代表商讨，绝大部分时间都是列强之间在争吵。直到大家相互妥协，基本满足各自的要求后，才把晾在一边的清政府代表唤过来说，行了，来签一下字吧。

条约内容很苛刻，且列强说"无可更改"。但慈禧对此不在乎，她只关心帝国主义是否将她列为祸首加以惩办，见没有，便大喜过望，并慷慨表示要"量中华之物力，结与国之欢心"。

列强的确是欢心了，而百姓却再也没有欢心的机会了。

和约是于1901年9月7日由奕劻、李鸿章代表清政府，与德国、奥地利、比利时、日本、美国、法国、英国、意大利、俄国、西班牙和荷兰等11国代表在北京签订的。因为1901年是夏历辛丑年，故称这一和约为《辛丑各国和约》，简称《辛丑条约》。

条约的签订使清政府成为帝国主义统治中国的工具，成了"洋人的朝廷"，标志着中国完全沦为半殖民地半封建社会。

《辛丑条约》的内容主要有：

一、清政府赔偿白银4.5亿两，分39年还清，本息共计9.8亿两；

1900年7月，美国国务卿海约翰再度照会英、法、德、日、意、俄六国政府，主张把"门户开放"政策应用到"中国一切地方"。这一政策起初未被列强公认，后在1922年华盛顿会议上始被载入《九国公约》。图为当时关于这一历史事件的漫画。

《辛丑条约》还规定：清政府派醇亲王载沣为头等专使大臣，代表中国政府就德国公使克林德被杀一事亲赴德国谢罪致歉。图为1901年7月16日，载沣赴德国经过上海南京路情形。

二、划定北京东交民巷为"使馆界"，界内不许中国人居住，由各国派兵保护；

三、拆除北京至大沽的炮台，准许各国派兵驻守北京至山海关铁路沿线要地；

四、惩办义和团运动中参加反帝斗争的官吏，永远禁止中国人民成立或加入反帝性质的组织，"违者皆斩"，对反帝运动镇压不力的官吏，即行革职，永不叙用；

五、改总理衙门为外务部，位居六部之上；

六、修订商约，清政府同意将各条约中通商行船的内容加以修订，以便利帝国主义扩大对中国的侵略。

条约中，清政府所赔偿的4.5亿两白银是列强根据当时中国的人口计算出来的，用意就是让每个中国人都要向他们交1两白银的"罚金"，借此惩罚、侮辱所有的中国人。这笔欠款中国实际还款到1938年，共计白银约6.5亿两。

在惩办与帝国主义作对的官吏方面，被判罪的有近百人，这里就附上本书提到或参与义和团事件的主要官员的下场：端郡王载漪、辅国公载澜发配新疆，永远监禁；庄亲王载勋、都察院左都御史英年、刑部尚书赵舒翘赐自尽；山西巡抚毓贤、礼部尚书启秀、刑部左侍郎徐承煜就地正法；协办大学士兼吏部尚书刚毅、大学士徐桐、前四川总督李秉衡因身故，追夺原官，即行革职。

第 14 章

民主革命的兴起

野孩子的倔强劲儿

民族革命思想的广泛传播和革命团体的纷纷涌现，
使孙中山十分欣慰。
但是革命团体分散的起义先后失败，
也让革命党不断地反思。
在这种情况下，孙中山敏锐地觉察到，
必须"联合大群，团集大力"，
拧成一股绳，才能彻底推翻清政府。

1. 孙中山的"大炮"

千万不要得罪医生,因为你们即使不在手术台上碰面,也能以别的方式相遇。

最典型的例子有两个,一个是孙中山,一个是鲁迅。前者转行去干革命,让清政府与列祖列宗团聚;后者转行当了作家,骂得当权者都有一种做了畜生的感觉。

这里单说孙中山,下面是他的一份档案。

青年孙中山像。

本名:孙文

别名:中山、逸仙、载之、日新、中山樵

生卒:1866—1925

民族:汉族

籍贯:广东香山(今广东中山)

出身:贫农

家庭成员:父亲孙达成、母亲杨氏(封建社会妇女社会地位低,很多都没有名字)、哥哥孙眉、姐姐孙妙茜、妹妹孙秋绮;妻妾有卢慕贞、陈粹芬、宋庆龄(按时间顺序);子女有孙科、孙娫、孙婉

学历:博士(有人考证说他未获得,好在学历高低对他并不重要,他又不指望这个找工作)

职业：这个比较多，医生、革命团体老大(兴中会会长)、总统、元帅、总理、商人……

爱好：革命、革命、革命(重要的事说三遍)，读书

成绩：推翻清王朝、创建国民党、推动中国近代化进程等

遗嘱：革命尚未成功，同志仍须努力

孙中山生活轨迹年表

时间	职务	地点	重要事件
1900年1月—1905年8月	兴中会会长	香港	惠州起义
1905年8月—1912年8月	同盟会总理	东京	辛亥革命、武昌起义
1912年1月—1912年4月	中华民国临时大总统	南京	中华民国成立
1912年8月—1914年7月	国民党理事长	南京	宋教仁遇刺、"二次革命"
1914年7月—1919年10月	中华革命党总理	东京	孙中山与宋庆龄结婚
1917年9月—1924年3月	中华民国陆海军大元帅	广州	护法运动
1919年10月—1925年3月	国民党总理	广州	国民党第一次全国代表大会
1921年5月—1922年6月	中华民国大总统	广州	第二次护法运动

孙中山出生于广东香山县翠亨村的一个贫农家庭，由于种田难以维持生计，他的父亲还兼职做村里的打更工作。

童年时孙中山经常参加农业劳动，他自己也曾说过是"农家子也，生于畎亩，早知稼穑之艰难"。因此如果不出意外的话，他很有可能像他父辈一样成为一个种粮好手。

10岁那年，孙中山进入村中的私塾读书，与他关系最铁的伙伴当属同乡富商独子陆皓东。读了三年私塾，孙中山被他的哥哥——华侨资本家孙眉弄到檀香山经营商店。但孙中山志在读书，不愿为商，孙眉于是就资助他去当地美、英教会开设的学校读书。

清末民初，西医进入中国人的视野，中医开始面临前所未有的挑战。图为大英图书馆所藏中国清代外销画，描绘了中医看诊把脉的情景。

1883年秋，孙中山回到家乡，又遇到童年伙伴陆皓东。两人有一次看到病人听信村庙巫医的话求神服食香灰，愤怒之下就分头将村庙神像捣坏，并劝说人们勿靠神仙靠自己，结果为豪绅地主所不容。孙中山被迫去香港，陆皓东则远走上海。

到香港后，孙中山进入拔萃书室读书，随后加入基督教。中法战争后，面对严重的民族危机和清政府的腐败、媚外，他萌生了颠覆清廷的想法。

1886年夏，孙中山转学到广州博济医校学医，在这里结识了三合会首领郑士良；不久后，他又闻香港西医书院招生，旋即于1887年1月以优异成绩考入该校。

在求学期间，孙中山最大的兴趣就是与人探讨时政，他称洪秀全为反清英雄第一人，并以"洪秀全第二"自居。

这一时期，他与秘密组织洪门关系密切，并受到了洪门中传统的反清思想的影响。

2. "医国"与"医人"

1892年，孙中山以第一名的成绩从香港西医书院毕业。

毕业后他先去澳门行医，谁料同行是冤家，遭到葡籍医生的排挤，只好于第二年改赴广州行医。由此可见，在当时行医也不比干革命容易多少。

在行医过程中，孙中山认识到，医术救人，人数有限，现在国家病成这个样子，我不能坐视不管，看来"医国"要比"医人"更重要。

于是孙中山一边行医，一边结识对清廷不满的社会人士，只要一有时间，他们便聚在一起，议论时政，畅想国家和民族的未来。

1893年冬，孙中山、陆皓东、郑士良等人在广州广雅书局聚会，想组建一个名叫"兴中会"的团体，以"驱除鞑虏，恢复华夏"为宗旨。但因为没有具体的组织形式和活动计划，这个想法很快流产。

在广州期间，孙中山还曾试图结交已很有声望的康有为，想与他切磋一下，结果吃了闭门羹。此时康有为的名气虽没有戊戌变法时的大，但巨星的派头他已经有了，怎么会搭理孙中山这个说话冲劲儿十足的愣头青？

在当时，社会的主要思潮是改良主义，因此，孙中山虽然有革命的想法，却还是在犹豫。他也认为，改良要比革命成本小很多，如果改良就能解决问题，那就没有必要闹出大动静。于是，他决定北上京津，窥探一下清廷的虚实。

1894年6月，孙中山偕同陆皓东带着一篇8000余字的《上李鸿章书》来到了天津。

在文章中，孙中山认为，"欧洲富强之本，不尽在于船坚炮利、垒固兵强，而在于人能尽其才，地能尽其利，物能尽其用，货能畅

兴中会首批会员宣誓处。

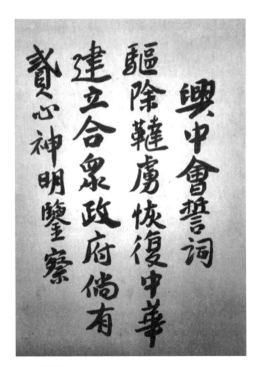

兴中会誓词。

其流——此四事者，富强之大经，治国之大本也"。希望清政府仿效西方资本主义制度，开办学校，改良农业生产，发展近代工商业，等等。

李鸿章接到这个上书后，不置可否，束之高阁，拒绝了孙中山的拜见要求。

而那时，正值甲午中日战争打得火热之际，再加上时不时从前线传来的战败消息，全国更是能够沸腾起来。

孙中山不死心，又到北京去探听一下清廷的反应，结果到那儿一看，好家伙，整个京城都在为慈禧太后的六十大寿庆典忙乎着。

学医的孙中山终于深刻体悟了医学中所讲的"病入膏肓"是什么意思，也就是在那一刻，他下定决心：既然我治不了你的病，那我就要了你的命。于是转行走上了革命的道路。

1894年10月，孙中山南下武汉，然后又辗转前去檀香山（今属美国）。

在檀香山，他卖力宣传反清革命主张，联合包括他哥哥在内的华侨20余人，于11月24日在一个银行经理的寓所里，建立了中国资产阶级第一个革命团体——兴中会。

孙中山草拟了兴中会章程和入会誓词，在誓词中，明确提出了"驱除鞑虏，恢复中华，建立合众政府"的口号，计划以"振兴中华"为目标，以排满思想为其革命事业铺路。

从此，孙中山由一个革命的畅想者转变为实践者。

3. 伦敦蒙难记

兴中会成立后，会员很快发展到百余人。

1895年1月，孙中山趁日本攻占旅顺和大连的机会，带领数名会员，从檀香山回到香港，准备发动起义。

在香港，孙中山与社会团体辅仁文社的杨衢云、谢缵泰等人合作，成立了香港兴中会，并把原来的会章略做修改，将誓词中的"恢复中华"改为"恢复中国"。

香港兴中会成立后，孙中山立即在香港着手准备在广州发动武装起义。陆皓东、郑士良等人则赶赴广州先后建立秘密革命机关数十处，并积极筹集经费、枪械以及联络各处的会党、反清志士和绿林好汉。

经过半年的准备，他们决定在1895年的重阳节起义。

谁知还没有来得及发动，两广总督谭钟麟突然加强防卫，一口气抓走了起义的群众70多人，陆皓东等人被捕后就义。

不过，作为孙中山的总角之交，陆皓东也算是死得其所了，他事后被孙中山赞誉为："中国有史以来为共和革命而牺牲者之第一人。"

而关于这次起义失败的原因，我查询了一下相关史料，除了消息泄露外，主要是香港方面没有配合好，擅自改动作战布置，没有及时到达指定地点集合，从而打乱了起义计划。

这件事给我们的教训是：无纪律，不成功；无时间观念，不成功；无自我约束，不成功。

广州起义失败后，孙中山被清廷通缉的同时，也遭香港当局驱逐，被迫逃亡日本。在日本期间，孙中山剪掉辫子，改穿西服，连造

1895年香港皇后大道与阁麟街交会处的街景。

型打扮都与清朝正式决裂了。

此后他又以兴中会的名义在美国华侨中进行宣传和组织工作，但是收效都不大。

1896年9月，宣传革命不顺的孙中山搭乘"麦竭斯底号"轮船来到了伦敦。在那里，他租了间房子，每天都去和他在香港读书时的老师康德黎交流一些杂七杂八的事儿。

孙中山作为大清头号通缉犯，他的一举一动一直在清政府的视线范围之内。所以当他刚踏上伦敦的土地，清政府就立即指示清驻英公使与英国外交部交涉，希望援引香港引渡罪犯的条约，捉拿孙中山。结果英政府根本没理这茬儿，直接给拒绝了。

没办法，清驻英公使只好雇用了伦敦的一个私家侦探监视孙中山的行踪，准备相机行事。

也不知是钱没花到位还是怎么回事，清政府所找的私家侦探业务水平实在不敢让人恭维，不但经常跟丢人，还毫无愧色地在记录本上写着"伦敦大雾，目标不见踪影"之类的工作日志——明显有为自己开脱的嫌疑。

好在伦敦总共也没几个黄种人，最后还是把孙中山给找回来了，并在10月11日"一左一右强行(将孙中山)夹入使馆"。

康德黎几天没见到孙中山很是奇怪，我的那个宝贝学生这阵子怎么没来看我？

而孙中山此时正焦灼万分，他知道，如果在伦敦脱不了身，等回到国内肯定得被活剐了。人在绝望中有时大脑一片空白，但有时智商也能突增好几倍。孙中山被软禁的清使馆，里面有不少英国人在那里打杂，于是他就请求他们给他送封信出去，结果其中有位不但不帮忙，还把这事说给清朝方面的人。

看来哪国都有不厚道的人啊。

不过这件事的结局有点啼笑皆非，最后孙中山花了20英镑买通了另一个英国人，才得以把他的亲笔信秘密送到康德黎家。

当得知传信成功后，孙中山很兴奋，他对送信的英国人许诺："你再替我送信，我出去后给你两千英镑！"于是，这个英国人又陆续给孙中山送了几封写给康德黎的秘笺……

康德黎收到孙中山的信后，奔走于伦敦各有关部门和各大媒体。一时间伦敦报界把孙中山被抓事件炒得热火朝天："绑架""身陷伦敦""中国公使绑架事件""清使的非常行动"等关键词频频出现在报纸的醒目位置。

孙中山最后成了一宗轰动国际的绑架案的主角。

12天后，孙中山终于在英国政府的介入下被释放。

关于孙中山脱险的真正原因，史学界有不同的说法。英国皇家历史学院院士、澳大利亚社会科学院院士黄宇和教授认为："中国政府要追拿钦犯，英国政府要维护当地法治，这才是当年英国政府救出孙中山的真正原因，而不像流行的说法是什么'英廷屈于舆论压力出手相救'。"

我认真想了一下，觉得黄宇和说得有道理，因为这符合一个法

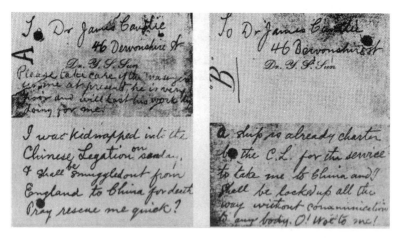

孙中山被囚禁后，设法写信与康德黎取得联系，但是被使馆人员发现。使馆秘书马格里决定以"遣送疯子"之名把孙中山送回中国。使馆的仆人知晓此事后，告诉女管家贺维太太。贺维太太不想孙中山被遣送，便帮忙送信至康德黎家。图为孙中山的求救信。

治国家的办事逻辑。

1897年，孙中山由英国经加拿大转往日本。在日本，他先后结识了宫崎寅藏、平山周等人，并通过他们又结识了不少日本军政、帮会中人，其中包括犬养毅、大隈重信、山田良政等政府高级官员，还一度接触康有为、梁启超等保皇派人员。但由于康有为坚持保皇立场，他们始终没有成为同一战壕里的战友。

不过话又说回来，其实康有为当初的维新运动和孙中山现在的暴力革命都是在给清政府灌药，只不过一服是治病的药，一服是要命的药。孙中山是医生，太明白只有要了清政府的命，才能救了中国的命的道理。

此后，孙中山又支持和策划了自立军起义、惠州起义等活动，但都以失败而告终。尽管接连失败，可孙中山的信心却越来越足了。

他说，1895年广州起义失败后，举国都骂他是大逆不道、乱臣贼子，但惠州起义失败后，则很少听到有人骂，反而不少人同情并扼腕叹息起义没有成功。

因此，从民众的反应来看，革命这件事，越来越被认同了。

4. 宣传工作很重要

不过，在革命派刚开始从事活动的时候，国内舆论基本上被清政府把持，别说老百姓不认可，就连那些知识分子都反对。再加上维新派继续鼓吹君主立宪的改良主张，革命派更是有一种被人双手掐住脖子喊不出声的感觉。

于是革命派认为，要想使国民不被清廷和康、梁忽悠，必须得有自己的宣传机关，占据舆论的制高点，好让大家明白我们不是在造反，而是在造福。

很快，在革命派的努力下，1901年至1905年短短几年间，一大批为民主革命思想呐喊的刊物纷纷涌现，如《国民报》《游学译编》。

他们从资产阶级革命时期的思想库里，搬来了天赋人权、自由平等学说，先后翻译出版了卢梭的《社会契约论》、孟德斯鸠的《论法的精神》等书籍，为革命思想的传播铺平了道路。

在当时，上海和日本的东京是革命宣传的中心。章炳麟、邹容、陈天华等都是著名的民主革命家和宣传家。

章炳麟(1869—1936)，浙江余杭人，著名的革命家、思想家、国学大师。他还有一个名号可能更为人知晓——章太炎。章太炎幼年受祖父及外祖父的民族主义熏陶，通过阅读《东华录》《扬州十日记》等书，打小就有一根反骨。

1894年甲午中日战争后，章太炎受康有为等维新口号的鼓吹，曾为强学会捐款，并受邀参与上海《时务报》的编撰。后因学术意见之争与麦孟华等人发生肢体冲突，回到老家浙江余杭。

戊戌政变后，章太炎遭清政府通缉(真是躺着也中枪)，流亡日本，在那里与同是天涯沦落人的梁启超等人修好，不久剪辫立志革命。

1688年，英国资产阶级和新贵族发动推翻詹姆士二世的统治、防止天主教复辟的非暴力政变，史称"光荣革命"。

1900年，义和团事件发生后，严复、汪康年、唐才常等人在上海举办了一个"中国议会"茶话会，讨论时局，章太炎也应邀参加。

章太炎经历的最为凶险的一次事件应当是"苏报案"。

《苏报》原本是一家由日侨出面创办的报纸，内容也多载市井琐事。后来由倾向改良的陈范接办，开辟了一个《学界风潮》的专栏，刊发一些南洋公学等校退学事件的消息，鼓动学生起来反抗。章太炎、邹容也给这个专栏写文章，并分别发表了轰动全国的《驳康有为论革命书》和《革命军》。

在文章中，章太炎狂骂康有为所谓"公理未明，旧俗俱在"，因此"只可立宪，不能革命"的观点，说"公理之未明，即以革命明之；旧俗之俱在，即以革命去之"，指责他是一个利禄熏心、甘当奴才的市侩，并鼓动人民闹革命。

各种版本的《革命军》。

结果可想而知，《苏报》很快被查封，章太炎被判处监禁三年，差点死在里面。

最后说一下章太炎的逸事，和今天一样，名人的八卦新闻最多。章太炎人称"章疯子"，做事往往不按套路出牌，连后来做了大总统的袁世凯都拿他没办法。

按说像他这种人，肯定会有不少崇拜他的文艺女青年，但他却是我国最早践行报纸征婚的名人之一。于是有人就问他择偶的条件，他说："人之娶妻当饭吃，我之娶妻当药用。两湖人甚佳，安徽人次之，最不适合者为北方女子，广东女子言语不通，如外国人，那是最不敢当的。另外还需要读懂《红楼梦》。"

后经过蔡元培介绍，45岁的章太炎与31岁的浙江姑娘汤国梨结为夫妇，不过在婚礼当天，这哥们儿不知是紧张还是咋的，皮鞋居然都穿反了——牛人果然不拘小节！

邹容（1885—1905），字蔚丹，四川巴县人，留日学生，写有著名的畅销书《革命军》，销售逾百万册，是与秋瑾齐名的著名革命演说家。1903年，章太炎因"苏报案"被捕，邹容感怀章曾经为他的《革命军》作序，主动投狱自首，要求与其共患难。

结果他被判刑两年，罚做苦工。邹容刚进去的时候估计还安慰自己，我年轻，两年一咬牙就过去了，谁知他性格硬命不硬，在里面遭受惨绝人寰的虐待，还没等出狱就病死了，年仅21岁。

邹容的《革命军》政治色彩极为鲜明，富有战争精神，主要内容讲的是要用革命的手段推翻清政府，然后建立资产阶级民主国家。在书的结尾，邹容高喊："中华共和国万岁！中华共和国四万万同胞的自由万岁！"具有很强的宣传性和鼓动性。因此，这本书刚一面世就被《苏报》主笔章士钊誉为"国民教育之第一教科书"，是中国第一部系统地、旗帜鲜明地鼓吹资产阶级民主革命、宣传资产阶级共和国的不朽之作。孙中山对邹容也颇为赞赏，1912年2月，他还以临时大总统的名义签命令，追赠邹容为"大将军"。

不过在我所讲的三个人中，最让我打心眼赞佩的是陈天华。

陈天华（1875—1905），原名显宿，字星台，湖南新化人，母亲早逝，父亲是个乡村民办教师，书能看饱但饭吃不饱。后来陈天华随父迁居县城，靠做点小买卖为生。

因为族人看他是块读书的料，就周济他上学。26岁那年，他考入省城岳麓书院，成绩名列前茅。

1903年，陈天华获官费留学日本东京弘文学院师范科。但他对出资让他留学的清政府没有半点儿好感，效法西汉的霍去病"匈奴未灭，无以家为"，老大不小了也不肯结婚。

不久，沙俄侵占中国东北三省，引起陈天华的愤慨，他破指血书寄示湖南各学堂。湖南巡抚赵尔巽深为感动，亲临各学堂宣读，并刊登于官报，使湖南全省拒俄运动士气更加高涨。

同年，陈天华先后撰写《猛回头》和《警世钟》两书，以血泪之声，深刻揭露列强侵略中国和清廷卖国投降的种种罪行，风行

陈天华半身照。

于世，影响巨大。

次年陈天华回到长沙，参与组织华兴会，与黄兴等人密谋准备长沙起义，事泄未成，又被迫流亡日本。在日本，他结识了孙中山，并一同组建了中国同盟会，在书记部工作，任会章起草员和同盟会机关报《民报》编辑。这之后他接连发表《最近政见之评决》《中国革命史论》《狮子吼》等政论和作品，引起强烈反响。

1905年12月8日，陈天华为抗议日本政府《清国留学生取缔规则》，决心以死来激励国人"共讲爱国"，在东京大森海湾投海自尽，以死报国，年仅31岁。

次年闰四月初一，陈天华灵柩经黄兴、禹之谟倡议筹办运回长沙，各界不顾官方阻挠，为他执绋，送葬队伍达数万人，绵延十余里，凄凄哀歌，湘江为之悲鸣，麓山为之低垂，军警站立一旁，亦为之感动，不加干涉。最后陈天华被公葬于岳麓山。

陈天华最著名的作品是《警世钟》和《猛回头》这两本小册子。书的内容以文艺说唱的形式来表现，浅显易懂。

我尤其向大家推荐的是《猛回头》，因为它不仅细数中国历朝历代的治乱兴衰，还很具有现实意义，今天读起来仍有一种振聋发聩的感觉。

　　　附：

猛回头（节选）
陈天华

我中华，原是个，有名大国；不比那，弹丸地，僻处偏方。

论方里，四千万，五洲无比；论人口，四万万，世界谁当？

论物产，真个是，取之不尽；论才智，也不让，东西两洋。

看起来，那一件，比人不上；照常理，就应该，独称霸王。

为什么，到今日，奄奄将绝；割了地，赔了款，就要灭亡？

这原因，真真是，一言难尽；待咱们，细细数，共做商量。

五千年，俺汉人，开基始祖；名黄帝，自西北，一统中央。

夏商周，和秦汉，一姓传下；并没有，异种人，来做帝皇。

《时局图》是中国近代时事漫画的杰作。它把19世纪末中国面临的被帝国主义列强瓜分的严重危机,深刻、形象地展示在人们面前,起到了警示钟的作用。图中熊代表俄国,犬代表英国,蛤蟆代表法国,鹰代表美国,太阳代表日本,香肠代表德国。图上代表清政府的人物,有手举铜钱的贪官,有寻欢作乐的青年,还有手拉网绳、禁锢人民思想的高官。可以说,《时局图》反映了爱国者呼吁中华民族觉醒,挽救民族危亡的爱国之情。

这是我，祖宗们，传留家法；俺子孙，自应该，永远不忘。
可惜的，骨肉间，自相残杀；惹进了，外邦人，雪上加霜。
到晋朝，那五胡，异常猖獗；无非是，俺同种，引虎进狼。
自从此，分南北，神州扰乱；到唐朝，才平定，暂息刀枪。
到五季，又是个，外强中弱；俺同胞，遭杀戮，好不心伤。
宋太祖，坐中原，无才无德；复燕云，这小事，尚说不遑。
难怪他，子孙们，懦弱不振；称臣侄，纳贡品，习以为常。
那徽宗，和钦宗，为金捉去；只岳飞，打死仗，敌住虎狼。
朱仙镇，杀得金，片甲不返；可恨那，秦桧贼，暗地中伤。
自此后，俺汉人，别无健将；任凭他，屠割我，如豕如羊。
元鞑子，比金贼，更加凶狠；先灭金，后灭宋，锋不可当。
杀汉人，不计数，好比瓜果；有一件，俺说起，就要断肠。
攻常州，将人膏，燃做灯亮；这残忍，想一想，好不凄凉。
岂非是，异种人，原无恻隐；俺同胞，把仇雠，认做君王。
想当日，那金元，人数极少；合计算，数十万，有甚高强！
俺汉人，百敌一，都是有剩；为什么，寡胜众，反易天常？
只缘我，不晓得，种族主义；为他人，杀同胞，丧尽天良。
他们来，全不要，自己费力；只要我，中国人，自相残伤。
这满洲，灭我国，就是此策；吴三桂，孔有德，为虎作伥。
那清初，所杀的，何止千万；那一个，不是我，自倒门墙！
俺汉人，想兴复，倒说造反；便有这，无耻的，替他勤王。
还有那，读书人，动言忠孝；全不晓，忠孝字，真理大纲。
是圣贤，应忠国，怎忠外姓？分明是，残同种，灭丧纲常。
转瞬间，西洋人，来做皇帝；这班人，少不得，又喊圣皇。
想起来，好伤心，有泪莫洒；这奴种，到何日，始能尽亡？
还有那，假维新，主张立宪；略畛域，讲服重，胡汉一堂。
这议论，都是个，隔靴搔痒；当时事，全不懂，好像颠狂。
倘若是，现政府，励精图治；保得住，俺汉种，不道凶殃。
俺汉人，就吞声，隶他宇下；纳血税，做奴仆，也自无妨。
怎奈他，把国事，全然不理；满朝中，除媚外，别无他长。

俺汉人，再靠他，真不得了！好像那，四万万，捆入法场。
俄罗斯，自北方，包我三面；英吉利，假通商，毒计中藏。
法兰西，占广州，窥伺黔桂；德意志，胶州领，虎视东方。
新日本，取台湾，再图福建；美利坚，也想要，割土分疆。
这中国，哪一点，我还有分？这朝廷，原是个，名存实亡。
替洋人，做一个，守土官长；压制我，众汉人，拱手降洋。
俺汉人，自应该，想个计策；为什么，到死地，不慌不忙？
痛只痛，甲午年，打下败阵；痛只痛，庚子岁，惨遭杀伤。
痛只痛，割去地，万古不返；痛只痛，所赔款，永世难偿。
痛只痛，东三省，又将割献；痛只痛，法国兵，又到南方。
痛只痛，因通商，民穷财尽；痛只痛，失矿权，莫保糟糠。
痛只痛，办教案，人命如草；痛只痛，修铁路，人扼我吭。
痛只痛，在租界，时遭凌践；痛只痛，出外洋，日苦深汤。
怕只怕，做印度，广土不保；怕只怕，做安南，中兴无望。
怕只怕，做波兰，飘零异域；怕只怕，做犹太，没有家乡！
怕只怕，做非洲，永为牛马；怕只怕，做南洋，服事犬羊。
怕只怕，做澳洲，要把种灭；怕只怕，做苗瑶，日见消亡。
左一思，右一想，真正危险；说起来，不由人，胆战心惶。
俺同胞，除非是，死中求活；再无有，好妙计，堪做主张。

5. 团结起来有力量

有了舆论宣传的阵地，民主革命思想的影响进一步增大。但光喊口号还不行，清政府的脸皮比较厚，你就是再怎么骂它，它也不会有什么感觉。

因此，要想刺痛清政府的神经，必须来点猛料。

幸亏革命派属于实战派，个个动手能力比较强。也就是在一夜之间吧，全国突然间冒出了许多小的革命团体。比较有名的是华兴会和光复会。

华兴会的创建人是黄兴和宋教仁。

图为1898年美国杂志中刊登的一幅漫画。图中俄国、法国、德国、日本和英国正在瓜分中国蛋糕，而批评其他国家争夺中国势力范围，提出"门户开放"政策的美国，却趁机在加勒比海地区和菲律宾群岛建立起了势力范围。

黄兴(1874—1916)，原名轸，改名兴，字克强，湖南善化人，近代民主革命家，中华民国的创建者之一，孙中山的第一知交，二人常被时人以"孙黄"并称。

少年时黄兴接受过系统的封建主义教育，23岁时考中秀才，后被选调至武昌两湖书院深造；1902年，又被湖广总督张之洞选派去日本留学，入东京弘文学院师范科学习。黄兴读书虽然也不赖，但他对枪杆子还是比对笔杆子的兴趣大，只要一有空就骑马、射击，很快就由一个温文尔雅的书生变为一个暴脾气的糙老爷们。

在日本留学期间，黄兴受革命思想的影响，转向革命，积极参加"拒俄义勇队"、军国民教育会及暗杀团活动。1903年夏，他被东京军国民教育会派遣回国，从此踏上了武装反清的道路。

在长沙，黄兴以学校教员的身份作掩护，秘密从事民主革命的宣传、组织工作。经过一段时间的酝酿，湖南的刘揆一、陈天华、宋教仁、谭人凤、章士钊等一众革命兄弟在11月4日以庆贺黄兴生日为

1905年，华兴会部分成员合影。前排左一为黄兴，左四为宋教仁。

名，秘密集会，决定成立华兴会，推举黄兴为会长。

1904年2月15日，华兴会正式在长沙成立，黄兴任会长，宋教仁、刘揆一为副会长，提出的口号是"驱除鞑虏，复兴中华"。经过宣传联络，华兴会会员迅速扩展到四五百人，大多是归国留学生和国内各学堂的知识分子。

另外，为了联络新军和会党，华兴会还设立"黄汉会"和"同仇会"两个外围组织，并很快把拥有两万多人的哥老会首领马福益给吸引进来了。因此，从侧面来讲，黄兴这个人极具人格魅力和社会感召力。

有了口号，有了人马，就不能闲着，经过黄兴和马福益等人的商讨，他们决定在11月16日，即慈禧太后70岁寿辰这天在长沙发动武装起义。

他们的计划是，趁省里的文武官吏集会祝寿时，将预设的炸弹引爆，然后武备学堂的学生和城外的哥老会弟兄里外呼应，一举拿

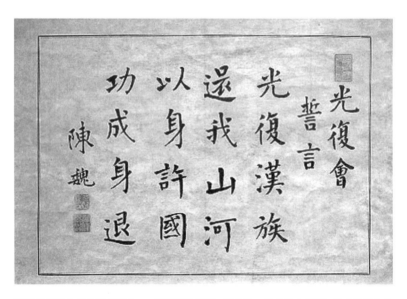

陈魏是光复会的主要成员之一。他曾与徐锡麟、陶成章一起去日本留学，图中光复会的十六字誓言就是由他亲笔书写的。

下长沙。

真是完美的计划!

但不幸的是,起义还没开始,计划就已被马福益的一个小马仔给泄露了。清朝地方官于是迅速行动,在各地搜捕革命党人,马福益被捕遇害。黄兴则化装逃往上海,不久转赴日本。

看来,甭管你是什么组织,都得注重对成员的管理。

光复会的前身是"暗杀团"。"暗杀团"是1903年由军国民教育会的成员龚宝铨在上海组建的,成员都是一些浙籍的留日学生。

光复会是于1904年10月成立的,以"光复汉族,还我河山,以身许国,功成身退"十六字誓言为宗旨,以暗杀和暴动为革命手段,成员包括徐锡麟、秋瑾、陶成章、章太炎等。

除了华兴会和光复会,1904年前后,全国各地还先后成立了其他一些革命小团体,如福建的汉族独立会、安徽的岳王会、江苏的强国会、江西的自强会等。

同盟会成立前后的主要资产阶级革命团体简表

成立时间	名称	主要成员	领导人
1894年	兴中会	华侨和会党	孙中山
1904年	华兴会	留学生和学界	黄兴、宋教仁
1904年	光复会	留学生和学界	蔡元培
1906年	日知会	学界和新军	刘静庵

6. 同盟会：联合大群，团集大力

民族革命思想的广泛传播和革命团体的纷纷涌现，使孙中山十分欣慰。但是革命团体分散的起义先后失败，也让革命党不断地反思。

在这种情况下，孙中山敏锐地觉察到，必须"联合大群，团集大力"，拧成一股绳，才能彻底推翻清政府。

为此，孙中山积极联合各方面的革命力量，宣传"互相联络"的重要性，提议成立一个全国规模的统一的革命组织，以便更好地领导革命运动。

1905年7月，孙中山到达东京，与黄兴、宋教仁、陈天华等人会晤并商讨筹建统一的革命政党问题。他说："此一省欲起事，彼一省亦欲起事，不相联络，各自号召，终必成秦末二十余国之争……故现今之主义，总以互相联络为要。"

7月30日，各革命团体和内地17省的代表共计70余人齐聚东京，讨论新组织的名称和宗旨。

大家公推孙中山为会议主席，孙中山做会议内容演说。黄兴等人也作了发言，一致同意联合成立新团体。经讨论决定，这个新团体定名为"中国革命同盟会"（后为避免日本政府反对，改名为"中国同盟会"），简称"同盟会"。会议还推选黄兴、陈天华、马君武等8人共同起草同盟会章程。

8月20日，中国同盟会在东京赤坂区一处民宅二楼的榻榻米房间成立了，约有100人到会。大会通过了黄兴等人起草的章程30条，并推举孙中山为总理，黄兴为执行部庶务总干事，协同总理主持本部工作。

同盟会成立场景(陈雪／绘)。

　　根据章程规定：总理为最高领导人，对于会外，有代表本会之权，对于会内，有执行事务之权，节制执行部各员，得提议于议会，并批驳议案。章程还确定了孙中山提出的"驱除鞑虏，恢复中华，创立民国，平均地权"十六字为同盟会纲领。

　　同盟会在东京设立总部，根据三权分立原则，在总理之下设立执行(行政)、评议(立法)、司法三部。

　　执行部是权力最重的机关，负责组织革命活动。庶务是该部负责人，总理他适时，可代行总理职权。执行部下设庶务科、书记科、会计科、内务科、外务科、调查科，以及暗杀部等。暗杀部由黄兴亲自负责。

　　章程规定在国内设立5个支部，东部设在上海，西部设在重庆，南部设在香港，北部设在烟台，中部设在汉口。

　　国外在南洋、欧洲、美洲、檀香山设立4个支部。支部下按国别、地区设立分会。

同年11月，同盟会本部决定将先前确定的机关报《二十世纪之支那》杂志改名为《民报》，由章太炎、陶成章主编，胡汉民、汪精卫等人执笔撰稿。孙中山写了发刊词，将同盟会十六字纲领概括为民族、民权、民生三大主义，即三民主义。

三民主义的内容具体表现为：

一、驱除鞑虏。今之满洲，本塞外东胡，昔在明朝，屡为边患；后乘中国多事，长驱入关，灭我中国，据我政府，迫我汉人为其奴隶，有不从者，杀戮亿万。我汉人为亡国之民者二百六十年于斯！满洲政府穷凶极恶，今已贯盈，义师所指，覆彼政府，还我主权。其满洲汉军人等，如悔悟来降者，免其罪；敢有抵抗，杀无赦！汉人有为满奴以作汉奸者，亦如之。

二、恢复中华。中国者，中国人之中国，中国之政治，中国人任之，驱除鞑虏之后，光复我民族的国家。敢有为石敬瑭、吴三桂之所为者，天下共击之！

三、创立民国。今者由贫民革命以建国民政府，凡为国民皆平等以有参政权。大总统由国民共举。议会以国民公举之议员构成之，制定中华民国宪法，人人共守。敢有帝制自为者，天下共击之！

四、平均地权。文明之福祉，国民平等以享之。当改良社会经济组织，核定天下地价。其现有之地价，仍属原主所有；其革命后社会改良进步之增价，则归于国家，为国民所共享。肇造社会的国家，俾家给人足，四海之内，无一夫不获其所。敢有垄断以制国民之生命者，与众弃之！

上四纲，其措施之次序，则分三期：第一期为军法之治。……第二期为约法之治。……第三期为宪法之治。……俾我国民循序以进，养成自由平等之资格，中华民国之根本，胥于是乎在焉。

"驱除鞑虏，恢复中华"是孙中山的民族主义思想，即推翻清王朝，变半殖民地半封建的中国为独立的中国。

很多人读到这里都认为三民主义不注重民族团结，其实不是这样的，孙中山解释说："民族主义，并非是遇着不同族的人便要排斥他……我们并不是恨满洲人，是恨害汉人的满洲人。假如我们实行革命的时候，那满洲人不来阻害我们，决无寻仇之理。"

意思是哪怕心怀仇恨，也应该保持理智。而这，正是孙中山的伟大之处。

"创立民国"是孙中山的民权主义思想，也是三民主义思想

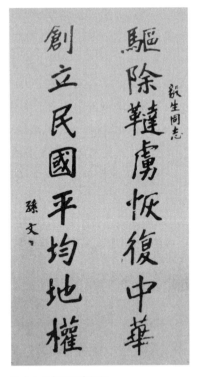

孙中山手书同盟会纲领。

的核心。孙中山的意思就是推翻封建帝制，建立资产阶级共和国。

资产阶级共和国的大致蓝图是：规定国民应享有参政权，大总统由国民选举产生，议会由国民选举的议员组成，宪法由议会制定，人人共守。

"平均地权"是孙中山的民生思想，它的具体办法是核定全国地价，目的是防止出现像资本主义国家那样的贫富分化。

为了使大家更容易明白，我来举个例子：比如说你有10亩地，每亩地的价格是100块大洋，也就是说你的资产共计是1000块大洋。可因为你的地是在城郊，随着城市的扩展，土地价格上涨，你的地也由原来的每亩100块大洋涨到现在的800块大洋。

但你别高兴得太早，因为按照平均地权的规定，你的每亩土地所形成的700块大洋的溢价将归国家所有。然后国家把这些钱都归

拢在一块儿，由国民共享，所以你现在的资产实际上是1000块大洋加国民共享的部分，而不是你梦想的8000块大洋。

你听后应该很扫兴吧，不过也不是所有人，因为经过平均，那些没地或少地的人则可能资产大增。

孙中山对此乐观认为，等中国实行平均地权之后，"私人永远不用纳税，但收地租一项，已成地球上最富的国"。

当然，三民主义也有很多的弱点。

比如不敢和帝国主义叫板，甚至还幻想着获得它们的支持；比如在对外宣言中，表示承认清政府与帝国主义订立的一切不平等条约，照旧偿还清政府所欠的外债；比如虽然提出了平均地权，但没有彻底的土地纲领，无法满足农民对土地的需要……

7. 两年大论战

同盟会成立后，资产阶级民主革命运动开展得风风火火，这让以康有为、梁启超为代表的资产阶级改良派极度惊慌和恐惧。

如果革命成功了，那个曾让他们感动得一塌糊涂的皇帝自然也没有了，显然，改良派不愿看到这一天的到来。

当时，改良派的舆论阵地是《新民丛报》，在海外华侨和国内资产阶级中仍有很大的影响。对此，革命派为了扫清思想障碍，剥开改良派反革命、反共和的皮，以《民报》为主要阵地，与其在1905年至1907年之间，展开了一场大论战。

这次论战的中心战场在日本，其他地方如香港、檀香山、温哥华等地也有一些相对较小的论战。

归纳起来，此次论战有以下几个特点：规模较大、时间较长、阵线分明、争论激烈、影响深远。论战内容很广泛，但主要是围绕同盟会提出的三民主义纲领进行的。

《新民丛报》是梁启超宣扬君主立宪、反对民主革命的重要阵地，1902年2月由梁启超创办于日本横滨，1907年冬停办，共出版96期。

一、要不要暴力推翻清政府

改良派认为，满汉已经一家亲了，不存在什么民族歧视和民族压迫。清政府虽有缺点，但和历史上的其他朝代相比，已经是"古今至仁之政"，"举国人民，其在法律上本已平等，无别享特权者"。因此，稳定是现在压倒一切的任务，你们革命派如果再这么闹下去，势必会造成天下大乱，甚至会招来帝国主义的干涉，以至亡国灭种。

革命派则用事实说话，列举出许多清政府实行民族压迫、专制统治和反动卖国罪行的证据，弄得连改良派看了都觉得有点脸红。革命派指出，革命又不是挠痒痒让你爽，流血牺牲是避免不了的。与其让列强把我们瓜分，不如赶紧把清政府拉下马，好实行富国强兵之策来对抗帝国主义。长痛不如短痛，反正清政府这一刀迟早是要挨的。

二、要不要实行民主政治

改良派又说，国人整体素质低下，几千年来一直当惯了奴才，你突然之间给其一个国民的身份，让他们去投票，我估计都会去投给自己。所以在我们看来，"与其共和，不如君主立宪；与其君主立宪，又不如开明专制"。

革命派则回应道，自由、选举这些都是天赋人权的东西，由君主专制到民主共和也是"进化之公理"，不可抗拒。国民素质低不怕，革命成功后，有的是时间改造，没有谁一生下来就是三好学生啊。至于你们所说的开明专制，我估计连你们自己都不信，专制就是专制，前面加上"开明"俩字你以为性质就能变了？

三、要不要改变封建土地所有制

改良派坚决反对土地制度的改革，他们认为所谓平均地权，其实就是煽动"下等社会"闹事。土地私有这件事已经上千年了，如果不合理的话早就进行不下去。既然这种形式存在，就说明它合理，就应当受到保护和发展。

革命派反驳说，土地掌握在少数人手里，你居然能昧着良心说

此图描绘了孙中山与陈嘉庚在晚晴园中初次会面时的情景。为了祖国的革命事业，陈嘉庚积极筹款，并在1910年加入同盟会。辛亥革命后，陈嘉庚担任福建保安会会长，筹款支援福建，稳定了当地局势。

合理？大家都是人，我又不比你缺少什么零件，凭什么你富我穷。而作为财富的重要表现形式——土地，只有让大家都享受到它的好处，才能共建稳定的社会。而实现这个目标的最好办法就是平均地权，以便让国家用土地溢价的资金来进行一个合理分配。

最后，这场持续两年的大论战，以革命派的胜利而结束。

革命派的胜利不是哪个裁判说的，而是根据论战的结果来进行判断，也就是说看看辩论双方有没有达到自己的目的。

很显然，改良派越来越没有底气，最后除了自己，连个鼓掌叫好的都没有。而革命派，不仅通过这场辩论使民主革命思想得到进一步的传播，为即将到来的资产阶级革命高潮做好了舆论准备，而且使越来越多的人投身革命，这扩大了革命影响，壮大了革命阵营。

8. 一个令人疯狂的年代

同盟会成立后，革命派也算是有统一的组织，干劲儿比以前更大了。

他们一方面利用《民报》及其他报刊大造舆论声势，一方面派人回国，发展革命组织，联络会党和新军，不断发动武装起义。

首先爆发的是萍浏醴起义。

萍浏醴是萍乡、浏阳、醴陵三地的简称，地处湘赣交界处。这里天高皇帝远，非常适合会党生存，比较著名的会党(其实就是具有反清性质的民间组织)是哥老会。

1904年，哥老会老大马福益被黄兴说服起义，结果事败被杀。哥老会就此与清政府结下梁子，发誓要替马福益报仇。但找清政府报仇不同于找仇人报仇，目标太大，且风险很高，万一失败了，自己被杀不怕，就怕子女受牵连，以后连前途都会受到影响。

恰在这时，同盟会会员刘道一(原华兴会副会长刘揆一的弟弟)和蔡绍南来了。他们对哥老会的弟兄说："现在湖南、江西正发水灾，遍地饥馑，米价飞涨，民怨沸腾，正是起义的好时机。现在大家可以分头行动，多联系一些人，像萍乡的煤矿工人，醴陵的驻守清军，都可以争取过来。我们这次吸取上次失败的教训，争取一举成功！"

于是哥老会再次接受了革命党的领导，大力宣传革命的好处，群众也都很拥护。经过讨论，这次起义的时间定在农历十二月底清朝官府封印后。

然而，由于起义的声势闹得有点大，官府想假装看不见都不行，就不断派人突击搜捕，一些会党的头目先后被捕杀，连起义的总机关也遭查抄了。鉴于这种情况，以哥老会新老大龚春台为首的一帮兄弟于1906年12月3日在麻石提前起事。

起义的军队定名为"中华民国革命军南军先锋队"，由龚春台任都督。他们到处张贴揭露清政府投降卖国的广告檄文，要求大伙儿联合起来，推翻清朝统治，建立一个"与四万万同胞享平等之利益，获自由之幸福"的共和国。

起义的消息传出后，革命党人精神为之一振，在日本的同盟会会员有不少要求回国响应。很多农民、矿工也都纷纷主动要求加入，"不数日而集众数万人"。

清政府看到这种情况，急令两江总督、湖广总督、湖南巡抚和江西巡抚先后调集四省军队及地方驻军"团勇"近5万人对起义军进行围剿。美、英、德、日等国也派军舰来到岳州进行呐喊助威。

起义军与清军交战了近一个月，大小战争打了20余场，但还是寡不敌众失败了。龚春台估计是吸取了马福益的教训，潜走长沙。刘道一、蔡绍南被捕牺牲。

萍浏醴起义是同盟会成立后第一次规模较大的起义。既然是第一次，那意义自然是非常重大的，不仅振奋了人心，还增强了同盟会领导武装起义的信心。

不过，这时起义失败其实不是重要的，因为在日本，同盟会正发生一场严重的分裂危机。

事情的起因是日本政府按清政府的强烈要求，将在日从事革命活动的孙中山驱逐出境。这本来也没什么，孙中山又不是第一次遇到这事。可问题出在当孙中山离开时，日本友人给他捐赠2万多日元这事上。

而孙中山呢，收到钱后只给《民报》留下两千元经费，其余的则全部带走。这让向来饱受经费之苦的《民报》主编章太炎大为光火，他认为，这些钱是送给革命党的，不是送给你孙某人的，你这样一人独大，公款私用，还闹什么革命？不干了！于是，以章太炎为首的浙江派宣布脱离同盟会，恢复他们以前的"光复会"。

其实这事，孙中山确实做得欠妥，毕竟同盟会不是江湖门派，可以一个人说了算。但要说孙中山成心私吞公款，可能性也几乎为零——他要是真为了钱，早随他哥做农场主了。但不管怎么说，从这件事可以看出，同盟会本身还是存在很大问题的。

好在这事也没有闹到不可收场，光复会退出后，孙中山与汪精卫、胡汉民等人在南洋另组总部；而黄兴则继续支持孙中山。随后，在接下来一年的时间里，革命党人在我国南方沿海、西南边境等地区先后发动了六次武装起义：广东潮州黄冈起义（1907年5月）、七女湖起义（1907年6月）、钦廉防城起义（1907年9月）、镇南关起义（1907年12月）、钦廉上思起义（1908年3月）、云南河口起义（1908年4月）。

这些起义都选择在沿海边境地区进行，不是为了发动群众，而是为了更方便从海外接济武器。他们的计划是，先夺取两广，再挥师北上，然后一举推翻清政府。至于结果，自然是全都失败。

当同盟会进行武装斗争的时候，已分裂出去的光复会也没闲着，其中最为活跃的要数秋瑾和徐锡麟发动的浙皖起义。

秋瑾立像。

秋瑾（1875—1907），字璿卿，号竞雄，又号鉴湖女侠，浙江山阴（今绍兴）人，常以花木兰、秦良玉（明末女性军事统帅）自喻，性豪侠，喜男装。

她出生在一官宦人家，自幼随兄读书家塾，好文史，能诗词，十五岁时跟表兄学会骑马击剑。1894年，秋瑾由父母包办婚姻，嫁给湘潭富绅子弟王廷钧，婚后生有一子。

1900年，上进心极强的王廷钧花钱买了个户部主事，带着秋瑾赴京，不料刚好赶上八国联军作乱，只好折回老家。次年秋瑾又生下一女。

但已为人妻、已为人母的秋瑾并不甘心一直做个家庭主妇，终于在1904年夏冲破封建家庭的束缚，自费东渡日本留学。在日本，秋瑾一边在日语讲习所恶补日文，一边倡导妇女解放、男女平等思想，并结识鲁迅、陶成章等人。

1905年秋瑾回国筹措学费，经陶成章介绍，在上海认识光复会会长蔡元培；回绍兴时又认识了徐锡麟。随后，经陶、徐介绍加入光复会。同盟会成立后，秋瑾经"洪门天地会"的老大冯自由的介绍，加入同盟会，并被推为评议部评议员和同盟会浙江主盟人。1906年底，萍浏醴起义发生后，她与同盟会会员杨卓林等人意图在长江流域各省响应，并负责浙江方面的发动工作。

1907年春，秋瑾回绍兴主持大通学堂，积极联络会党、新军和青年学生，秘密组织光复军，并与安徽巡警学堂的光复会会员徐锡麟约定，将于这一年的7月6日（后改为7月19日）同时在浙江、安徽发动起义。

徐锡麟与秋瑾是同乡，早年在一所中学当老师。1904年冬，支持革命的他因事路过上海，正好碰上蔡元培、陶成章组建光复会，就赶趟加入，且成为光复会的主要领导人之一。

1904年，徐锡麟、龚宝铨等光复会成员在日本的合影。右一为徐锡麟。

此后，徐锡麟就把干革命当成日常的主要工作，他见外围革命起义屡次失败，就纳粟捐官，潜伏进清政府内部，以候补道员的身份充任安徽巡警学堂监督及巡警会办。

谁知由于别的会党先期发难，打乱了他们的起义计划，徐锡麟感到形势紧张，就于7月6日利用巡警学堂毕业典礼的机会，枪杀了安徽巡抚恩铭。随后，他又率领巡警学堂数十名学生进攻军械所，结果失败被捕杀。

徐锡麟起义失败后，与光复会关系密切的绍兴绅士胡道南趁机出卖了秋瑾。不过秋瑾也没打算跑，她遣散众人后，与少数学生持械留守学堂进行抵抗。秋瑾被捕后，牺牲于绍兴闹市区轩亭口。

秋瑾在被捕前说过一句话："革命要流血才会成功。"她选择了和谭嗣同走同一条道路。

最后再介绍一下广州黄花岗起义，这个起义的影响最大。

黄花岗起义前不少革命党人的情绪不是特别好，甚至有些人表现出悲观失望的态度。

导致这种情况出现有几个原因：一是自同盟会成立以来，大小起义举行了十来次，却没有一次成功的，使会员的积极性大为削减；二是清政府越来越"重视"革命派了，以后起义会更加困难；三是在以往的起义中以会党为主力，效果不太好，用他们喊口号还行，指望其推翻清政府，太不靠谱；四是失败的起义感觉还没有失败的暗杀有影响，如前段时间汪精卫、喻培伦、黄复生等人去北京谋炸摄政王载沣，虽然失败了，但是震动很大。

针对这种情形，孙中山为了给大家鼓气，1910年11月，在马来半岛的槟榔屿召开会议，黄兴、赵声等同盟会骨干以及当地的一些革命党人参加会议。

会上，孙中山说："这是黎明前的黑暗，希望大家不要灰心，想当年我一个人闹革命的时候，几乎被全世界都给抛弃了，但我还是挺过来了。今天的局面要比我那时候好很多，革命风潮已盛，华侨思想也已开，再加上慈禧已经死了，就凭摄政王那几个跳梁小丑，坚持不了多久的。所以只要我们鼓起勇气，乘此良机重谋大举，克复广州指日可待！"

众人一听孙中山说得很有道理，就放下心理包袱，开始讨论接下来的计划。经过商议，大部分革命党人表示同意再发动一次大规模的武装起义。

这次起义吸取以往的失败教训，决定以广州新军为主干，以革命党人500（后增至800）名为敢死队来进行。另外，要在香港设立统筹部，作为起义的领导机构，黄兴、赵声分别担任正副部长。

很快，大家积极动员起来，一方面在孙中山的带领下，去南洋和欧美华侨聚集区筹集款项，然后再从日本购买武器运回国内；另一方面派人在国内与各省革命力量进行联络，陆续在广州设立秘密机关数十处，直接与统筹部负责人进行单线联系。

经过一段时间的准备，1911年4月8日，统筹部在香港开会，决定于4月13日正式起义，兵分十路进攻广州，黄兴为总司令，赵声为副。但是，就在这一天，又发生了意外：同盟会会员温生才自作主张击毙署理广州将军孚琦，引得广州地方当局立即采取措施，全城戒严，起义陷入被动，部分秘密机关遭到破坏。此外，再加上美洲的款项和从日本购买的武器还未运到等一系列不利条件，使不少革命党人发生了动摇。

在这种情况下，黄兴只好冒险潜入广州，临时决定于4月27日发动起义，并将进攻计划由原来的十路改为四路，集中全部兵力攻打总督府。

4月27日下午，战斗开始，黄兴带领100多名敢死队队员，臂缠白巾，手执枪械炸弹，吹响海螺，直扑两广总督衙署。衙署卫兵进行还击，革命军枪弹齐发，击毙卫队管带，很快便攻下总督府。可这时两广总督张鸣岐已经逃往水师行台，黄兴等人找不到人，只好将总督府放火烧掉。

然后，起义军又兵分三路，前去攻打督练公所等地，不料黄兴这一路途中刚好与清军水师提督李准撞上了，双方便展开了激烈的巷战。黄兴右手食指一节被打断，于是就以断指继续射击（谁能想象这样的悍将曾经中过秀才）。战至最后，只剩黄兴一人时，他才避入一

黄花岗起义后，孙中山在芝加哥召集同盟会分会同志，商讨黄花岗起义善后及再度起义等事宜。图为孙中山在芝加哥与同盟会会员的合影。

家小店改装出城。

而另一路有位猛人叫喻培伦，在胸前挂着满满一筐炸弹，左手执号筒，右手拿手枪，不避子弹，奋勇当先，掷铅球一样扔炸弹，最后被俘遇害。

起义还是以失败而告终。事后，广州革命志士潘达微冒死收殓牺牲的革命党人遗骸72具，葬于广州郊外的红花岗，并将红花岗改为黄花岗，史称"黄花岗七十二烈士"。这次起义因而也称为黄花岗起义。

但这次起义的影响很大。孙中山后来总结说："事虽不成，而黄花岗七十二烈士轰轰烈烈之概，已震动全球，而国内革命之时势，实以之造成矣。"

写到这里，我在想，当时的爱国青年，虽然也喊口号，但如果需要献身，别管是否上有老下有小，都争着往前冲。

那真是一个令人疯狂的年代。

那真是一个令人热血沸腾的年代。

那真是一个令人向往的年代。

第 15 章

新政和预备立宪

给自己打制一副棺材

《钦定宪法大纲》颁布不久，

光绪帝和慈禧于11月中旬两天内先后归天。

光绪帝本想凭借自己年轻，熬也要把慈禧熬死，

没想到慈禧见自己不行了，

提前一天就用砒霜把他毒死了。

以往都是别人给皇帝陪葬，慈禧居然拉个皇帝陪葬，

从这一点来看，她比武则天牛！

1. 新政：慈禧的补天运动

义和团运动和八国联军侵华，慈禧差点成为"祸首"被列强列入黑名单。这让越老越怕死的她惶恐不安。

当时慈禧在逃往西安的路上就想，看来我大清真的是被世界给抛弃了，我这次要是能大难不死，一定得好好筹划一下未来，否则再来两次这种"长途旅行"，我这一把老骨头非散架不可。

《辛丑条约》签订后，清政府成为"洋人的朝廷"，从对抗走上了配合。清政府想，以前能管着我的只有天，现在多了列强，虽然有些别扭，但相信过段时间会好的。

列强则不愿清政府这么堕落下去，便劝诫清政府说，我觉得你不能再按照以前的套路来管理中国了。

以前我打你再怎么狠，你受的也是外伤，敷上药、缠上纱布，过段时间就好了。但是你现在内部危机很严重，这是内伤，谁也没办法，只能靠你自己去调整。话我就说到这儿，你还是好自为之吧。

清政府一听这话，才知道列强看重的其实是自己的家产，至于谁来管理这个家产，并不是最主要的，所以自己如果不求上进，恐怕连当列强马仔的机会都没有了。

于是，为了适应帝国主义的需要，为了应付严重的国内危机，为了更好地维护封建统治，1901年初，以慈禧为首的清政府高调宣布"变法"，推行"新政"。

为此，清政府还在4月特地成立一个督办政务处，作为规划"新政"的机构，命奕劻、李鸿章（李只干了三个月就死了，由袁世凯补任）、荣禄、王文韶等6人为督办政务大臣；5月，增派瞿鸿禨、刘坤一、张之洞为参赞，总揽"新政"各项事宜。

下面的大臣在接到朝廷"变法"谕旨后，积极响应，纷纷条陈自己的看法。

清政府就在这些奏折的基础上，于1901年到1905年，陆续颁布了一些"新政"措施，内容主要包括经济、文化、军事三个方面。

经济方面。抛掉以往重农抑商的老观念，鼓励发展工商业，颁布一些有关商业和奖励实业的法律法规，并在1903年成立商部，通令各省成立商会。在这个举措下，一些大、中城市涌现出一批"商绅"，大有取代"士绅"传统地位之势。

1901年8月，慈禧启程回京，她要求沿途的百姓对她伏地屏息。图为1902年美国杂志刊登的慈禧太后回京时，官员百姓跪拜的插画。

文化方面。主要有三块：兴学堂、派遣留学生、废科举。推行新政需要新型人才，那些读圣贤书的人肯定无法胜任这种工作。1902年初，清政府任命张百熙为管学大臣，将同文馆并入京师大学堂，颁布学制，令各省办大学堂，府设中学堂，县设小学堂，并多设蒙养学堂。学堂的优秀人员可选派出国（像前文所讲的陈天华等人就是借着这个东风留学日本的），学成归国后，可分别赏给进士、举人出身。当时出国留学渐成风尚，有些人获得不了公费留学的机会就自费留学（如秋瑾）。总之，那时留学是个时髦的事儿。废科举这事之前虽也有讨论，但是当1905年9月由袁世凯、张之洞、周馥、岑春煊等人再次提出来时，清政府接受了这个建议，决定自次年起废除延续了1300百余年的科举制度。

军事方面。改革军制，逐步裁汰旧式军队，仿照西法编练新军。清政府于1903年在中央成立练兵处，总管全国练兵事宜，编练新军也成为"新政"的核心内容。1904年，练兵处和兵部共同制定了一系

图为1909年法国《小日报》刊登的关于清朝新军的插画。

列章程,如选派陆军学生出国游学,规定陆军分常备军、续备军和后备军三等。1905年,清政府又统一了全国新军番号,计划全国编练新军36镇,但由于军饷不足,新军的编练没有按期完成。

值得一提的是,在编练新军的过程中,袁世凯的势力趁机崛起。

1901年李鸿章死后,清政府综合多方面的因素(主要是列强的意见),决定任命袁世凯为直隶总督兼北洋大臣。袁世凯于是大肆筹饷练兵,扩充北洋势力,到1905年,已编练成6镇北洋新军(全国到1911年才14镇),计六七万人。至此,一个以袁世凯为核心的庞大的北洋军阀集团逐渐形成。

但是,清政府的"新政"举措,不过是权宜之计。

表面上看,"新政"和戊戌变法有很多相似之处,但性质完全不同。连慈禧自己都说,所谓新政,不过是"琴瑟之改弦",封建主义的根本是不能变的。

就拿学制改革来说吧,很多新式学堂也就是在旧式学院或村塾上挂一块新招牌而已,教师还是以前的老学究,讲授的内容也仍是四书五经。

因此,"新政"顶多算是洋务运动的继续和发展。

2. 预备，立宪！

"新政"作为一块遮羞布，连自己都骗不过，自然无法遏制革命形势的蓬勃发展。鉴于这种情况，清政府于是使出第二个撒手锏，拉拢立宪派，实行"预备立宪"。

估计很多人看到这里不太明白，立宪就是立宪，什么是"预备立宪"？我能理解你的心情，因为"预备立宪"确实是清政府创造的一个新词，具有鲜明的清朝特色。

简单点说，"预备立宪"的意思就是：预备，立宪！

清政府"预备立宪"的念头不是突发奇想冒出来的，而是受日俄战争的启发。1904年，日本与俄国为争夺中国东北和朝鲜，发生了一场战争，战争的结果是日本胜利。

一般来说，这场发生在清政府自家院子里的战争，应该会让不少具有"爱国情怀"的大臣很愤怒。事实情况则相反，因为他们认为，弱小的日本居然战胜了更强大的俄国，这是君主立宪的结果。既然君主立宪这么好，我们清国为什么不能搞一搞？

于是1905年，慈禧在权衡得失后，接受一些大臣提出的变更政体的建议，实行立宪。但是当时朝野上下没有谁懂得立宪，清政府遂决定派人出国考察宪政。

考察宪政的人由宗室镇国公载泽、户部左侍郎戴鸿慈、兵部侍郎徐世昌、湖南巡抚端方、商部右丞绍英五大臣组成，于9月24日从正阳门火车站出发。谁知就在这个当口儿发生了意外（历史上很多事都是由意外组成，你要习惯这些意外），考察队伍遭到革命党人吴樾的自杀式炸弹的袭击。吴樾当场炸死，五大臣中绍英受重伤，载泽、徐世昌受轻伤。

图为1904年法国画报刊登的插画，描绘了日俄双方在旅顺激战的情景。

这一意外对出洋考察宪政的活动造成了一定的影响，此事不得不缓行。直到当年10月底，清政府才又把出国考察的事宜提上了议事日程，改由李盛铎、尚其亨顶替徐世昌、绍英，仍凑足5人，于12月分赴东西洋各国考察政治。

1906年8月，出洋考察的五大臣经由欧、美各国及日本考察后先后归国，拟出立宪方案。载泽在《奏请宣布立宪密折》中强调：立宪有"皇位永固""外患渐轻""内乱可弥"三大好处，主张立即诏定国是，仿行宪政。慈禧一看立宪这么好，非常高兴，在经过一番御前会议反复筹划后，于9月1日颁布"预备仿行宪政"的谕旨。

谕旨指出，立宪要坚持"大权统于朝廷，庶政公诸舆论"的原

1905年,《泰晤士报》记者乔治·莫理循拍摄的广西桂林官方举行关于立宪改革集会的照片,主席台上方还挂着"立宪万岁"的横额。

则,但因为"目前规制未备,民智未开",立马实施怕百姓消化不了,所以应先从改革官制入手,逐步制定法律、广兴教育、清理财政、整顿武备、普设巡警,作为实行宪政的"预备"。

中央官制改革的方案是:

一、军机处不变,一切规制,还按原来的样子。

二、设外务、吏、民政、度支等十一个部,每部设尚书一名,侍郎两位,不分满汉。

三、大理寺改名为大理院,掌管司法;增设资政院以"博采群言",用来听取群众呼声。

四、太常寺、光禄寺、鸿胪寺并入礼部,练兵处、太仆寺并入陆军部,等等。

从这个方案可以看出,官制改革的最大变化是名字的变化。而根据这个方案任命的军机大臣和各部尚书共计13人,其中满族7人,汉族4人，蒙古族1人，汉军旗1人。这在未改革以前是各部堂官满汉平列，现在"不分满汉"后，汉、满就变成三七开了。

至于像陆军部这样的要害部门，更是清一色的满族贵族。这让汉族官僚大为不满。清政府则表示，不满可以提出来嘛，于是为安抚某些人的情绪，就把握有实权的两广总督张之洞和直隶总督袁世凯同时调任军机大臣。

清朝本来只有革命党人在捣乱，现在更热闹了，连统治集团内部也开始变成一锅粥了。作为反击，各省的官绅纷纷发动了召开国会的请愿活动。清政府无奈，只好于1908年8月底宣布说，大家都别急嘛，既然是预备立宪，就应该有个准备时间，我这里向大家保证，以九年为限，九年后一定召开国会。为了表示我的诚意，你们看，这次我还拟定了一份文件，名字叫《钦定宪法大纲》。

于是，被誉为世界上最"牛"的一部宪法便横空出世了。

《钦定宪法大纲》的内容共计23条，主要如下：

君上大权

一、大清皇帝统治大清帝国，万世一系，永永尊戴。

二、君上神圣尊严，不可侵犯。

《钦定宪法大纲》书影。

三、钦定颁行法律及发交议案之权。凡法律虽经议院议决，而未奉诏命批准颁布者，不能见诸施行。

四、召集、开闭、停展及解散议院之权。解散之时，即令国民重行选举新议员，其被解散之旧议员，即与齐民无异，倘有抗违，量其情节以相当之法律处治。

五、设官制禄及黜陟百司之权。用人之权，操之君上，而大臣辅弼之，议院不得干预。

六、统率陆海军及编定军制之权。

七、宣战、讲和、订立条约及派遣使臣与认受使臣之权。国交之事，由君上亲裁，不付议院议决。

八、宣告戒严之权。当紧急时，得以诏令限制臣民之自由。

九、爵赏及恩赦之权。恩出自君上，非臣下所得擅专。

十、总揽司法权。

十一、发命令及使发命令之权。

十二、在议院闭会时，遇有紧急之事，得发代法律之诏令，并得以诏令筹措必需之财用。惟至次年会期，须交议院协议。

十三、皇室经费，应由君上制定常额，自国库提支，议院不得置议。

十四、皇室大典，应由君上督率皇族及特派大臣议定，议院不得干预。

臣民权利义务

一、臣民中有合于法律命令所定资格者，得为文武官吏及议员。

二、臣民于法律范围以内，所有言论、著作、出版及集会、结社等事，均准其自由。

三、臣民非按照法律所定，不加以逮捕、监禁、处罚。

四、臣民可以请法官审判其呈诉之案件。

五、臣民应专受法律所定审判衙门之审判。

六、臣民之财产及居住，无故不加侵扰。

七、臣民按照法律所定，有纳税、当兵之义务。

八、臣民现完之赋税，非经新定法律更改，悉仍照旧输纳。

九、臣民有遵守国家法律之义务。

另外还有"十九信条"，是对宪法的一些解读。

我们来分析一下，这部宪法分为两个部分，一部分是"君上大权"，共14条，一部分是"臣民权利义务"，共9条。"君上大权"，顾名思义，就是说明皇帝有哪些权力，其中第一条和第二条是其中心思想，概括起来8个字：清朝万岁，皇权神圣。"臣民权利义务"也有一个中心思想，概括起来三个字：要听话。

宪法的内容是参照1889年《大日本帝国宪法》制定的，删去限制君权的条款，剩下的都是自己喜欢的，与前面的"大权统于朝廷"相互呼应，浑然一体，让人不得不佩服清政府缜密的逻辑思维。

《钦定宪法大纲》颁布不久，光绪帝和慈禧于11月中旬两天内先后归天。光绪帝本想凭借自己年轻，熬也要把慈禧熬死，没想到慈禧见自己不行了，提前一天就用砒霜把他毒死了。以往都是别人给皇帝陪葬，慈禧居然拉个皇帝陪葬，从这一点来看，她比武则天牛！

光绪帝死后，3岁的溥仪继位，改1909年为宣统元年，由他的父亲载沣摄政。载沣性格懦弱，志大才疏，掌权后继续玩弄立宪游戏。

因为载沣反对袁世凯提出的很多新政措施，更因为戊戌政变中袁世凯出卖维新派，致使光绪帝被幽禁（光绪帝载湉是载沣的亲哥），所以他就借口袁世凯有"足疾"，把他给打发回河南老家养病去了。

与此同时，载沣打着"预备立宪，维新图治"的幌子，积极推行皇族集权的政策，宣布自己为代理大元帅，并任命他的弟弟载洵为海军大臣，载涛为军谘大臣（即参谋总长）。另外，为了稳定局势，笼络人心，载沣又诏令各省务必在1909年内成立谘议局。

清政府这一系列"预备立宪"的举动，受到康有为、梁启超等人的热烈欢迎，康有为甚至自作多情地说这是他多年来进行运动的结果。国内的其他立宪派也都纷纷活动，组织一些立宪团体，立宪运动进入高潮。

1909年10月，各省谘议局成立，这给立宪派利用谘议局的合法地位进行有组织的活动提供了有利条件。

1910年1月到10月，立宪派先后发动了三次大规模的请愿活动。第一次请愿要求在一年内召开国会，组成责任内阁，结果被清政府以时间不够和国民素质不高为由拒绝，坚持按照原定的9年期限，循次筹备。第二次请愿也被拒绝。等到第三次请愿的时候，清政府估计是烦透了，稍微放松一下口风，宣布说预备立宪期限由9年改为5年，即1911年成立责任内阁，1913年召开国会。

1911年转眼就到了，清政府果然在这年5月裁撤了军机处并组建内阁。但是，真当内阁组成后，立宪派想死的心都有了。

因为内阁的成员组成很有特点：庆亲王奕劻担任总理大臣，包括奕劻在内的13名内阁成员中，满族大臣8个（其中五个还是皇族），蒙古族大臣1个，汉族大臣4个。所以这个内阁也被称作"皇族内阁"。

内阁成立后，立宪派表示很不满意，要求重新组阁。

清政府对立宪派的要求也很不满意，你开什么玩笑，当初要求

1910年，北洋陆军第三镇步兵正在训练。

组建内阁的是你们,现在内阁好不容易组建起来了,你们又指指点点说这不行那不行,这朝廷是我们满人开的还是你们汉人开的?

好吧,清政府,和你比无赖我永远都是后辈,但你也别高兴太早,不要以为我除了催你立宪别的工作就不会做了,打明天起,我就准备干革命去!

于是,一些立宪派开始跳槽到革命派那里,清政府终于把能得罪的人都得罪完了。

第 16 章

辛亥革命

为他人作嫁衣裳

孙中山就任临时大总统，让袁世凯气得抓狂。
他本想用南京临时政府作为筹码逼清帝退位，
自己好就任总统，谁知半路杀出个孙中山，
弄得他好像是个多余的人似的。
好在这点挫折在袁世凯面前根本算不了什么，
你南京临时政府要兵没兵，要钱没钱，
真要是把我惹急了，就连同清政府一窝都给端了。

1. 武昌起义：逼出来的胜利

武昌起义的发生看似具有很大的偶然性，但仔细一分析，就会发现这是多种因素相互作用的必然结果。

武昌是武汉三镇中的一个（另外两个是汉口和汉阳），而武汉在当时是仅次于上海的中国第二大城市，再加上它向来以"九省通衢"著称，就更显得重要了。

这么重要的城市，帝国主义自然不会放过，所以武汉很早就成为帝国主义想要侵占的重要据点。在帝国主义侵略的过程中，武汉的资本主义发展也很迅速，另外，再算上清政府所代表的封建主义，这里的人民已经过早地承受了三座大山的压迫。

哪里有压迫，哪里就有反抗，因此在武汉发动起义，将会有特别好的群众基础。

可光群众基础好还不行，群众意识也必须得跟上。武汉地区的各种近代学堂的设立，吸引了不少知识分子。这些知识分子毕业后，要么出国留学，要么被清政府吸收进新军，所以说，武汉军队的素质在当时的中国绝对属于第一等。素质有了，意识自然也就有了，至于会形成哪一种意识，则需要看新军受什么思想的影响。

武汉地区最活跃的思想是革命思想。在武昌起义之前，革命党人已经在这里做了长期扎实的工作。当时武汉地区的革命组织是文学社和共进会，工作的内容主要是在湖北新军中进行具体的宣传和组织。

这里的文学社不是一个由文学爱好者组成的组织，它有过很多名字：日知会、军队同盟会、群治学社、振武学社，直到1911年初改名为文学社。文学社的社长是蒋翊武，副社长为王宪章，其宗旨是"兴

1908年武汉太平路的街景。

汉排满，推翻专制，驱逐满奴，夺回汉室江山"。

　　共进会是中国同盟会外围革命团体，于1907年8月成立于东京。主要领导人有张百祥、邓文辉、刘公、焦达峰和孙武等人，他们分别负责各部的具体工作。它以同盟会的总理为总理，以同盟会的纲领为纲领，但将"平均地权"改为"平均人权"。

　　1909年，回到国内的共进会成员孙武、焦达峰在汉口设立共进会鄂部总会，另在武昌设分机关，积极联络长江中下游的会党，秘密组成五镇军队。之后共进会自己也发动过一些起义，但都以失败告终，后来把工作的重点转向新军。

　　前文已经说了，新军的意识很高，就看受到什么思想的影响。文学社和共进会深入新军宣传，新军受到革命思想的影响，不少士兵和下级军官都开始倾向革命。武昌起义前，参加文学社和共进会的新军士兵已达5000多人，占湖北新军总数的三分之一左右。

　　1911年，广州起义和四川保路运动的风潮激荡全国，湖北革命党人认为可以利用这个好机会，再补踹清政府两脚，说不定就能把它搞倒了。

清末新军在编制和训练上，主要是模仿德国和日本，初期教官多为德国人，因此新军的军服也非常国际化和现代化。图为1909年法国画报刊登的关于清末新军的插画。

不过，鉴于以往起义的失败，也为了加强对湖北地区革命力量的领导，9月24日，在同盟会中部总会的牵线搭桥下，文学社和共进会进行了联合，成立了统一领导起义的机关，推蒋翊武为革命总指挥，孙武为参谋长，同时还拟定了将在10月6日进行起义。

因为这次起义规模比较大，蒋翊武等人没有把握，就派人到上海迎接黄兴、宋教仁、谭人凤等来湖北主持大计。但当时武汉与上海之间来回不像现在这么方便，派去的人也不知啥时候能请回黄兴等人，再加上部分新军和军官突然发生冲突，使清军加强戒备，他们只得延期发动起义。

然而，10月9日，孙武等人在汉口俄租界宝善里装配炸药时，旁边一哥们儿吸着烟在观看，不慎将未熄的烟灰弹进药盒，引起爆炸，孙武面部炸伤，被抬往法租界同仁医院诊治。俄国巡警闻声赶来，将起义用的旗帜、符号、文告、印信和革命党人的名册等全部搜去，起义计划败露。

湖广总督瑞澄（琦善之孙，与劳子乔、岑春煊并称"京城三恶少"）下令全城戒严，调集军队大肆搜捕。

情况十分危急。当天下午，蒋翊武、刘复基等人在起义总指挥部召开紧急会议，商定于当晚12点以南湖炮队的炮声为信号，同时行动，发动起义。但是当晚武昌城内戒备森严，武昌各革命机关全被查抄，刘复基、彭楚藩、杨宏胜等20余人被捕，蒋翊武逃脱，再加上各标营革命党人无法取得联络，所以起义没能爆发。

第二天黎明，瑞澄下令杀死刘复基、彭楚藩、杨宏胜3人，并继续下令按照名册搜捕革命党人，试图一网打尽。

一些革命党人感到，今坐亦死，举大计亦死，等死，死国可乎？于是决定自行联络，相约发动武装起义。

被逮捕的革命党人。

当晚，武昌城内的新军第八镇工程第八营的革命党人熊秉坤等人首先发难，打死反动军官，率领士兵夺取位于中和门附近的楚望台军械所。接着，步兵、炮兵、辎重各营和陆军测绘学堂的学兵也都闻风起义，齐聚楚望台。熊秉坤推原日知会会员、新军左队队官（相当于连长）吴兆麟担任临时总指挥，让他率领弟兄向总督衙门发动进攻。

战斗打了一个通宵……

最后，总督衙门、藩库等重要机关被占领。总督瑞澄慌忙从督署衙门后墙打洞爬出，逃上停在江边的"楚豫号"军舰。

起义军占领了武昌城，取得了首义的胜利。

11日晚和12日晨，驻守汉阳、汉口的新军也相继起义，武汉三镇完全为革命党人所控制。

2. 选个领导不容易

武汉是被占领了，但同时起义军也面临着一个问题：谁有能力统治这么大的一个城市并建立革命军政府？

当时，孙中山远在海外，黄兴和同盟会的其他重要领导人也分别在香港、上海等地。而组织这次起义的文学社、共进会领导人要么负伤(孙武)，要么牺牲(刘复基)，要么无法取得联络(蒋翊武、刘公)。因此熊秉坤、吴兆麟认为，不能一直这么群龙无首，应当请一个有名望的人出来主持，才能保住胜利的果实。

于是革命党人邀请谘议局议员和地方绅商举行会谈，共同推举新军第二十一混成协统领(相当于旅长)黎元洪为湖北军政府都督。

黎元洪(1864—1928)，字宋卿，湖北黄陂人。早年毕业于天津北洋水师学堂，后入北洋海军服役。甲午战争后他投靠署理两江总督张之洞，颇受宠信，曾三次被派往日本考察军事，由管带升为协统职位。

后来有不少史学家对黎元洪有点往黑了描，其实他这个人算不上坏，性格比较谨厚柔弱，能力也一般，但经历非常传奇，他是中国历史上唯一两任大总统和三任副总统的人。

因为黎元洪不是革命党人，作为清军的将领，在武昌起义当晚，他是持抵抗态度的，还亲手杀死两个响应起义的士兵。起义胜利后，他躲在四十一标三营管带谢国超家里，但由于他曾以军代表的身份参加过保路运动，所以给人的印象还算不错。

尽管如此，他还是觉得自己和革命党人是天然的敌人，因此当士兵把他搜出来送到谘议局时，他吓得面如死灰，说什么也不肯在就任书上签字。在被迫担任都督的最初日子里，黎元洪不反抗，不发

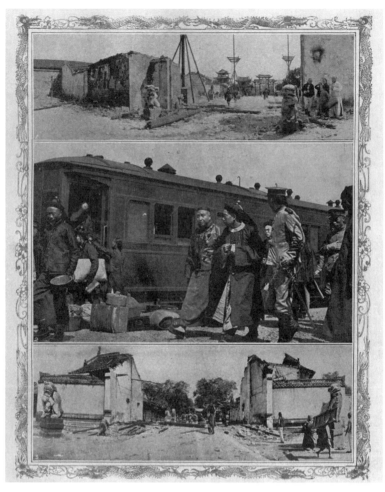

1911年,《伦敦新闻画报》对辛亥革命进行了报道,标题为《帝国官员起身赴任的理由》。图为清朝官员在军队的护送下从武昌出逃后抵达上海的情景。

话,一切文告均由别人书写,连他的签名也是别人代笔。

黎元洪不配合,但军政事务还需要处理。为了应对这种状况,起义时的骨干蔡济民、吴兆麟等15人组成了谋略处,担负起实际的领导责任,裁决一切重要事务。

谋略处议定,在谘议局所在地设立军政府,下设参谋、军务、政

湖北军政府。

事、外交4个部,分别由张景良、孙武、汤化龙和胡瑛担任部长。军政府宣布,废除清朝皇帝年号,改国号为中华民国,号召推翻清廷,建立共和政体。因此,在起义后的一个短时期内,革命党人还是握有相当大的实际权力。

然而,军政府的成立并不意味着革命最终的胜利,一些领导人也认识到,在不久的将来肯定会有一场恶战。那么在恶战来临之前,需要赶紧扩充自己的实力。

10月12日,军政府宣布扩充军队,成立4个协,附近城乡群众和一些学生表现得非常积极,纷纷前来应募,仅5天时间名额就已招满。

不过令人没有想到的是,敌人还没有来,军政府内部的争权夺利的斗争就已经打响了。

首先,黎元洪已经发现革命党人对自己没有什么恶意,于是就开始积极起来,以"开国元勋"自居,发号施令。其次,一些旧官僚和旧军官见军政府局面趋稳,有利可图,便纷纷混进军政府。最后,以汤化龙为首的立宪派则开始通过改组军政府的机构,排斥革命党人。

革命党人打仗还行，玩政治哪是这些人的对手，到最后，除了军务部还攥在自己手里，其他重要部门已完全为立宪派各个旧军官所控制。

10月28日，黄兴、宋教仁终于回到武汉。可惜晚了，领导的位置已经被瓜分完毕。宋教仁等人经过商议，提出让黄兴接任都督，位居黎元洪之上，谁知结果一出，就立即遭到吴兆麟等人的坚决反对。

宋教仁等革命党人退而求其次，又提出让黄兴担任总司令，和黎元洪平起平坐，但还是遭到立宪派的否决。

最后没办法，黄兴只好接受黎元洪的委托，担任战时总司令的职务，带领军队到前线挡子弹去了。

需要说明的是，武昌起义的发生是历史的必然，但是武昌起义的成功却带有一定的偶然性。

当时发动起义的那些革命党人，是抱着鱼死网破的心态去起义的，没想到一不留神居然成功了，更加没想到的是起义的影响会这么大——在不到两个月的时间内，内地18个省中便有14个宣布脱离清政府而独立，建立军政府。

虽然这些军政府几乎全被立宪派和旧官僚掌控，但是至少和清政府撇清了关系。

情况危急，北洋军又不听从调遣，无奈之下，清廷被迫"想起"了那个曾被罢黜的袁世凯。

3. 消防队员袁世凯

袁世凯毫无疑问是个权谋家。

他所居住的河南彰德洹上村，在他"回籍养疴"的这段时间里，洹上村俨然成了全国的政治中心。电报机夜以继日地工作，全国的报纸积案盈架，朝廷的大小事务全都难逃他的法眼。

当清政府手忙脚乱的消息传到袁世凯耳朵里的时候，他嘿嘿一笑，看来我的"清闲"日子快要结束了。

本来清政府也不想麻烦别人，"新政"这么多年，现在刚好是检验效果的时候。所以在武昌起义后，清政府赶紧派陆军大臣荫昌率领北洋军赶赴武汉镇压。

北洋军当时有6镇，人数8万，占全国新军三分之一还要多，且个个训练有素，装备精良，按理说灭一小撮革命党人还不跟玩儿似的。

——清政府永远都是这么自信、自恋。

荫昌作为清政府的一分子，也没太把武昌起义当回事，当年太平天国那么猛，还不照样给灭了。灭了太平天国不假，但那可不是你荫昌之流的功劳。

好在荫昌很快就发现事情没有想象中那么乐观，因为北洋军简直就是和湘军、淮军从一个模子里刻出来的。湘军的特点是只知有将令，不知有朝廷。北洋军也是，北洋军认可的将令只有一种，那就是袁世凯发出的。

袁世凯走了，但他培植的那些心腹可全都留在里面。

荫昌指挥北洋军进攻武汉，走一步退两步，按照这种速度，熬到退休估计也不会和革命党人照面。

清政府反应迟缓，帝国主义却不能坐视不管。武昌起义一爆发，列强就立即行动起来，准备把革命扼杀在摇篮里，也算是大家送给清政府的新年礼物。

几天之内，列强聚集在武汉江面上的军舰便已有十余艘，随时准备进行武装干涉。

但是革命形势的迅猛发展大大超出了帝国主义的预料，他们经过反复权衡，得出一个结论：清政府已经没救了。

于是列强很快转换一种方式，宣布"严守中立"，决定扶持在华新的代理人。袁世凯就是在这种情况下进入他们的视线的。

列强向清政府表示，这事只有袁世凯能解决。而袁世凯的爪牙也趁机四处活动，极力制造"非袁不能收拾局面"的舆论。皇族内阁只好召开会议，决定起用袁世凯平乱。内阁总理大臣奕劻连续致电袁世凯并派人到河南彰德，敦促他早日出山。

10月14日，清政府任命袁世凯为湖广总督，要他统率北洋军南

图为上海《东方杂志》刊登的袁世凯和三兄袁世廉在河南彰德洹上村垂钓的照片。左立者为袁世凯。

下镇压革命。而袁世凯这时却摆起了架子，老子脚疼还没好利索呢，再说我辛苦培植出来的北洋军又不是你清政府的消防队，怎么着也得让我把这几年窝在心里的火先灭了吧。

　　清政府见袁世凯耍起了无赖，只好做出让步，于27日任命他为钦差大臣，节制湖北海陆各军及长江水师，另外还拨银100万两充作湖北军费。随后，载沣又宣布开放党禁，解散皇族内阁，满足袁世凯成为内阁总理大臣的要求。

　　袁世凯的"足疾"不治而愈。

　　10月30日，袁世凯从彰德南下，次日在河南信阳接任钦差大臣，部署对武汉的进攻。但是此时全国形势已经发生了很大变化，很多省纷纷宣布独立，已掌握清政府军政大权的袁世凯遂决定采取两手策略：一手是借清王朝力量打击革命势力，一手是借革命力量要挟清政府。

图为1911年法国画报刊登的袁世凯回到北京，在火车站受到隆重接待的插画。

其最终目的就是既将革命镇压下去，又迫使清皇室交出政权，从而建立自己的独裁统治。

11月2日，北洋军攻陷汉口，焚劫市区，借此对革命党人施加压力。11月16日，袁世凯返回北京，组建责任内阁，主要成员都是他的亲信。这样，以袁世凯为首的北洋军阀集团代替了满族贵族的地位，掌握了大权。

清王朝实际上已有名无实。

与袁世凯踌躇满志所不同的是，革命军正承受着巨大压力。11月27日，汉阳失守，武昌也随之处于清军炮火的轰击之下。但是，在袁世凯的授意下，清军又只轰不攻，对革命派实行打中有拉的策略，力

图为1913年《中国公论西报》刊登的插画，反映了革命派与袁世凯方面议和时的场景。

图使之就范。

在这种情况下，湖北军政府中的立宪派、旧官僚慌了手脚，竭力主张向袁世凯妥协，少数服从多数，革命派最后也无奈，只好也同意与袁世凯停战议和。

12月18日，议和开始，袁世凯的全权代表是唐绍仪，革命派的全权代表是伍廷芳。双方谈判的主要内容是停战、国体和召开国民会议等问题。

在20日举行第二次会谈时，帝国主义直接插入，同时照会唐绍仪和伍廷芳，要求尽快和解、停止冲突。为了达到目的，列强在政治上拒绝承认南方革命政权，在经济上截留中国海关的全部税收，切断革命政府的主要财源。

所有的这些，都压得革命派喘不过气。最后，双方签署草约五条，主要内容是：确定共和政体；优待清皇室；先推翻清政府者为大总统。

袁世凯听到这个消息后很高兴，现在清政府的命运已完全掌握在他的手里，总统的位置可以说唾手可得。

4. 鸭子是怎么飞走的？

然而，就在这时，孙中山回来了。

孙中山多年来一直身处海外，但这并不影响他在革命党人心目中的至高地位。由于孙中山的崇高威望，很多人认为他的到来或许能改变革命派的被动局面。

当时甚至有许多报纸传扬他从海外带回巨资，资助革命。但孙中山则向中外记者说："予不名一钱也，所带回者，革命之精神耳！革命之目的不达，无和议之可言也。"

在当时，国内宣布独立的各省代表正集聚南京，商议召开临时大总统选举会议。

本来大家讨论的结果是，只要袁世凯逼迫清帝退位，即推举他为共和国临时大总统。而现在孙中山一回来，情况发生了急剧变化，革命派一致推选孙中山为临时大总统，立宪派和旧官僚也不敢公开反对。

到嘴的鸭子难道就这么莫名其妙地飞走了？袁世凯突然有一种前所未有的焦虑感。

12月29日，袁世凯最不愿看到的事情还是发生了，共有17个省代表齐聚南京，举行临时大总统选举，每省一票，孙中山以16票成功当选。而已成为临时大总统的孙中山直到两天后才从上海来到南京。

1912年1月1日，孙中山在南京宣誓就任中华民国临时大总统，宣告中华民国临时政府成立，定都南京，采用五色旗为国旗，以1912年为民国元年，改用公历。

在就职宣言中，孙中山提出以实现民族统一、领土统一、军政统

中华民国临时大总统选举会。

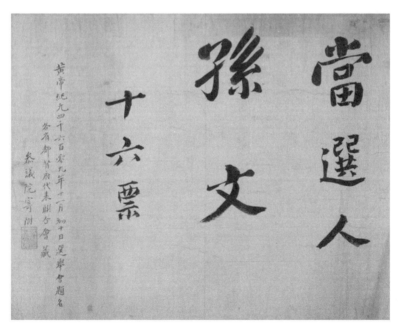

孙中山以16票当选中华民国临时大总统。

一、内治统一、财政统一作为行政方针，并表示奋斗目标在于"倾覆满清专制政府，巩固中华民国，图谋民生幸福"。

1月3日，各省代表选举黎元洪为临时副总统，并通过了由孙中山、黄兴提出的包括革命派、立宪派和旧官僚在内的9名国务员名单。

9名国务员中，陆军总长黄兴、外交总长王宠惠、教育总长蔡元培三人是同盟会会员；实业总长张謇、交通总长汤寿潜为浙江立宪派首领；内务总长程德全、司法总长伍廷芳是旧官僚；海军总长黄钟英是起义的舰长，财政总长陈锦涛是当时的"理财专家"，曾在清政府中任职。

根据同盟会设计的"部长取名，次长取实"的方案，由孙中山直接任命的各部次长、局长和总统秘书长等，除海军次长外，都是同盟会的重要骨干。

1月28日，作为立法机关的临时参议院在南京成立了，43名临时

1912年2月15日，孙中山携南京临时政府官员谒祭明孝陵时，向一众官员们讲话。

参议员中，同盟会占33人，立宪派不足10人。因此，南京临时政府实际上是一个由革命党人掌握的革命政权。

南京临时政府的成立，在中国近代史上有着非凡的意义，是自鸦片战争以来中国人民为了改变半殖民地半封建统治现状而斗争的结晶。

孙中山说，它的成立，是"我国有史以来所未有之变局，吾民破天荒之创举也"，引起了"全世界之注目"。

不过，以孙中山为首的南京临时政府，前后只存在了三个月。时间虽然短，但它颁布了不少有利于民族资本主义经济、资产阶级民主政治和文化教育及社会风气的法令。主要内容如下：

政治方面	经济方面	文化教育方面	社会生活方面
焚毁刑具，停止刑讯，通令保护华侨，禁止贩卖华工，严禁买卖人口，禁止蓄奴	奖励和保护工商业，鼓励人民兴办实业，鼓励华侨在国内投资，设立实业部，各省成立实业公司，废除清朝的苛捐杂税	学校不拜孔子，不读四书五经，教科书必须符合共和民国宗旨，禁止用清政府颁行的教科书	提倡"自由、平等、友爱为纲"的公民道德，革除历代官厅"大人""老爷"等称呼，禁止蓄辫、缠足、赌博

但是，南京临时政府当时在外交和财政上处境非常困难，资产阶级革命派认为，要想摆脱困境，首先须得到帝国主义的认可。于是，为了取得帝国主义的支持，临时政府承认清政府与列强各国签订的一切不平等条约继续有效。

遗憾的是，临时政府多次与列强交涉，都是热脸贴冷屁股，人家根本不买账。

5. 你栽树我乘凉

孙中山就任临时大总统，让袁世凯气得抓狂。

他本想用南京临时政府作为筹码逼清帝退位，自己好就任总统，谁知半路杀出个孙中山，弄得他好像是个多余的人似的。

好在这点挫折在袁世凯面前根本算不了什么，你南京临时政府要兵没兵，要钱没钱，真要是把我惹急了，就连同清政府一窝都给端了。

袁世凯首先宣称唐绍仪越权，先前和革命派达成的协议都不算数，并撤掉唐绍仪议和代表的资格，然后他唆使亲信段祺瑞、冯国璋和姜桂题等人发表通电，反对民主共和，主张君主立宪，表示誓死抵抗。

但孙中山也不是吓大的，他以前啥都没有就敢和清政府叫板，现在多少还有些资本，自然不会把袁世凯放在眼里。

1912年1月11日，孙中山不顾立宪派和旧官僚的反对，宣布亲任北伐军总指挥，派黄兴为北伐陆军参谋长，并制定了六路北伐讨袁计划。

北伐战争发动后，军心振奋，在安徽、河南、湖北等战场上连续取得一些胜利，大有直捣黄龙之势。但帝国主义看不下去了：我好不容易才挑选一个统治中国的代理人，你革命党倒是不见外，居然欺负到袁世凯头上了。于是，为了支持袁世凯，帝国主义继续把海关收入交给清政府，而对革命军则不提供任何帮助。这还不算，驻北京各国外交使团还宣布不准在京奉铁路五公里内战斗，且派兵驻守北京至山海关之间。

终于，在列强的大力干涉和立宪派的卖力拆台下，不少革命党人对未来失去了信心，被迫屈服。南北双方最后达成一个协议：革命党人同意让出政权，袁世凯同意宣布"共和"，并逼迫清帝退位。

袁世凯见革命派开始松动，就主张清政府和南京临时政府同时解散，由他另立统一的共和政府。孙中山对袁世凯担任总统不放心，拒绝了他的这个要求，但又迫于中外的压力，只好于1月15日表示说，只要清帝退位，我孙中山立即宣布辞职，推举你袁世凯当大总统，并可以重组政府。

袁世凯见大总统职位已经跑不掉了，就开始进行"逼宫"活动。清皇室自然不肯退位，一些皇族成员纷纷咒骂袁世凯是白眼狼。但骂显然不是解决问题的办法，现在是人为刀俎，我为鱼肉，整个朝廷都在袁世凯的掌控之下，把他骂急了，别说皇位不保，脑袋也有可能不保。

1月17日和18日，袁世凯率领全体阁员上奏，迫使隆裕太后召开皇族御前会议，议定方针。在会上，只有奕劻、浦伦等少数人愿意共和，载沣、铁良、良弼等多数人极力反对，并组成宗社党。但此时形势根本容不得这帮人继续纠缠下去，1月26日，京津同盟会会员彭家珍发动一起恐怖袭击，当场就炸死宗社党首领、军谘使良弼，宗社党成员纷纷作鸟兽散，逃离北京。与此同时，袁世凯也暗中指使不久前还通电"誓死反对共和"的段祺瑞，以及北洋将领40余人致电清政府实行共和，还威胁说，如果拒绝，"非但财不能保，杀身之祸，且在目前"。

清廷一看，再不同意，真有可能会步良弼的后尘，只好授权袁世凯与南京临时政府磋商退位条件。经过南北多次磋商，议定了清帝退位的优待条件，主要内容有：清帝退位后，尊号仍存不废，民国待以外国君主之礼；皇室费用每年400万元，由民国拨付；清帝暂居故宫，日后移居颐和园，侍卫照常留用；其原有私产，由民国特别保护；等等。

2月12日，清廷颁布了皇帝退位诏书，宣告统治中国260多年的清王朝结束。

接着，袁世凯致电南京临时政府，表示承认共和政体。2月13日，

袁世凯逼迫清帝退位场景。

孙中山向南京参议院提出辞职咨文,推荐袁世凯继任临时大总统。同时,孙中山还提出了袁世凯就职的三个条件:临时政府定都于南京不能变更;新总统在南京就职后孙中山及各国务员再行解职;新总统必须遵守临时政府颁布的一切法律和章程。

孙中山设定这三个条件有两个目的:一是建都南京,把袁世凯调离帝国主义和封建主义统治的老巢北京,以削弱他的实力;二是准备整个《临时约法》之类的东西来约束袁世凯,防止他实行封建军事独裁。这两个想法确实不错,但就是不知道袁世凯是否配合了。

2月15日,南京临时参议院举行选举,袁世凯以17票全票当选为临时大总统;随后,黎元洪被选为临时副总统。

好了,一切都准备妥当,就等袁世凯南下就职了。然而,孙中山一天好几封电报催促袁世凯,但就是不见他挪窝。孙中山隐隐觉得情况不太妙,只好派蔡元培、汪精卫、宋教仁等前往北京"迎接"(其实恨不得把他绑来)袁世凯南下。

2月27日,蔡元培一行到达北京,袁世凯安排了一场盛大的欢迎仪式。双方见面后,袁世凯首先表示,当总统这么好的事,他早已迫不及待了，但是现在北京还有点乱，等局势稳定，立即南下就职；然后就开始扯些没用的东西，比如南方好啊，南方的空气好，南方的气候好，南方的人民也好，就是不说啥时候动身。不过，尽管是这样，蔡元培等人还是认为应该能够圆满完成任务。

谁知就在29日晚，发生了一件"使团惊魂"的事情。当时蔡元培等人在迎宾馆正准备睡觉，突然外面枪声大作，夜幕中火舌蹿跃，宾馆"亦有士兵纵枪破门而入"，连他们的行李和文件都被劫掠一空。蔡元培进士出身，是个地道的书生，哪见过这种阵势，最后和其他人员匆匆遁入六国饭店躲避。

这件事历史上称作"北京兵变"，大多数史学家都认为是袁世凯一手策划的。袁世凯后来的所作所为也刚好能够印证，如兵变后，袁世凯一面向南京临时政府做出解释，"安抚"专使团，一面又操纵舆论，说北方大乱，商民不欲其南行，"函电吁留，日数千起"。一时间，"袁总统尚未离北京，已经闹到这个样子，若真离去，恐酿大乱"之语，成了人们的口头禅。

于是，立宪派、旧官僚、北洋军将领，或叫嚷着袁世凯不能南下，或通电主张把临时政府设在北京。甚至连临时副总统黎元洪也通电全国表态："舍南京不至乱，舍北京必至亡。"也建议袁世凯还是留在北京。

这样，蔡元培等人就变得进退两难，也不知怎么办才好。经过商议，蔡元培于3月2日向南京临时政府电告："培等睹此情形，集议以为速建统一政府，为今日最要问题，余尽可迁就，以定大局。"

3月6日，蔡元培又向孙中山报告称："北京兵变，扰及津、保。连日袁君内抚各处军民，外应各国驻使，恢复秩序，镇定人心，其不能遽离北京，不特北方人民同声呼吁，即南方闻之，亦当具有同情。"要求参议院迅即同意"确定临时政府之地点为北京"和"袁不必南行"之要求。

最后没办法，处于被动的孙中山只得做出让步。3月6日，南京临时参议院决议，允许袁世凯在北京就职。10日，袁世凯如愿以偿在北京就任临时大总统，任命唐绍仪为总理，负责组织第一届内阁。

图为1912年3月，法国《小日报》刊登的关于袁世凯就任中华民国临时大总统的插画，标题为《袁世凯剪下他的辫子》。

袁世凯在北京就职临时大总统，就很难被约束，于是孙中山只得把希望寄托在用法律限制袁世凯上面。

3月11日，孙中山在南京颁布了《中华民国临时约法》，这是中国历史上第一部资产阶级民主宪法，其内容主要有：

一、中华民国的主权属于国民全体；

二、国内各民族一律平等；

三、国民有人身、居住、财产、言论、出版、集会、宗教信仰等自由；

四、国民有选举权和被选举权；

五、确立行政、立法、司法三权分立的政治体制。

另外约法还特别规定实行责任内阁制，内阁总理由议会的多数党产生。总理对总统要办的事项如不同意，可以驳回；总统颁布命令须由内阁总理签署才能生效。

上面这段文字可以说是给袁世凯量身定做的，你袁某人不是要当总统吗？那好，咱们就实行责任内阁制，什么事并不是你一个人说了算。其实这个规定在没有武装力量和政权为后盾的情况下，简直就是废纸一张，袁世凯当总统前一人独大，若当上后权力被分割，那还不如不当。现在他既然敢接招，就说明他有对付《中华民国临时约法》的办法。

4月1日，孙中山正式解除临时大总统的职务。次日，临时参议院决议将临时政府迁往北京。辛亥革命的胜利果实就这样被转移到了袁世凯的手里。

不过，辛亥革命作为中国近代历史上的一次伟大的资产阶级民主革命，具有深远的历史意义：

一、辛亥革命给封建专制制度致命的一击。它推翻了统治中国260多年的清王朝，结束了中国两千多年的封建君主专制制度，建立起资产阶级共和国，推动了历史的前进。辛亥革命使人民获得了一些民主和共和的权利，从此，民主共和的观念深入人心。在以后的历史进程中，无论谁想做皇帝，无论谁想复辟帝制，都在人民的反对下迅速垮台。

二、辛亥革命推翻了"洋人的朝廷"，也就沉重打击了帝国主义的侵略势力。辛亥革命以后，帝国主义不得不一再更换他们的在华代理人，但再也找不到能够控制全局的统治工具，再也无力在中国建立比较稳定的统治秩序。

三、辛亥革命为民族资本主义的发展创造了有利的条件。民国建立以后，国内实业集团纷纷成立，开工厂、建银行成为风气。民族资本主义的经济力量在短短的几年内就有了显著的增长，无产阶级

《中国革命记》杂志陆续出版于1911年至1912年间,由上海时事新
闻报馆编印(有数册改署上海自由社编印),其于辛亥革命、南北
议和记叙较详。图为第一册的封面。

队伍也迅速壮大起来。

四、辛亥革命对近代亚洲各国被压迫民族的解放运动,产生了
比较广泛的影响,特别是对越南、印度尼西亚等国的反对殖民主义
的斗争起到了推动作用。

由于资产阶级的软弱性和妥协性,辛亥革命没有完成反帝反
封建的任务,中国半殖民地半封建社会的性质也没有得到彻底的改
变,革命果实被袁世凯窃取了。

第 17 章

袁世凯的皇帝梦

过把瘾再死

日本打到家门口，

这事就是搁在清政府身上也无法忍受。

袁世凯作为中国名义上的统治者，

从他镇压革命派的手段上来看，

应该不是包。

袁世凯的确不是包，

因为他是个让人想想就恶心的脓包！

1. 欲望是野兽

欲望是野兽，自控是牢笼。如果牢笼关不住野兽，会出现两种情况，一是野兽可能会伤人，二是野兽可能会被击毙。

袁世凯心中也有头欲望的野兽，不过从来没有被关起来过。这头野兽野性十足，伤过不少人，试图击毙它的人，多半被咬死了，试图关住它的人，多半自己被关在笼子里。然而有一天，野兽突然穿了一件人的衣服，混迹于芸芸众生中，不少人就感觉它不再危险，于是放松了警惕……

就是趁着这个机会，袁世凯开始了他孤独的欲望之旅。当上总统，无论对谁都可以说是事业的顶点，但袁世凯认为自己还很年轻，应该勇攀更高峰，若是找不到，在高峰上摆两个马扎站在上面也是好的。

然而，正当袁世凯站在马扎上以为自己海拔最高的时候，有一个人突然蹿上来，高度居然和他齐平(脚下没有马扎)。

这个人就是曾充当他全权代表与革命派议和的唐绍仪。唐绍仪虽是个政治掮客，也给袁世凯打过工，但他作为一个留美高才生，很看不惯袁世凯的军阀作风。

南京临时政府成立后，唐绍仪的思想立场趋向民主共和，随即经黄兴、蔡元培介绍，由孙中山监誓，加入了同盟会。袁世凯就任临时大总统时，迫于压力，不得不赞成共和，承认《临时约法》，同时还任命以为是自己亲信的唐绍仪为内阁总理。

唐绍仪领导下的内阁，军事、财政、内政、外交等要害部门自然是由袁世凯的亲信把持，但同盟会会员也没被批量排挤出去，以宋教仁为首的4个同盟会会员也分到了农林、工商、司法、教育等4个部

1912年唐绍仪内阁成员。前排右起：内阁总理唐绍仪、代外交总长胡惟德、海军总长刘冠雄、工商次长王正廷、教育总长蔡元培。后排右起：国务院秘书长魏宸组、司法总长王宠惠、陆军总长段祺瑞、交通总长施肇基、农林总长宋教仁。

门，如果算上唐绍仪，在10个内阁成员中，同盟会还是占到一半的。

袁世凯感觉很不爽。

在当总统之前，无论他说什么，哪怕打个喷嚏，下面的人都会循着声按照他的意思去执行。而现在，无论他干什么，唐绍仪都会提醒他要遵循《临时约法》，发布的命令需要内阁总理"副署"才能有效。

袁世凯感觉很烦。

1912年6月，唐绍仪利用自己的职权任命非袁嫡系的王芝祥为直隶都督。袁世凯知道后大为光火，指使北洋将领通电反对，并不经内阁副署，擅自发布改任王芝祥为南方宣慰使的命令。

向来以法律为标杆的唐绍仪哪儿受过这种窝囊气，把手一摆——老子不干了。

唐绍仪辞职后，同盟会4个内阁成员也跟着相继退出内阁。这刚好是袁世凯希望的，于是就任命"驯顺如羊"的外交总长陆征祥为内阁总理，但陆征祥向临时参议院补提的6个国务员却全部遭到否决。

袁世凯一看连参议院也与他作对，便发动军警利用流氓的手段对其进行威胁，说这事要不让我满意，老子就用武力把你们给解散了。参议院迫于压力，最后通过5名国务员，但随即又对陆征祥进行弹劾。

陆征祥胆子小，见两头都惹不起，就称病躲进医院，内阁总理便由袁世凯的亲信内务总长赵秉钧代理。

除了政治上控制责任内阁，袁世凯在军事上也加紧军阀专制统治。他见留守南京的黄兴握有重兵，就借口说财政没钱，养不起那么多的兵。

黄兴一听袁世凯这么说，就想养兵确实挺费钱的，现在满人统治已经换成汉人统治，革命目的算是达到了，省点钱可以用来搞建设，便不顾其他革命党人的反对，一口气遣散了十几万人的军队。

2. 宋教仁: 自主创业的楷模

袁世凯抢占权力高地, 革命派步步退让, 作为革命党人精神领袖的孙中山不可能看不到。

孙中山眼不近视, 自家的孩子受欺负了还能看不到? 他看到了, 但没有多问, 因为他很忙。

孙中山在忙着赚钱, 当然, 不是在为自己赚钱, 而是替"别人"赚钱。需要说明的是, 这里的"别人"指的是全国劳苦大众。

孙中山自从辞去临时大总统的职务后, 并没有选择舒舒服服做个寓公。他认为, 清政府被拉下台了, 《临时约法》也颁布了, 民族、民权两主义全都达到, 就差改善百姓的生活了(即民生主义)。

他在给宋教仁的信中写道: "若只从政治方面下药, 必至日弄日纷, 每况愈下而已。必先从根本下手, 发展物力, 使民生充裕, 国势不摇, 而政治乃能活动。"于是孙中山退为在野党, 经营实业, 专志于铁路建设。

袁世凯见孙中山远离政治, 非常高兴。虽然孙中山手里没有一兵一卒, 但他本身就是一门大炮, 瞄准谁谁都不会舒服。现在孙中山主动隐退, 正中袁世凯下怀, 于是袁世凯就授予他"筹划全国铁路全权"——只要你不碰军队, 爱怎么玩怎么玩。

孙中山、黄兴这些革命派元老被摆平并不意味着袁世凯路途平坦, 也有不买账的, 比如说宋教仁。

宋教仁是湖南桃源人, 从小爱读书, 但不爱科举功名。他上高中的时候, 不谈恋爱, 只谈革命, 后来与黄兴相识并成为挚友, 是同盟会的主要领导人之一。袁世凯接替临时大总统后, 宋教仁就任唐绍仪内阁的农林总长, 因不满袁世凯破坏《中华民国临时约法》的行

图为1913年《中国公论西报》刊登的关于孙中山和袁世凯谈判的插画。

为，辞去了农林总长职务。

宋教仁丢弃铁饭碗后，决定自主创业。1912年8月，在征得孙中山、黄兴的同意后，宋教仁四处奔走游说，以同盟会为基础，联合统一共和党、国民共进会、国民公党等几个小党派，组成国民党，推孙中山为理事长，黄兴、宋教仁、王宠惠等九人为理事。因孙中山未到任，委宋教仁为代理理事长，是国民党实际的主持者。

费那么大的劲儿成立国民党，宋教仁的目标很明确，就是要在国会选举中取得多数，组织责任内阁，来制约袁世凯的独裁。

1912年12月中旬，中国举行了有史以来的首次国会选举。当时获得登记的选民有4200多万，占全国人口总数的十分之一左右。

经过几个月马拉松似的竞选，第一届国会的选举结果出来了：参议院议席274个，其中国民党党籍议员123名，共和党55名，无党派44名，统一党6名，民主党8名，跨党者38名；众议院议席596个，其中国民党议员269名，共和党议员120名，统一党18名，民主党16名，无党派26名，跨党者147名。

由此可见，国民党在参众两院中均占绝对优势，使其不仅有单独组织内阁的能力，而且因总统也为两院选举，国民党甚至还有问鼎总统的可能。

宋教仁很兴奋，袁世凯很郁闷。

于是矛盾就有了。

3. 挖坑与填坑

虽然袁世凯一开始就知道《临时约法》是孙中山等人挖的一个坑，但是没想到这个坑会那么深，掉进去容易爬出来难。

更让人纠结的是，填坑的人不是孙中山，而是宋教仁，连个说理的人都找不到。

到了这个时候，作为一个赌徒，袁世凯有种走投无路的感觉。而赌徒如果走投无路，就喜欢铤而走险。

宋教仁就这样成了袁世凯铤而走险道路上必须要清除的障碍。

其实袁世凯也不是一开始就对宋教仁如此绝望的。唐绍仪内阁解散后，袁世凯曾试图拉拢宋教仁，希望他组阁并出任内阁总理。但宋教仁不想把自己变成一个木偶，就拒绝了袁世凯。1912年10月，宋教仁南下宣传，袁世凯又做一次努力，派人馈赠50万支票及衣物，让他随意支用，如果不够，还可以商量。宋教仁不为钱财所动，将支票退还。他的这种表现让袁世凯彻底绝望，使其认为宋教仁"非高官厚禄所能收买"，于是"暗生杀意"。

令人担心的是，宋教仁对这一切丝毫没有察觉。

1913年3月20日，宋教仁以国民党代理党魁身份，准备搭乘火车赴北京会见袁世凯。当晚10时许，宋教仁及给他送行的人抵达沪宁车站，在接待室暂作休息。10点40分，宋教仁等人刚走至车站入口的检票处，伴随着一声枪响，宋教仁用手摸着腰说："我，我中枪了。"

人群一片混乱，刺客趁机窜逃，宋教仁也很快被送到附近的铁路医院。宋教仁中枪后，神志还很清醒，他把好友于右任的头拉到胸口，喘息地说："我痛得很，恐怕活不下去了，今以三事奉告：一是所有在南京、北京及东京寄存之书籍，悉捐入南京图书馆；二是我本寒

中华民国早期所发的国民党党员证。

家，老母尚在，如我死后，请克强（黄兴）与公及诸故人为我照料；三是诸公皆当勉力进行，勿以我为念，而放弃责任心。"

从宋教仁的精气神来看，枪伤虽然很重，但应该不是致命的，所以只要诊治及时，活命的希望还是很大的。可谁知当把子弹取出来后，大家才发现子弹有毒，虽然流血不多，可宋教仁却十分痛苦，呻吟辗转，凄苦之情，惨不忍睹。

凌晨2时，医院第二次给宋教仁进行手术，把肠子缝补洗涤，取出食物及污血，然后合口，宋教仁几度昏厥，但一直没糊涂，只是反复地说："我为调和南北事费尽心力，造谣者及一班人民不知原委，每多误解，我受痛苦也是应当，死亦何悔？"另外他还在病榻上托黄兴代拟一电，向袁世凯讲述自己中弹经过和革命生涯，电文大意如下：

袁大总统你好！

我是宋教仁，本打算搭乘火车去北京见你，谁知被奸人暗算，子弹差点给我来个贯穿，现在已没有活着的可能了。在临死

图为1913年《中国公论西报》刊登的插画《实事乎，虚声乎》，作者在图注中表达了对国内政治形势混乱，会使得民主共和变质的担忧。而宋教仁之死即印证了作者当初的预言。

之前，我自己检讨了一下，感觉我这人还不错，就是以前参加反清革命运动，我也是重人道，守公理的，应该没得罪过啥人啊，也不知谁在背地里这么恨我。当然，我说这些不是贪恋活着，只是我有点死不甘心啊。所以最后希望袁大总统在我死后要好好落实《临时约法》，那样的话，我虽死犹生。

临死哀言，尚祈鉴纳。

从上面这封电文可以看出，宋教仁不但没有怀疑袁世凯是幕后黑手，而且还对其寄予厚望。两天后，宋教仁因伤势过重死去，他的朋友陈其美花了200银元给他买了口不错的棺材，算是一种心理慰藉吧。

宋教仁遇刺这件事轰动全国，袁世凯听到消息后表示"愕然"，电令江苏地方官吏"迅缉凶犯，穷究主名，务得确情，按法严办"。

地方官员接到大总统的命令后，非常重视，认为这是一个很好的表现机会，很快就把目光锁定在无业流氓武士英身上。

经过审讯，武士英交代，他是在两个月之前来到上海，经人介绍认识了江苏驻沪巡长应桂馨。应桂馨答应给他1000元，并拿出宋教仁的照片，让他行刺，并先付他30元。

根据这个线索，巡捕房对应桂馨的住宅进行了两次搜查，搜出手枪一支，子弹两颗，与车站拾到的弹壳同式。

此外还查出一批电报和信件。这些电报和信件表明，此案涉及国务院总理兼内务部长赵秉钧和内务部秘书洪述祖。

也就是说，几乎可以断定袁世凯就是真正的幕后指挥。

袁世凯高估了自己的智商，低估了手下人的办事水平。

"宋案"真相公布，全国哗然。孙中山此时终于看清了袁世凯的狰狞面目，有一种被糊弄的感觉，他说："事已至此，只有起兵，因为袁世凯是总统，总统指示暗杀，则断非法律所能解决，所能解决者，只有武力。"

孙中山再一次架起了他的大炮。

4. "二次革命":
混了顶"乱党"的帽子

　　然而，令孙中山没有想到的是，国民党内部意见参差不齐，包括他的老搭档黄兴在内的很多人对武装讨袁没有信心，主张以法律手段解决。

　　社会上反对的声音也很多，有人甚至直接指责孙中山等人是以讨袁为借口，实质上是为了权力之争，用革命的名义绑架全国人民。

　　孙中山只好把希望寄托在地方的武装力量上，但响应者也是寥寥。广东都督胡汉民忙着与陈炯明争夺地盘，顾不上考虑反袁；湖南都督谭延闿采取观望的态度；安徽都督柏文蔚准备向袁世凯妥协。

　　算来算去，只有江西都督李烈钧表示拥护孙中山的主张。

　　更为不妙的是，正当国民党人乱成一锅粥的时候，袁世凯则积极准备进行武装镇压。为了解决经费问题，1913年4月26日，袁世凯指派亲信赵秉钧等人与英、法、德、日、俄5国银行进行谈判，不经国会审议，签订了2500万英镑(约合2.5亿两白银)的借款合同。

　　这笔借款倘若扣除折扣和到期的赔款，实际袁世凯能拿到手的不过760万英镑，而规定47年还清的本利则为6785万英镑。尽管是饮鸩止渴，但袁世凯在做这个决定的时候并没有犹豫，真是应了"虱多不痒，债多不愁"那句话。

　　有了钱和国内外反动势力的支持，袁世凯胆子更壮了。他先向孙中山、黄兴等人泼脏水，说他们不顾人民死活，蓄意捣乱，扬言"彼等若敢另行组织政府，我即敢举兵征伐之"。其次他又借口说江西都督李烈钧、广东都督胡汉民、安徽都督柏文蔚等人曾反对他向

1913年3月25日,孙中山自日本回上海,当晚与陈其美、居正、戴季陶等会集黄兴寓所,商讨解决宋教仁被杀案的策略。图为孙中山与黄兴、陈其美、居正、戴季陶等人的合影。

列强借款,是不服从中央领导的表现,下令免去他们的职务。随后他派三路大军南下:段芝贵部由京汉路进攻江西,冯国璋部以张勋为先锋由津浦路进攻南京,倪嗣冲部由开封进攻安庆。

逼到这份儿上,革命党人躲是躲不掉,跑又太丢脸,只好硬着头皮应战。7月12日,被免职的李烈钧根据孙中山的指示,从上海回到江西,在湖口召集旧部成立讨袁军总司令部,正式宣布江西独立,并发表讨袁檄文。

"二次革命"正式爆发。

14日,黄兴在南京迫使程德全宣布江苏独立,次日组成江苏讨袁军。

17日,柏文蔚宣布安徽独立,组成安徽讨袁军。

18日,陈其美宣布上海独立,组织上海讨袁军。同日,陈炯明宣布广东独立。

福建、湖南、四川、重庆等省区也先后宣布独立……

形势看起来对袁世凯很不妙，但是一开打，形势不妙的就变成讨袁军了。不是讨袁军不能打，而是不配合打，原因是缺乏统一的领导核心，各地军队孤立为战。

江西李烈钧虽曾与广东、湖南、福建和安徽结成五省同盟，说好一省有事四省支援，但真等战争打响后，福建、安徽却一兵未发，广东的援兵则半路折回，湖南的援兵直到江西作战结束时还未赶到。

7月25日，湖口失守。

8月18日，南昌失守。

9月1日，南京失守。

接着，其他各地相继取消独立，持续近两个月的"二次革命"就这样虎头蛇尾地结束了。孙中山对这次革命的总结是："非袁氏兵力之强，实同党人心之涣散。"

但不管怎么说，成则为王，败则为贼，孙中山、黄兴、李烈钧、柏文蔚、陈其美、居正等人被扣上"乱党"的帽子全国通缉。

他们迫于无奈，先后逃往日本，再一次开始了流亡生涯。

5. 煞费苦心的转正

袁世凯在南方武力镇压"二次革命",按理说他对国民党的仇恨应该是如滔滔江水连绵不绝,又如黄河之水一发不可收拾。

不过奇怪的是,他并没有立即解散国民党议员占多数的国会。袁世凯留着这个国会显然不是为了给自己找不自在,但现在要真是把国会解散了,倒显得有点做贼心虚。

所以袁世凯决定利用这个合法的国会把自己的身份合法化,毕竟临时大总统听起来总有一种临时工的感觉,他的目的是要做正式的大总统!

袁世凯为增加自己当选正式大总统的筹码,极力拉拢进步党,并于1913年7月任命该党的熊希龄组阁。阁员除袁世凯的亲信外,还包括梁启超、张謇等社会名流,号称"第一流人才内阁"。

虽然有了属于自己的内阁,但袁世凯还是不能立即摘掉"临时"的帽子,因为根据《临时约法》规定,必须先制定正式的宪法,才能依据宪法再选举总统。制定宪法不是一朝一夕能够完成的,袁世凯哪儿等得及。

于是在他的授意和暗示下,1913年8月全国有19个省区的军事长官联名通电,"强烈要求"国会先选举总统,然后再制定宪法。

国会议员拿的是袁世凯发的工资,吃人嘴软,只好同意先选总统后制定宪法的提议,并且以极快的速度制定了一部《大总统选举法》。到了这个份儿上,已经没有竞争对手的袁世凯应该对总统的归属放心了吧,但是他没有。

历史闹剧就是在这种"不放心"的心态下制造的。

1913年10月6日是选举总统的日子,国会议员们不是第一次投

图为北洋军阀时期的北京总统府彩色明信片。袁世凯将总统府设在中南海，并下令将清朝时的南海宝月楼改建为总统府的正门，取名新华门。

袁世凯正式就任中华民国大总统后，与各国驻华使节合影。

票，这天早上就像往日一样正常来上班。谁知屁股还没把椅子暖热，他们就惊奇地发现国会外面黑压压地来了几千人，把国会大楼围得水泄不通。

这些人自称是"公民团"，成员比较复杂，有军警、流氓、兵痞等，但口号很统一："不将公民所希望的总统选出来，就别想离开国会一步！"

就这样，议员们从早上8点持续奋战十余个小时，两次投票都没有达到法定的四分之三多数（人缘差到这份儿上也不容易）。

不得已，只好进行第三轮投票，此时天色已晚，议员们一整天滴水未进，饥肠辘辘，最后实在熬不住了，才总算是把袁世凯选为大总统。

等选完后，时间已是晚上10点。

有学者认为，其实依照袁世凯当时的实力和声望，即使不派"公民团"，估计第一轮也就当选了。"公民团"的存在，不仅没有起到正面作用，反而激怒了一些议员，于是他们故意捣乱，选了三次才把老袁选上。

这就是独裁者或者有心要做独裁者的思维，歪门邪道走多了，即使正道能走得通，也不愿去走。

第二天，国会又选举黎元洪为副总统，需要说明的是，这回没有"公民团"参与。

6. 变种的帝制

袁世凯当上正式大总统，按照程序，宪法起草委员会又制定了一份"宪法草案"，规定总统受国会和内阁的制约，任期5年，可连任一次。

这样一来，袁世凯觉得，你国会选举我当总统，又限制我的权力，我花那么多的钱，费那么大的劲儿，结果只是把"临时"两个字去掉，别的并没有实质的变化。

于是按照这个逻辑，袁世凯认为作为敲门砖的国会现在实在是个多余的东西，不如一脚端开，省得以后闹心。

他首先指责国会利用"宪法草案"进行分权，是专制的表现，非常不利于国家统一和百姓生活的改善，便于10月25日通电各省"军政长官"，要求他们配合自己的步伐，联合反对"宪法草案"。

其次，袁世凯又在11月4日借口国会中国民党议员和李烈钧有过联系，是典型的吃里爬外，下令解散国民党，收缴国民党议员（包括跨党和脱党者）438人的议员证书、徽章，用釜底抽薪的办法使国会不足法定人数而无法开会。

最后，在1914年1月10日，袁世凯正式下令停止两院议员职务，宣布取消国会。各地方的自治会和省议会随即也被通令停办。

国会这个障碍就这样被清除了。

没有了国会，内阁却还存在。因为在解散国民党和国会的过程中，内阁是具体的操作者，扮演了重要的角色。但是"鸟尽弓藏，兔死狗烹"是历史的宿命，以熊希龄为首的内阁最终也没能逃脱"被烹"的命运。

1914年2月，袁世凯指使手下制造种种舆论向内阁发动攻击，熊

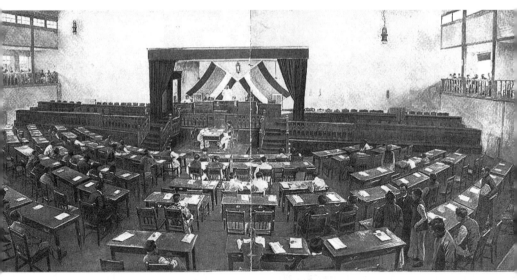

图为1913年法国画报刊登的关于中华民国成立之初议会的报道图片。

希龄被迫辞职。

1914年3月，由袁世凯的御用工具——政治会议——建议设立的约法会议召开。根据袁世凯提出的"修改约法大纲七条"，约法会议很快就炮制了一份所谓《中华民国约法》，并于5月1日正式公布，同时废除《临时约法》。

《中华民国约法》的内容很有意思，我这里大致对其进行一下解读。

一、改责任内阁制为总统制。

单看这一条是没有什么问题的，因为内阁制和总统制都是民主政治的表现形式，如实行内阁制的英国和实行总统制的美国民主化程度都非常高，关键是看你是否能利用好。

二、撤销国务院，在总统府内设政事堂作为办事机构，政事堂以"国务卿"为首脑。

这条内容乍一看也没有什么问题，尤其是当看到"国务卿"这三个字时，还真以为是在说美国的政治呢。事实上区别大了去了，因为美国的"国务卿"是美国国务院的首长，在国家的政治事务中有着非同寻常的地位和影响，而袁世凯的政权连国务院都撤销掉，"国务

1914年6月12日，中华民国参政院开院合影。

卿"其实就是一个摆设。再加上首任国务卿是袁世凯的把兄弟、清末"相国"徐世昌，它的存在不过是装点一下袁氏政权的门面罢了。

三、成立代行立法机关职权的参政院。

有了上面一条内容做铺垫，如你所猜，这里的参政院也是一个摆设。参政院的参政有70多人，由袁世凯任命，成员主要是清朝遗老和袁世凯的亲信。参政院开张后的第一件事是修订《大总统选举法》。

1914年12月29日，《修正大总统选举法》公布，其中规定：

一、总统任期改为10年，连选连任无限制；

二、总统任期届满时，若认为政治上有必要，不必改选，即可连任；

三、总统继承人由现任总统推荐，将继承人姓名写在"嘉禾金简"上，密藏于"金匮石室"中，等选举的时候拿出来照读。

这样一来，袁世凯不仅成为终身总统，而且可以把位置传给子孙后代，他现在和皇帝的唯一区别就是称呼上的不同。

7. "二十一条":
医治心病的代价

然而，称呼上的不同，还是成了袁世凯的一个心病。

作为身处权力最高峰的人，他越来越感觉寂寞，越来越关注自己缺少什么，而不是拥有什么。

他想来想去，觉得自己只缺少一个牛气的称呼。

这个称呼是"皇帝"。

但是当时主流的社会思潮是民主共和，如果要称帝，就等于转了一圈又回到原点。袁世凯当然明白这个道理，知道真当上皇帝恐怕会凶多吉少，可他想来想去也没能绕开，觉得自己该有的都有了，就是没有做皇帝的感觉。

于是，为了配合自己将来复辟帝制，袁世凯很早就掀起了一股尊孔复古的逆流。他下令全国人民都要尊崇伦常、恪守礼法，把孔子当成偶像进行顶礼膜拜。袁世凯在就任大总统时，还请来孔子的76代孙孔令贻向他祝贺。

1914年1月，政治会议决定恢复祀孔；9月28日，袁世凯身穿古代大礼服，头戴平天冠，亲率百官来到孔庙进行祭祀；12月23日，袁世凯又下令恢复前清的祭天制度，并模仿封建帝王亲自到天坛祭天。

谁知正当袁世凯为复辟帝制制造舆论的时候，第一次世界大战爆发了。欧洲列强忙于厮杀，暂时放松了对中国的掠夺，这给日本提供了可乘之机。

大家都知道，日本最喜欢也最擅长的是趁火打劫，它在一战中加入的是英、法、俄组成的协约国集团。利用这个身份，日本对德宣

1914年12月23日，袁世凯在天坛以大总统身份举行祭天典礼。他先乘汽车出总统府，在天坛圜丘坛门外换乘礼舆到昭亨门，然后换乘竹椅至坛前。

战，但不是带着一群士兵跑到德国打仗，而是派兵侵占德国在中国的势力范围——山东半岛。

日本打到家门口，这事就是搁在清政府身上也无法忍受。袁世凯作为中国名义上的统治者，从他镇压革命派的手段上来看，应该不是包。

袁世凯的确不是包，因为他是个让人想想就恶心的脓包！

当日本在山东半岛登陆时，袁世凯竟然双手一举，说自己保持"局外中立"，并划出一块区域，专供日本作战。

不懂客气的日本自然不会拒绝袁世凯的热情款待。

1915年1月18日，日本在占领青岛及胶济铁路全线后，向袁世凯秘密递交了灭亡中国的"二十一条"。

"二十一条"的内容主要有：

一、要求承认日本接管德国在山东所享有的一切权利，并加以扩大。（日本和德国在八国联军侵华期间也算是一个战壕的战友，一战时反目成仇，到了二战时又成为铁哥们，如此反反复复，恰恰应了那句"没有永远的朋友，也没有永远的敌人，只有永远的利益"。）

二、要求延长日本租借旅顺、大连及南满铁路、安奉铁路的期限为99年，并承认日本在东三省南部及内蒙古东部的特殊权利。（东北本来是中国的"骨肉"，俄国与日本都争着做"干爹"，"孩子"却没享到任何的福气。）

三、规定汉冶萍公司改为中日合办。（注意与今天的中外合资企业的区别。）

四、规定中国沿海港湾、岛屿不得租借或割让他国。（绵里藏针啊！）

五、中国政府须聘用日本人为政治、军事、财政等顾问；中国警政及军械厂由中日合办。

袁世凯一看条约内容，心里直犯犹豫，拒绝的话，日本定会把事做绝，同意的话，又等于自绝于人民。

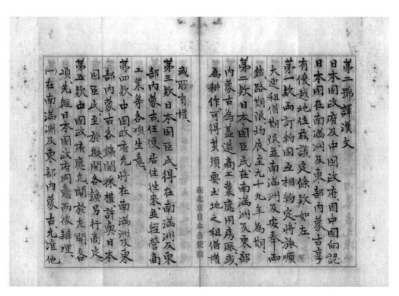

"二十一条"汉译原件。

日本似乎看出了袁世凯的心思，恩威并济地对他说："你就放心吧，这事绝对保密，只要你同意，我大日本帝国不仅不会为难你，以后还会对你进行精神和物质回报。否则的话，你们中国的那些革命党人在日本正没事干，我们万一把他们赶回国，你袁大总统恐怕别想再睡个安稳觉了。"

话既然说到这份儿上了，袁世凯权衡一下利弊，决定先让外交总长陆征祥、次长曹汝霖等与日本秘密谈判，然后在谈判的过程中故意把内容泄露出去，引爆国人的反日情绪。

果然，民众知道这个消息后，群情激愤，要么示威游行，要么抵制日货，要么"相戒不卖货物给日人"。

日本见事态严重，一面以支持袁世凯称帝引诱于前，以武力威胁于后；一面提出新案，并宣布第五项为希望条件，属于劝告性质，企图尽快把事情给完结。

1915年5月1日，日本政府删除了第五项要求，于5月7日向袁世凯政府发出最后通牒，限9日午后6时前答复。

袁世凯怕把日本给惹恼了，影响自己称帝，最后选择妥协，接受了日本提出的条件。

不过，由于后来国人的反抗愈演愈烈，"二十一条"并未付诸实行。

8. 终于如愿以偿了

"二十一条"事件结束后，袁世凯获得日本的支持，进一步加紧了复辟帝制的活动。

1915年8月，袁世凯的宪法顾问美国人古德诺在上海《亚细亚报》发表了一篇题为《共和与君主论》的文章。其主要内容是说中国人的知识水平不高，"无研究政治之能力"，相比于共和制，君主制更适合中国。

有了洋人舆论的积极配合，袁世凯的其他御用文人也迅速行动起来。

在袁世凯的示意下，杨度、孙毓筠、严复、刘师培、李燮和、胡瑛等6人(都是大腕)组织了"筹安会"，挂起"学理讨论"的招牌，援引古德诺的论断，把君主制夸成一朵花，硬是往袁世凯的光头上插。

在筹安会的联络下，各地文武官吏和商会团体不甘落后，纷纷派代表进京，探讨国体问题。他们在与袁世凯爪牙的默契配合下，很快通过投票达成了一致：主张君主立宪。

于是，袁世凯的亲信梁士诒抓住时机，主动出击，通过命令、收买等形式组织各种请愿团进京，有商会请愿团、妇女请愿团、农民请愿团、乞丐请愿团，甚至还有妓女请愿团，闹哄哄地拥到新华门要求袁大总统再高升一步，掀起了请愿实行君主制的风潮。

袁世凯见"民意"如此，便暗示亲信要把这些"请愿团"的价值发挥到极致。杨度、梁士诒等人明白老板的意思，收买各"请愿团"，组成"全国请愿联合会"。

9月16日，"全国请愿联合会"向参政院递呈请愿书，要求召开国民会议，解决国体问题。

1915年9月25日，孙中山与即将回国举行反袁革命的同志在东京民国社合影。

参政院紧急开了几次会讨论，但袁世凯等人仍然嫌进展太慢，最后只好决定不再召开国民会议，由"国民代表大会"来决定国体。在袁世凯的"努力"下，各地"代表"很快被选出。

12月7日，北京及各省投票推戴全部结束，先后上报参政院，并推定参政院为国民代表大会总代表。12月11日，参政院开会，举行所谓解决国体的总投票。"国民代表"共计1993人，分省进行国体投票，然后再将票汇集北京。

为了给这些代表营造一个良好的印象，所有代表均获赠巨额"川资"，吃住行全报销；所投之票一律印上"君主立宪"4字，实行记名投票。投票场所刀枪林立，武装巡查，将军、巡按发表演说，痛诋共和，称颂君主立宪，要求代表慎重从事，最后代表在监视人员的监视下投票。

在四川，据说每个代表桌上放有一支毛笔，一个墨盒，一盘刻有"赞成帝制"字样的绿豆糕。主席宣布投票意义后，众多监视人员手指墨盒和绿豆糕，迭声叫喊："写！"见有人沉思，更连叫："快写！快写！"场外士兵则将枪栓拉得哗哗响。

在这种"体贴"照顾下，国民代表们全都投票"赞成"拥护君主制。参政院在得到统计结果后，当天就以"国民代表大会总代表"的名义上书劝进袁世凯称帝。

袁世凯心花怒放，但嘴上却说："今若帝制自为，则是背弃誓词，此于信义无可自解者也。"表示自己不能称帝。参政院于是再次开会决定"再劝进"，不到15分钟就已草拟一份长达2000多字的第二次推戴书，当晚进呈。

看到这里，即使不熟悉历史的人也该明白其中的猫腻。历史上这种老把戏多了去了，当年赵匡胤也是"推让"几次才"勉强"答应做皇帝的。但是"推让"要有一个度，再一再二不再三，以两次为佳，否则就显得有点装了。

袁世凯不喜欢装，所以在参政院第二次"劝进"的时候便迫不及待地同意了。

12月12日，袁世凯高唱"民之所欲，予必从之"的口号宣布称帝；13日，在中南海怀仁堂接受百官朝贺，大加封赏，改国号为"中华帝国"；31日，袁世凯下令次年为"中华帝国洪宪元年"，准备于元旦举行"中华帝国皇帝"的登基大典。

复辟帝制的丑剧至此达到高潮。

9. 过把瘾就死

袁世凯称帝，依据的民意是从花钱找来的群众演员中得到的，可信度几乎为零。

在筹备帝制的阶段，袁世凯完全断绝了获取外部真实信息的能力，沉溺在一帮马屁精操控的虚假信息里。

按理说，以他的老江湖，断不可能发现不了其中的破绽。但他没有——不是不能发现，而是不敢和不愿去发现。

这种逃避事实的"鸵鸟心态"只能是自欺欺人，因为在袁世凯称帝的过程中，反抗的声音从来都没有消失过。

头号反对袁世凯的自然是以孙中山为代表的革命党人。孙中山等人自从"二次革命"失败后被迫流亡海外，一直在寻找袁世凯的破绽。谁知袁世凯破绽虽多，但都不太明显。

终于，当袁世凯的卖国活动和复辟帝制这两个辫子冒出来后，孙中山等人及时地抓住了。

1915年间，孙中山一面派胡汉民、许崇智等人前往南洋筹款，一面准备在国内发动武装起义。虽然起义仍旧是失败，但是起了一个很好的带头作用，不少势力在革命党人的联络下，开始进行或明或暗的反袁活动，这里面比较著名的有进步党和西南地方军阀。

进步党反袁的代表人物是梁启超。

梁启超曾是袁世凯的追随者，可追着追着发现老袁走岔道了，如果继续追下去就会山穷水尽没有路——即使有的话也是死路。于是他就未雨绸缪，配合全国人民的反袁思潮，斩将搴旗，和袁世凯对着干。

袁世凯称帝前，梁启超以笔为枪，写了一篇反对称帝的雄文《异哉所谓国体问题者》。袁世凯听说此文，让人以20万元的高价收买，想把这事给私了。当时的钱很值钱，城市的普通工人月薪也就十几块钱，按照购买力的话，20万元若换算成今天的人民币恐怕得以千万计。但梁启超没有见钱眼开，而是一口就给回绝了，说我不是为了钱，就是看你们这帮宵小把社会弄得乌烟瘴气不爽，写篇文章出口恶气。

《异哉所谓国体问题者》很快发表了，全国各大报刊相继全文转载，《北洋军阀史话》评价说："梁启超在当时，人们常说他的文字像利刃一样可以杀人，梁的政治立场在历史上评价是有问题的，可是他的文章却是荡气回肠，令人百读不厌，尤以《异哉所谓国体问题者》一文，对筹安会和袁称帝的打击，不下于蔡锷领导的护国之役。"

蔡锷（1882—1916），原名艮寅，字松坡，是梁启超的弟子。

梁启超公开反袁，具有民主思想的蔡锷自然也不甘落后。辛亥革命时，蔡锷曾被公推为云南都督兼民政长，年仅30岁，可谓年轻有为。

袁世凯"窃取"中华民国临时大总统后，政治野心不断膨胀，很注重与各地将领的"团结"，蔡锷更是重点拉拢对象，袁世凯就用明升暗降的手法把他调往北京任全国经界局督办，把他软禁起来。

蔡锷半身像。

蔡锷当时虽然经历了不少大风大浪，但是毕竟政治资历尚浅，很多问题看不透彻，对袁世凯抱有很大幻想，认为他"宏才伟略，群望所归"。哪知袁世凯烂泥糊不上墙，先签订卖国条约，后复辟帝制，把蔡锷的满腔热情浇成冰凌，终于迫使他决心以武力"为四万万人争人格"。

但是当时蔡锷身在北京，被袁世凯秘密监视，等于龙困浅滩，发挥不了自己打仗的特长。为了逃离北京，蔡锷很是费了一番功夫。他先是装出一副漠不关心政治的样子，经常去北京八大胡同喝花酒，与京城名妓小凤仙厮混，让袁世凯放松警惕；然后他暗中多次潜赴天津，与老师梁启超商量讨袁计划，并初步拟定了赴云南发动武装起义的战略设想。

1915年11月，蔡锷秘密离京赴津，打着治病的幌子东渡日本，随后绕了一大圈子，经台湾、香港、越南等地，于12月19日抵达自己的势力范围云南昆明，起兵讨袁。接着，在革命党人的策动下，云南各派迅速联合，形成了反袁统一战线。

1915年12月25日，云南宣布独立，组成讨袁"护国军"。几天后，云南都督府宣布成立，发布讨袁檄文，公布其19大罪状，推唐继尧为都督，蔡锷为第一军总司令，进军四川；李烈钧为第二军总司令，出兵两广；唐继尧兼任第三军总司令，留守云南，分兵攻打贵州。

护国运动全面爆发。

当时北洋集团的总兵力有38万人，而护国军总兵力只有2万多人，袁世凯信心满满，向外国公使保证，说云南不足为虑，半年内定可完全扑灭。然而，时局的发展与袁世凯的预料完全相反，他调集的与护国军作战的10万人马接二连三地吃了败仗……

就在这紧要的关头，帝国主义对待他的态度也开始随着形势的变化发生了变化——其实早在袁世凯酝酿帝制时，日、英、俄、法等国就一再警告袁世凯，说他变更国体或将"惹起意外之扰乱"，影响各国在华商务利益。结果袁世凯不听从列强"劝告"，引来起义，日本见风使舵，决定将他一脚踢开。

1916年1月16日，日本突然宣布拒绝接待袁世凯向日本天皇赠勋的特使周自齐，并责袁世凯"断行帝制，无视友邦劝告"，"日政府当然不能承认"。

更让袁世凯坐立不安的是，他曾一手培植的亲信如段祺瑞、冯国璋等人也发生了动摇。他们动摇的主要原因也是不满袁世凯复辟帝制,当初袁世凯出任大总统,按照宪法规定,要么到期卸任要么不小心挂掉,无论哪种情况,对他们来说也算是有接班的机会。而要是搞帝制,政府成了袁家世袭王朝,也就等于堵住了下属追求上进的道路。

于是乎,冯国璋暗中和护国军联络,段祺瑞托病退隐西山,徐世昌辞职而去等一系列的举动都在快速而高效地分崩离析袁世凯集团。不久,坐镇南京持观望态度的冯国璋密电江西、山东、湖南各省,要求袁世凯取消帝制,交出权力。3月19日,袁世凯看到这封密电,终于体会到了什么是众叛亲离,最后被迫于22日宣布取消帝制,次日废除"洪宪"年号。他前后共当了83天的皇帝。

帝制撤销后,袁世凯还想回到原点,继续做大总统。4月,他下令恢复内阁制,由段祺瑞组织责任内阁。当然,事情肯定不会有想象的那么美,全国舆论愤慨指出:"袁逆不死,大祸不止,养痈蓄疽,实为乱基。愿国人速以决心,再接再厉,扑杀此獠,以绝乱种。"

5月8日,进步党和西南军阀在广东肇庆组织护国军军务院,拒绝承认袁世凯为总统。9日,孙中山发表《讨袁二次宣言》,号召"除恶务尽",并指出"保持民国,不徒以去袁为毕事","决不肯使谋危民国者复生于国内"。冯国璋则在南京召开17省市代表会议,公开讨论袁世凯的地位问题,接着致电袁世凯劝其退位:"滇黔抗命,桂粤风从,民鲜安居,军无斗志……为今之计,惟有吁恳大总统念付托之重,以补救为先。已失之威信难返,未来之修名可立。及此尊重名义,推让治权……开诚布公,昭告中外。"

5月下旬,袁世凯自认为最可靠的亲信四川将军陈宦、湖南将军汤芗铭也相继宣布独立。他在得知陈宦、汤芗铭背叛的消息后,绝望地大叫一声"苍天亡我",就昏了过去。

6月6日,忧惧致病的独裁者、卖国贼袁世凯在国人的唾骂声中死去。

袁世凯死了,作为一个矛盾体在这个世界上消失了,有人曾对其一生做如下总结:他推崇西方文明,却拥有十房妻妾;他倡导教育改革,却相信儒学在控制民众方面的道德力量;他力行维新立宪,却

1916年，西南护国军反对袁世凯称帝，在广东肇庆组建军务院，代行国务院职权，为独立各省对内对外之机构。袁世凯死后，军务院宣告撤销。图为护国运动期间，军务院主要人员在肇庆合影。

1916年3月22日，袁世凯取消帝制。4月9日，孙中山、宋庆龄、廖仲恺等在日本举行"帝政取消一笑会"，图为参会人员合影。6月29日，黎元洪宣布恢复《临时约法》和国会。

出卖戊戌维新派；他身居大总统之位，却迷恋皇帝宝座；他签订"二十一条"，却提倡国货，实行"国有主义"；他背叛资产阶级共和国，却推行资本主义工商业政策和教育制度。

但无论如何，我们都应该看到，袁世凯其实并不是具有崇高理想的改革家，"而是一个追求现实目标的实用主义政治家。他一生中经常把新、旧东西捏成一团，为其所用。他相信一切都有如面团，只要糅合得好——与中国的具体情况相结合——就可以捏制出好东西。

晚清时，他的小站练兵、新政立宪是这样；民国时，他既祭奠孔子又纪念武昌起义，既赞扬荡涤迷信的科学又仿古帝王祭祀上天，既当大总统又搞专制独裁，或者既当皇帝又当'宪法'里的皇帝，也是这样。

他不相信那些从西方拿来就用的理想化的东西，比如'民主共和'，他认为它对某国人民是好东西，但在中国是给辛亥革命匆忙赶制出来的，不合时宜、不合国情，就是既可笑又可悲的坏东西"。

袁世凯刚开始的时候还算是一个有抱负的人，但随着地位的上升，他的野心也在膨胀。他忘记帝制权威已被辛亥革命打破了，而他

1916年6月6日，袁世凯逝世。图为袁世凯葬礼上的外国使节。

的武力也不足以保证地方军阀对他的服从。即使民国不是什么好东西，也并不意味着民众希望回到刚刚被推翻的帝制体制下。

很多民众其实并不懂得什么是共和，什么是专制，即使再出一个皇帝，或者旧皇帝再坐龙廷，也无可无不可，只要这个皇帝不追究他们脑袋后面有没有辫子。

不过，决定政治进程的，往往不是老百姓，而是有知识的中上层，包括清末民初那些喝了洋墨水的武夫军头们。

他们中的某些人，如果想保住自己割据一方的特权，反抗中央，则意味着反叛，但是，如果赶巧中央自己把总统换成皇帝，则给了他们一个反对开历史倒车的堂皇理由，只要有人揭橥这个大旗，至少在中国社会的中上层，就有了天然的合法性。或者说，袁世凯的洪宪帝制，等于是给了反对者一个合法反对袁世凯的借口。

关于袁世凯的失败原因，史学上有很多说法。我看到一个解读，很有意思，说袁世凯当总统之初，召开最高国务会议，经常有人迟到，一迟到就是很长时间。原来这些大佬们通宵聚赌。

袁世凯葬礼上送行的队伍。

但身为总统的袁世凯，就是不敢动硬的，将几个首要分子给免了。没有了君主，效忠就出了问题，体制的严整和秩序感，就难以建立。最后的失败，与其说对手强大，不如说是自身内部的分崩离析。

但归根结底，袁世凯后半生的失败还是毁在权力上。

因为权力有毒，世人往往经不起它的诱惑，一些不世之雄便试图操持权力之柄，却不知历历青史早已殷鉴，这条不归路通常功在己身，祸及子孙，而袁世凯命祚不永，竟将兴亡系于一身。

这难道就是传说中的因果报应？

在袁世凯的葬礼上，那个他曾经信任而最后却抱怨的杨度为其写了一副挽联：

共和误民国，民国误共和；百世而后，再平是狱。
君宪负明公，明公负君宪；九泉之下，三复斯言。

有意思？有意思。

第 18 章

军阀的纷争

玩的就是心跳

没有人鼓掌是因为大家都腾不出手来，

腾不出手来是因为所有人手里都攥着砖头。

这些砖头不是为复辟者铺路的，

而是专门用来拍人的。

张勋一看大家眼睛冒火，

方才明白自己复辟是用错了感情，

根本没几个人买账。

1. 老袁留下的摊子

袁世凯活着的时候，国家是一团糟，很多人都把这一切归咎于他。

后来袁世凯逆天而行，终于死了，不少人就认为糟糕的生活到头了，好日子即将开始。

于是大家就等啊等，结果越等越绝望——以前至少还有粥喝，现在连凉水都喝不饱。

袁世凯半身像。

因此，我们有时候不能把社会的好与坏归因于一个人。一个人的能量再怎么大，顶多是影响历史，但不能决定历史。

袁世凯的确是个非常自我的人，可他作为国家元首，也肯定想把国家往好的方面搞，只不过他能力有限，心有余而力不足。

其实袁世凯也有他自己的苦衷，我们表面上看他是一呼百应，威风八面，但家家都有本难念的经。

比如老袁刚当总统那阵子，召开最高国务会议，经常遇到有人迟到且一迟到就很长时间的情况，弄得他这个领导每次还得耐着性子去等。

而这些人迟到并不是遇到像堵车或者遇袭等不可抗拒的因素，只是他们通宵聚赌，起得晚了。

尽管如此，身为总统的袁世凯就是不敢和他们来硬的，顶多是罢免几个次要人物做做样子罢了。

在他这里，"水能载舟，亦能覆舟"中的"水"指的可不是什么百姓，而是那些平日里对他唯唯诺诺的下属。因为这帮人既然捧得起你，也就踩得起你。

但袁世凯毕竟不是一个俗人，他的死引起了当时中国时局的大地震。

首先受到影响的是他的那些狐朋狗友，兔死狐悲、物伤其类，以前都是大哥带着小弟出去觅食，现在大哥去了，兄弟们自立门户、自力更生，昨日称兄道弟，今天就有可能反目成仇。

其次受到影响的就是帝国主义列强，在他们眼里，袁世凯不过是一个能在"中国"替他们收保护费的马仔，尽管没有"清政府"好用，可至少大多数人还认他的名号。

袁世凯一死，列强们失去了在中国的共同代言人，又没有更合适的人，就只好各自寻找和培养自己的走狗。

最后受到影响的是革命党人，以前他们反对的目标很明确，那就是袁世凯，是个单数名词，现在不同了，他们要反对的对象是军阀，变成了复数名词，由一个变成了一窝。

2. 军阀是个什么东西？

军阀古已有之，按照《现代汉语词典》上的解释，军阀指旧时拥有武装部队，割据一方，自成派系的人。

历史上历朝历代都有军阀，比较著名的如三国时期的群雄和唐后期的藩镇。到了近代，军阀的形成和形态都和以往有很大的不同，不少军阀耐不住"寂寞"，不仅相互勾结，而且中外勾结。

在北洋政府时期，全国有大大小小军阀十几个，其中最大的当然要数北洋军阀。前文已提到过，北洋军阀来源于李鸿章的北洋势力，到袁世凯在天津小站编练新军时开始有了雏形。

但北洋军阀内部矛盾重重，派系林立，存在着以段祺瑞为首的皖系军阀和以冯国璋为首的直系军阀。袁世凯死后，皖系军阀和直系军阀谁也不服气谁，分裂日渐表面化。

主要军阀割据形势表

派系	代表人物	控制区域	背后靠山
直系	冯国璋、曹锟	江苏、江西、湖北	英国、美国
皖系	段祺瑞	安徽、浙江、山东、福建	日本
奉系	张作霖	黑龙江、吉林、辽宁	日本
滇系	唐继尧	云南、贵州	英国、美国
桂系	陆荣廷	广东、广西	英国、美国

段祺瑞(1865—1936)，安徽合肥人。他的祖父段佩早年与刘铭传贩过私盐，办过团练，镇压过捻军，当过淮军统领，可惜段祺瑞出生时家道已经败落。

1885年，清朝洋务派代表李鸿章创办北洋武备学堂，段祺瑞以优异成绩考入武备学堂，成为第一期预备生，被分入炮兵科。

在读书期间，段祺瑞"攻业颇勤敏，以力学不倦见称于当时，治学既专，每届学校试验，辄冠其侪辈，与王士珍等齐名于时"。

1888年冬，段祺瑞以第一名的成绩获得公费留学德国的机会，学习了一年半炮兵，还在著名的克虏伯兵工厂实习半年。回国后，他先后出任北洋军械局委员、武备学堂教官、北洋第三镇统制及江北提督等职务。

袁世凯当上临时大总统时，段祺瑞出任陆军总长，逐渐成为北洋军阀中仅次于袁世凯的二号人物，与王士珍、冯国璋并称为"北洋三杰"（即段虎、王龙、冯狗）。张勋复辟后，冯国璋代理总统，王士珍与段祺瑞一次聊天时说："段合肥，你我龙虎，竟连狗都不如，狗都能当总统，你我却什么都不是！"段祺瑞点头应道："甚是，甚是！"这当然是玩笑话，段祺瑞虽然打仗不行，但在军阀中周旋却是一把好手。

但不知什么原因，段祺瑞一生素无私产，全靠租房子住。袁世凯曾跟人玩牌，赢了一栋房子，就把它送给段祺瑞。可是输掉房子的人没给袁世凯房产证，等袁世凯死了，输家的儿子就拿房产证来闹。段祺瑞认栽服输搬走，继续租房子住。

在生活作风上，段祺瑞更是"不抽、不喝、不嫖、不赌、不贪、不占"，简直就是一个模范公民。因此总的来说，段祺瑞这个人还算不错的，并不像有些历史书上描绘得那样奸诈阴险。

冯国璋（1859—1919），直隶河间（今属河北）人，据说是明代开国勋臣冯胜的后代。他家境也不好，在亲戚资助下读过几年书，后经人介绍加入淮军。

1885年，冯国璋考入北洋武备学堂，与段祺瑞也算是同届校友。在学堂学习期间，冯国璋刻苦读书，每次考试都名列前茅，毕业时因成绩优异留校任教。

甲午战争期间，他随聂士成赴朝鲜及东北前线作战，战后得了个候补知县并加五品顶戴的虚衔。1899年袁世凯出任山东巡抚，冯国璋随军入鲁，并奉命改编原旧军，组成武卫右军先锋队二十营，成

段祺瑞半身像。

冯国璋半身像。

为袁世凯的铁杆亲信。

武昌起义爆发后，清廷派陆军大臣荫昌率北洋军南下镇压，又委任冯国璋为军统，率部增援。袁世凯当大总统期间，冯国璋先后任直隶都督兼民政厅厅长、江苏都督、陆军上将等职务。

多年的军旅生涯，使冯国璋认识到，兵是他的命根子。袁世凯死的时候，他坐镇南京，后来做副总统，依然赖在南京，不肯与他的部队分开。

黎元洪下台，冯国璋以副总统的身份接任总统，实在没法再待在南京，就带着1万多人的前禁卫军到北京赴任。

前禁卫军怎么会在冯国璋手里？这里需要再介绍一下他的另一个优良品质，那就是爱兵如子。

在清政府倒闭前，冯国璋曾当过一段时间的禁卫军总管，与禁卫军官兵出则同行，寝则同眠，没有半点官架子。更为难得的是，他还经常与官兵聊家常，谁家有喜必登门送上红包，谁家有丧必亲自戴孝。

仅仅两年时间，他不仅可以随口叫出这1.2万名士兵每个人的名字，甚至还能叫出不少士兵亲人的姓名，深受官兵爱戴。

冯国璋的付出得到了超值回报，清帝退位，这支禁卫军并没有

张作霖全身像。

阎锡山半身像。

张勋半身像。

唐继尧半身像。

真正解散，成了他的亲卫队。甚至在他死后数年，日军侵华，当日军一路顺畅来到冯府门口时，惊讶地发现1万余名工匠、农人、保安等自发手持各式武器守卫在冯府门口。

经过了解，这帮人原来是当年的禁卫军人，听说日军到来，怕

陆荣廷半身像。

劫掠冯府，就自发组织起来前往保卫。

介绍完段祺瑞和冯国璋，我们大致知道，这二人都是崛起于草根的实力派，一山不容二虎，真要是对干起来，肯定会非常热闹。当时段祺瑞得到的是日本的支持，握有中央大权，控制安徽、山东、浙江、福建、陕西等省；冯国璋以英、美为靠山，控制江苏、江西、湖北等长江中下游最富庶的省区。

此外，随着矛盾的激化，东北的张作霖，山西的阎锡山，徐州的张勋以及西南的唐继尧和陆荣廷都在一旁虎视眈眈，看谁防备懈怠了就上前揩点油，反正闲着也是闲着。

3. 互相拆台的结果

　　首先引起大家争执的是所谓新旧《约法》，新约法指的是袁世凯炮制的《中华民国约法》，旧约法指的是孙中山颁布的《中华民国临时约法》。

　　袁世凯死后，掌控北京政府实权的段祺瑞根据新约法以国务院的名义发布了一个由副总统黎元洪"代行"总统职权的通电。

　　结果这个通电遭到唐继尧等南方军阀把持的军务院、梁启超等进步党人、孙中山等原国民党人，以及北洋军阀内部的冯国璋等人的反对。理由是新约法不合法，应该根据旧约法由黎元洪"继任"总统。很多人看到这里可能不太明白，无论是"代行"还是"继任"，不都是黎元洪当总统吗？争论个啥啊。

　　当然要争论，因为"代行"和"继任"引出的结果看上去是一样的，但实质上区别大了。"代行"总统的意思是现在可能还没有合适的人选，你先干着，不过是暂时的，以后可能是你，也可能不是你；"继任"总统的意思是这个总统的位置就是你的，只要你别犯致命的错误或半道挂了，至少可以任满一期，不用担心有人说你非法赖在总统位置上不走。

　　段祺瑞一看反对的人乌泱泱得数不清，知道要是来硬的，自己很有可能就去追随袁大总统了，最后只好做出让步。

　　1916年6月，黎元洪顺利"继任"为大总统，随后又任命段祺瑞为国务总理兼陆军总长，补选冯国璋为副总统。北京政府以大总统的名义下令恢复《临时约法》，并宣布于8月1日召开国会。

　　在国会召开的过程中，有三股政治势力表现得非常抢眼：以原国民党议员为基础的"宪法商榷会"（即商榷系，主要成员有张继、吴

黎元洪戎装阅兵全身像。

景濂），由进步党议员组成的"宪法研究会"（即研究系，主要成员有梁启超、汤化龙），还有段祺瑞指使爪牙拼凑一些小政团成立起来的"中和俱乐部"。其中商榷系以反对段祺瑞为己任，研究系则以反对商榷系为己任，按照"敌人的敌人就是朋友"的逻辑，研究系站在段祺瑞一方。

　　捋顺了派系之间的关系，我们就很容易明白国会的矛盾其实就是研究系与商榷系之间的斗争。商榷系代表不当权的资产阶级和与段祺瑞有矛盾的地方军阀，反对集权，主张地方制度列入宪法，实行省长民选，并给予地方一定的自治权。研究系则代表以段祺瑞为首的北洋军阀，反对商榷系的意见，主张中央集权，省长由中央任命。

于是双方争执不下，宪法审议会议几次投票都没有结果，斗争也开始从口角争吵发展为肢体冲突。这就引出了历史上的所谓"府院之争"。

"府院之争"中的"府"即总统府，指的是以黎元洪为代表的政治集团；"院"即国务院，指的是以段祺瑞为代表的军阀政治集团。

段祺瑞手握重兵，背后又有日本撑腰，根本没把黎元洪放在眼里，视其为签字盖章的傀儡。黎元洪性格怯弱，但也不愿意当一个提线木偶任人摆布，就和非皖系军阀以英、美为后台，拉拢商榷系对抗段祺瑞。因此，"府院之争"不仅是两人之间的权力争夺，还体现了英美与日本在中国的斗争。

北京政府部分总统或首脑年表(1912—1928)

姓名	职位	在任时间	说明
袁世凯	临时总统	1912年3月—1913年10月	北京政府临时总统
袁世凯	总统	1913年10月—1916年6月	武力逼迫议员投票当选
黎元洪	总统	1916年6月—1917年7月	以副总统接任
冯国璋	代理总统	1917年8月—1918年10月	溥仪复辟后接任
徐世昌	总统	1918年10月—1922年6月	由安福国会选举
黎元洪	代理总统	1922年6月—1923年6月	
曹锟	总统	1923年10月—1924年11月	通过贿赂议员当选
段祺瑞	临时执政	1924年11月—1926年4月	
张作霖	军政府大元帅	1927年6月—1928年6月	实际掌握北京政府

这一斗争，在中国是否参加第一次世界大战的问题上尖锐地暴露出来。

当时，世界大战正打得热闹，中国实力弱小，参不参战其实没有什么大的影响。但1917年2月，与德国断交且准备参战的美国希望中国的步调和它保持一致，便提议借款给中国作为参战军费。日本与美国在中国有直接的利益冲突，如果美国得逞，皖系就会处于劣势，进而会影响自己的在华权益。

所以当日本知道这个消息后，就赶在美国前面，以减缓交付庚子赔款、提高关税和提供军费为诱饵，鼓励段祺瑞参战。段祺瑞为了扩大自己的势力，也需要以参战为名向日本借款，于是便积极响应日本的提议。

美国为了对抗日本，随即调整策略，转而反对中国参战。黎元洪和一些地方军阀怕段祺瑞实力大增，会进一步威胁自己的地位，便响应美国的主张。而段祺瑞是吃了秤砣铁了心，不顾反对，迅速召集以皖系军阀为骨干的十余省督军在北京举行"督军会议"，决定迫使黎元洪同意对德宣战案，并提交国会讨论。

5月10日，国会众议院公开审议对德宣战案，段祺瑞为了保险，就效法袁世凯的故技，指使军警流氓数千人组成"公民请愿团""主战请愿团""军政商界请愿团"等团体，包围国会，殴辱议员，说必须要等参战案通过才能散会。

但组织请愿团这事属于一招鲜，议员们有了心理准备，坚决不妥协，决定停会。段祺瑞没办法，就唆使众督军呈请黎元洪解散国会。

谁知5月18日，段祺瑞向日本秘密借款1亿日元的事被报纸给捅出来了，引起全国声讨。黎元洪有英、美做靠山，又得到国内舆论和直系军阀的支持，不但拒绝了解散国会的要求，而且于5月23日下令免去段祺瑞国务总理兼陆军总长的职务。

段祺瑞不甘失败，就跑到天津，指使安徽、河南、浙江等8省军阀宣布脱离中央，并在天津设立独立各省军务总参谋部，准备武力倒黎。

黎元洪手无兵卒，又孤立无援，无奈之下，就想找个说话有分量且自成一派的人出面调停。

最后他选中了张勋。

4. 张勋复辟：倒车不慎的下场

张勋（1854—1923），字绍轩，江西奉新人，出身贫寒，为人忠义。他参加过甲午中日战争，镇压过义和团，还曾多次担任过慈禧太后、光绪帝的扈从。溥仪继位后，张勋历任江南提督，率巡防营驻南京。

面对如此的地位和成就，张勋一直对清政府怀着一颗感恩的心。所以当清政府倒闭后，他便以复辟清朝为己任，坚持本人及部队留发辫，人称"辫帅"，所部定武军人称"辫子军"。

"二次革命"期间，作为袁世凯的老部下，张勋奉命率军镇压讨袁军，因功被授为"上将军"，任江苏督军，随后又转任长江巡阅使，移驻徐州。1915年，袁世凯称帝，他表示拥护，被封为一等公爵。

在历史上，张勋的名声十分不好，但他在军阀圈子里的人缘不错，是大家公认的实心汉子，很少有人说他不好。

另外，作为一个军阀，张勋很重乡谊，有过许多义举，如捐钱在北京建立江西会馆，资助在京的江西籍贫困大学生和文人（其中包括中华人民共和国江西第一任省长邵式平以及赫赫有名的方志敏），在奉新用粮款救济当地灾民和孤儿寡母，等等。以至于每到逢年过节，在开往张勋驻地徐州的火车上，满满当当都是向他拜贺的老乡。

在军阀里面，他算不上一个坏人，却驾驶着一辆贴着"复辟"标签的过时拖拉机逆历史而行。1917年6月7日，张勋在帝国主义的支持和各省军阀的赞成下，有恃无恐地率领他那4000余名辫子兵由徐州登上北上的火车。

两天后，"辫子军"进入北京，张勋则停留天津与段祺瑞私下里搞小动作。段祺瑞向张勋表示，只要你解散国会和赶走黎元洪，然后咱哥儿俩再进行合作，中国不就是我们的嘛。

张勋对段祺瑞的话将信将疑，但他认为要想复辟帝制，黎元洪的问题肯定绕不开，于是就马上致电黎，说要想让我进行调停，你需要先解散国会再说。

6月12日，黎元洪被迫解散国会。

14日，张勋率部队进入北京，强令黎元洪辞职后，突然宣布："本帅此次率兵入京，并非为某人调解而来，而是为了圣上复位，光复大清江山。"接着他告诉大家，决定于7月1日请皇上复位。

突遇变故，时任京津临时警备总司令的王士珍壮着胆子问："这可是大事，张帅您征求过各省及洋人的意见了吗？"

张勋自信地回答："列强（主要是沙俄和德国）肯定没意见，冯国璋、陆荣廷表示赞同，其他各省也一致拥护。再说这么好的事，谁还能不同意？呃，不会是你不同意吧，如果真是这样，那你就赶紧回去准备，放马过来吧。"

纪念溥仪登基的彩色明信片。

王士珍一听张勋话里杀气腾腾，连忙否认。

7月1日凌晨3时左右，张勋穿上蓝纱袍、黄马褂，戴上红顶花翎，率领康有为、王士珍等一帮前清遗老大臣300余人乘车进宫，在养心殿叩见了由太妃和陈宝琛等人护拥的溥仪。

张勋奏请复辟说："几年前隆裕皇太后不忍为了一姓之尊荣，让百姓遭殃，才下诏办了共和。谁知共和不合咱的国情，民不聊生，现只有皇上复位，万民才能得救。"

494

当时溥仪只有10岁出头，虽没当过几天皇帝，但也没受过什么苦，哪儿懂得什么是民不聊生，就只好依照师傅陈宝琛的指点表示谦让说："我还小，又无才无德，恐怕当不了如此大任吧。"

张勋听溥仪这么说，立即配合似的赞颂："皇上睿圣，天下皆知，过去圣祖皇帝（指康熙）还没你现在大呢，皇帝不也是干得有声有色，所以你就不要犹豫了。"

溥仪继续按照陈宝琛的嘱咐说："既然如此，那我就勉为其难吧！"

于是张勋、康有为等人又跪拜在地上，高呼万岁，复辟工作就此算是初步完成。

接着，张勋指派清室旧臣梁鼎芬等人带着小皇帝赐封黎元洪为一等公的诏书和康有为预先代写的"黎元洪奏请归还国政"的奏折去见还蒙在鼓里的黎元洪，让他在奏折上签字。

黎元洪这时才明白自己引狼入室，上了大当，便拒绝说："我这总统职位，是受国民所托，合理合法。你们复辟这件事，是张勋一人主张，恐怕中外未必承认，我可不敢自作主张同意你们。"

梁鼎芬听黎元洪这么讲，就威胁他说："皇位乃先朝旧物，理当归还，你要是不同意，后果自负，可别怪我没警告你啊。"

黎元洪知道和他这种老顽固没什么好讲的，索性就闭上眼睛，不予理睬。梁鼎芬无法，只得悻悻而去。如此折腾了一夜，黎元洪想来想去，觉得做个没实权的总统，不但风险高，而且还很受气，实在没有意思，就决定辞掉总统职位。

7月1日晨，当大家还未从昨夜的迷梦中清醒过来，北京城的大街小巷就突然冒出一群群后脑勺拖着辫子的警察，挨家挨户砸门通知说大清皇帝又复位了，赶紧悬挂黄龙旗。

此时清朝已经灭亡六七年了，别说以前家里没有黄龙旗，就是有也早已给小孩改做尿布了，许多人家没办法，只好用纸糊一面黄龙旗应付。

除了黄龙旗，紧俏的还有辫子。那些前朝的王公贵族、遗老遗少听说清室复辟后，非常高兴，兴冲冲地聚集在皇宫门前等候觐见"皇

清朝晚期的黄龙旗。

上”，没有朝服，就忙到旧衣铺去抢购，没有发辫，就到戏装店定做用马尾制作的假发辫。一时间，北京街头各色人等你来我往，光怪陆离，乌烟瘴气。

皇宫内，张勋等人见一切准备停当，就以溥仪的名义连下9道由康有为拟定的诏书，宣布改民国六年为宣统九年，定国名为“大清帝国”，恢复清末旧制，大封百官。其中张勋任所谓首席内阁议政大臣，徐世昌、康有为分别任“弼德院”正、副院长。

7月2日，经过一番煎熬的黎元洪通电住在南京的副总统冯国璋，由他代任总统职务，并重新任命段祺瑞为国务总理。随后，他逃离总统府，躲进东交民巷日本使馆区避难。

但无论如何，张勋复辟的第一步是胜利了，接下来就是如何才能保住胜利。张勋想，中国的百姓不能没有皇帝，我这可是为人民做了一件大好事，咦，怎么没有人鼓掌？

没有人鼓掌是因为大家都腾不出手来，腾不出手来是因为所有人手里都攥着砖头。这些砖头不是为复辟者铺路的，而是专门用来拍人的。

张勋一看大家眼睛冒火，方才明白自己复辟是用错了感情，根本没几个人买账。

在北京，有不少人冒死拒挂黄龙旗；在上海，民众纷纷集会，表示拥护共和；在江西，张勋的同宗痛斥其为不肖子孙，还通告全国说不认他为张氏子孙。

配合群众行为的还有舆论，全国几乎所有报纸都在刊登声讨复辟的通电，最后连张勋出资、康有为主办的《国是报》也因遭到印刷工人的抵制而不能排印。

总而言之，全国民情，莫不反对复辟。

张勋复辟时，小贩在故宫里卖大碗茶。

张勋和他的儿子在北京的荷兰大使馆内。

在这种情况下，一直想着渔翁得利的段祺瑞见黎元洪已走，便在日本的支持下，趁着人民反复辟的声威，于7月4日组织了"讨逆军"，在天津马厂誓师。

次日，自任"讨逆军"总司令的段祺瑞率兵讨伐张勋。有意思的是，复辟事件主角之一的康有为在此过程中和他的徒弟梁启超各助一方。

康助张复辟，并起草了复辟后的"宣统上谕"；梁则助段祺瑞讨逆，亲笔手写了讨逆檄文。

学生与老师对着干，这也可能是事后康有为与梁启超彻底分道扬镳的原因之一吧。

不过，打仗这件事凭的还是实力，任你文章写得再好，也不可能决定战争胜负。7月12日，"讨逆军"攻入北京，在两路夹攻之下，"辫子兵"一触即溃，要么举起白旗投降，要么剪掉辫子扔枪逃命。

张勋一看大势已去，满怀被段祺瑞利用、出卖的怨恨，仓皇逃到荷兰使馆躲藏起来。当日，只做了十余天"复辟皇帝"的溥仪再次宣布退位。

段祺瑞则以"再造民国"的元勋身份重新担任国务总理，中央政府的实权仍牢牢掌握在他的手中。

复辟闹剧前后共持续了12天，就草草结束了。

5. 护法运动：军阀也爱打群架

张勋复辟失败后，段祺瑞于7月15日在北京正式组阁，任汪大燮为外交总长，刘冠雄为海军总长，自己则兼任陆军总长。

17日，继续发布阁员名单，梁启超得到了他梦寐以求的财政总长职位，汤化龙为内务总长，林长民为司法总长，张国淦为农业总长，曹汝霖为交通总长，范源濂为教育总长。

这个内阁中，研究系占了5席，即外交、内政、财政、司法、教育，可以说达到了它的极盛时代。

发布内阁名单的同时，国务院还下达了捉拿康有为等人的通缉令，而真正的"罪魁祸首"张勋，则只受到免职拿办的处分。至于理由，据说是因为张勋在荷兰公使馆躲避时，一手拿着手枪，一手拿着北洋军阀赞成复辟的文电《复辟实录》，使得段祺瑞投鼠忌器，不敢对他动真格的。

此外再加上王占元、张怀芝、张作霖等人致电北京政府，要求对张勋宽大处理，所以段祺瑞除了在形式上曾向荷兰公使要求引渡外，再无其他行动。

由此可见，看着很傻的张勋，却处处为自己留后路，否则凭借运气可混不了这么大。

在总统问题上，具有决定权的段祺瑞面临两种抉择，一是让黎元洪复职，二是请冯国璋继任。选择黎元洪有很多好处，如黎元洪无兵无勇，经过这次教训，更容易控制。但段祺瑞想了想，认为黎元洪先前罢免他总理职位太伤他的自尊心，以后要是在一块儿工作，老脸简直没处搁，所以就打消了让黎复职的想法。

这样的话，冯国璋就继任了大总统职位。

张勋的失败使许多对其寄予厚望的前清遗民不敢再谈复辟，以后再也没有出现官僚复辟帝制的现象。图为法国画家绘制的中国人为了向西方发达国家靠拢而剪掉自己辫子的插画，标题为《走向现代化的中国》。

1917年8月1日，冯国璋抵达北京，首先看望了心情正郁闷的黎元洪。

黎元洪不高兴不是因为没有当上总统，而是由于半个多月前发生在总统府官邸的血案。虽然他没有受到伤害，凶手后来也被鉴定为患有精神病，但凶手是自己卫队排长这事儿还是让他心惊胆寒。

凶案发生后，黎元洪再也不敢留居在自己的官邸中，就把农业总长张国淦找来商量，问他："接下来该怎么办？我现在是下台总统，走又走不掉，这样继续下去我这条老命迟早要断送了的。"

张国淦安慰他说："不是说凶手患有精神病么，这只是偶然事件，你不要太声张，否则事情要是闹僵了，你就更没有出京的机会。现在不放你走的是段祺瑞，不过要是老冯来了就好办了，因为他肯定不喜欢北京城里有两个总统，到时候你说两句软话，他一定会愿意帮忙的。"

果然，在冯国璋就职后，黎元洪向他提出离京赴津休养的要求，冯慨然应允。既然总统都答应了,段祺瑞也就不好再说什么,但他仍责成汤化龙担保黎元洪出京后,不搞政治活动,不南下。

除了总统问题,还有两件事也很让段祺瑞头疼,那就是对德宣战问题和国会问题。

对德宣战算是旧事重提,几个月前,段祺瑞丢掉总理饭碗、黎元洪招来张勋复辟其实都是这件事引起的。现在,黎元洪辞职,国内的障碍可以说已经消除了。

1917年8月14日,段祺瑞政府在日本的支持下,发布《大总统布告》,正式宣布对德、奥宣战。

而先前曾反对中国参战的美国,此时已卷入一战,无法分出精力参与对中国的争夺,只好向日本暂时妥协。11月2日,美日双方在

这一时期国内军阀割据、政权动荡,人民生活穷困潦倒,很多人沦为乞丐。图为1917年在北海公园乞讨的流浪儿童。

华盛顿签订了《蓝辛石井协定》，规定美国承认日本在华享有"特殊利益"，日本尊重美国在华的"门户开放"政策。

段祺瑞政府对德、奥宣战后，中国取消了德、奥两国在中国的领事裁判权，收回了奥国在天津的租界，没收了德华银行，解除了奥国在华士兵的武装等。给协约国运去大批粮食，向法国派去一个军事

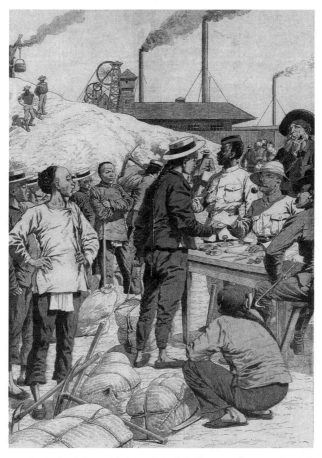

1840年后，英、法等国开始从中国"进口"劳动力。1904年至1907年，南非的德兰士瓦招募华工5万多名。他们大多来自中国山东、河北等地，由于义和团运动、日俄战争，加上连年饥荒，这些华工只能踏上前往好望角的不归路。图为1904年法国画报刊登的关于在南非矿场工作的中国劳工的插画。

调查团，继续向欧洲和中东派遣劳工(参战前已派遣)，共17万多人。

正是因为有了这些动作，段祺瑞于是趁机向日本大肆借款，仅1917、1918两年便向日本借了3.8亿多日元(算上以前的共达5亿日元)。然后，段祺瑞利用编练"参战军"的名义大肆扩充自己的实力，以求在国内实现段氏的武力统一。

日本自己也不是多么宽裕，借这么多钱给段祺瑞，显然不是为了扶贫。段祺瑞明白这个道理，他出让了大量中国权益，如承认日本继承德国在山东的侵略权益，将东北的很多铁路、森林、金矿以及印花税、常关税、交通银行抵押给了日本。

另外还允许日本派各种顾问、合办警察，训练军队，日本得以进一步加强对中国政治、军事、经济等方面的控制。

1917年11月7日，俄国爆发了十月社会主义革命，建立了苏维埃政府，宣布立即退出战争，并向交战各国人民和政府建议，进行正义的民主谈判，结束战争，不过遭到协约国的拒绝。苏维埃政府没办法，只好与德、奥单独谈判，签订合约后退出了帝国主义战争。

但是，面对俄国社会主义革命的成功，帝国主义惊惧异常，多次组织武装力量镇压都没成功。日本为了扩大侵略势力，也制定了进攻苏俄的方案。

1918年5月中旬，日本诱迫段祺瑞政府分别同日本陆军、海军签订了《共同防敌军事协定》，规定日本可以在中国驻军，中日两国协同作战。在战时，日本向中国军队派遣军官进行指挥。这样，日本以"防敌"为名，把军队开进了中国东北的地盘上，使东北完全落入日本的控制之下，实现了它先前在"二十一条"中提出的全部侵略要求。

段祺瑞对外卖国、对内独裁的做法，自然又引起了全国人民的声讨。于是游行的游行，请愿的请愿，动静闹得很大，但就是没见段祺瑞有大的反应，看来他是早有准备。

而国会问题其实顺带着的还有《临时约法》问题。段祺瑞继任国务总理后，拒绝恢复已被抛弃的国会和《临时约法》，因为它们会限制自己的权力。但是作为一个民主共和国，你又不能没有国会，于是梁启超就揣摩透领导的意思，建议在旧国会已被解散、新国会还未成立时，召集各省督军选派的代表组成"临时参议院"，代行国会立法权。

段祺瑞为了实现皖系军阀的独裁统治和武力统一，便接受梁启超的建议。

孙中山向来视国会和《临时约法》为中华民国的灵魂，拒绝它们就等于拒绝承认他干这么多年革命的成绩，所以当他知道段祺瑞的态度后，坚决表示反对，并说："只有恢复被非法解散的国会，才能真正符合《临时约法》精神，段祺瑞拒绝恢复国会而打算召集临时参议院，完全是破坏《临时约法》。"于是决定扛起"护法"的旗帜。

西南军阀由于日益感受到来自段祺瑞的压力，就也想借护法之名来维护自己的利益，表示愿意同孙中山联手。为了表示诚意，他们还发表了谴责北洋政府解散国会、废弃《临时约法》的声明，否认段祺瑞内阁的合法性，宣布"暂行自主"。

段祺瑞对此置之不理，矛盾继续激化，紧张气氛笼罩全国，战争一触即发。

在讲战争爆发之前，大家一定要耐住性子，因为我需要先给大家介绍一下各派别及其之间的关系。这场战争不同于以往，参与者众多，利益交错复杂，捋不清的话会让人感觉一头雾水。

参与这次战争的主要有6个派系：孙中山为首的革命派，陆荣廷为首的桂系，唐继尧为首的滇系，张作霖为首的奉系，段祺瑞为首的皖系，冯国璋为首的直系（手下还有两个后来在军阀中成为大神级人物的曹锟和吴佩孚）。

这6个派系中，直系、桂系、滇系的后台是英、美，皖系和奉系的后台是日本，革命派没有后台，属于自力更生型。它们中实力最强的是皖系和直系，二者之间的斗法也最激烈；桂系和滇系实力弱，追求也小，没有固定立场，谁对他们有利就跟谁站一队；奉系与皖系相互勾结，只做可以揩油的事儿；革命派几乎没有可以利用的力量，仅凭军阀间的矛盾借力打力来实现自己的政治意图。

孙中山举起"护法"旗帜后，振臂一呼，应者寥寥，便在广州通电已被解散的议员来他这儿召开国会。不少议员不满段祺瑞把他们一直晾在那里，纷纷南下，到1917年8月间，到达广州的原国会议员共计150余人。因为不足法定人数，不能正常召开正式国会，后在孙中山的建议下，决定召开"非常国会"，讨论护法问题。

8月25日，非常国会在广州召开，决定成立军政府，勘定叛乱，恢复《临时约法》。9月1日，大会又选举了孙中山为中华民国军政府大元帅，唐继尧、陆荣廷为元帅，宣布在《临时约法》恢复之前，由大元帅行使中华民国行政权。10月7日，孙中山通电否认北京政府，下令出师北伐。

护法战争开始。

段祺瑞正愁没有战争借口，一看对方竟然主动出击，非常高兴，便乘势推行"武力统一"政策，对西南军阀发动战争。

打仗需要军队，段祺瑞虽然实力雄厚，也有把握打赢战争，但是歼敌一千，自损八百，等仗打完了，即使自己不完蛋，别人无论是谁只要不怀好意踹上一脚，估计自己也得立马散架。他想来想去，觉得不如派死对头直系军队前往战场比较划算——它们无论谁输，都对自己有利，当然，最好双方同归于尽。

直系军阀首领冯国璋自从做了总统后，为了避免步黎元洪的后尘，曾努力改善过与段祺瑞的关系，如表示尊重责任内阁制，对段制定行政决策和用人都不干涉。段祺瑞也知道冯国璋是实力派，不如黎元洪那么好欺负，对他的态度也比对黎元洪好很多。

但是两人终究存在着根本的利益冲突，是天然的敌人，无法做到真正的和平共处。于是时

孙中山就任海陆军大元帅时的照片。

间越久，这两位北洋巨头之间的裂痕也就越大。而他们之间的暗斗，也直接反映到地方直系和皖系的处境上。

直系在长江中下游占有湖北、江西、江苏三省地盘，然而受地形限制，这几省不能完全连接(建议找张中国地图观察一下)，尤其是江苏更是处于皖系势力的三面包围中(安徽、山东、浙江这三省属于皖系的势力范围)。至于冯国璋，自己身处北京，自然也是在皖系的势力范围内。形势看起来对直系十分不利。

不过，皖系军人纸上谈兵的多，肯打和能打硬仗的少，而且在用兵西南军阀时，必须要经过直系的地盘，所以段祺瑞在这件事上必须要取得冯国璋的支持。

冯国璋自然明白段祺瑞的险恶用心，可他又不是一个凡事能坚持到底的人。在段祺瑞的持续加压下，他终于同意出兵征讨西南。

直系征讨西南军阀，猛一看没有什么问题，仔细一想却是一个伪命题，因为直系和西南军阀都是受英、美支持的，往大了说是一家人。于是，在冯国璋"和平统一"的口号下，开往前线的直系军队不仅消极怠战，而且暗中互通声气。

就这样，皖系叫战，直系叫和，双方又打起了口仗。皖系说，能战始能言和，应该以战迫和。直系说，和以示诚意，以和为手段，如果不能达到目的，再战才能气壮。其实吵来吵去，主和派的目的是对付段祺瑞，主战派的目的则是对付冯国璋，并不是真的要和或是要战。

但不管怎么说，出兵的是直系，最终决定权还是掌握在自己手里。11月，直系军队在战争的主战场湖南自动退兵，要求停战。直隶、江苏、湖北、江西等省督军，也联合通电，主张和平解决南北的分裂。

直系的退兵，打乱了皖系统一南方的战略部署，段祺瑞对此极为恼火，愤而向冯国璋提出辞职。冯国璋批准，任王士珍为国务总理，段祺瑞内阁再次倒台，直皖两系公开分裂。11月25日，冯国璋颁布南北停战令，想把问题搬到桌面上解决。

和平是件大好事，可令人没有想到的是，孙中山表示坚决反对。他说："除非恢复《临时约法》和旧国会，否则没商量！"此时护法军在各个战场上取得了很多胜利,这可能是孙中山决定不妥协的最大底气来源。

遗憾的是,孙中山的想法并不代表出兵打仗的军阀们的想法。他们的逻辑很简单,见好就收。于是桂系首领陆荣廷在11月24日,即冯国璋颁布停战令的前一日,就表示赞成主和,带头发起南北停战。滇系则采取两面派手法,一面慷慨陈词,表示坚决护法,敷衍孙中山;一面又与陆荣廷沆瀣一气,彼此呼应,下令滇军停战。

军阀不愿再与孙中山合作还有一个原因,那就是他们觉得孙中山除了会耍嘴皮子没有别的本事。那么既然没本事,又没实力,在西南地盘上,他孙某人就应该靠后站。这也是陆荣廷和唐继尧一直不肯就元帅职的原因。

也就是说,西南军阀不但不会再继续打仗,还要把孙中山从高位上拉下来,并把他赶走。

为了实现这一目的,1918年1月,由桂系主持的西南各省护法联合会在广州成立,推举岑春煊为议和总代表,伍廷芳为外交总代表,唐绍仪为财政总代表,唐继尧、程璧光、陆荣廷为军事总代表,同孙中山的护法军政府相对抗。

由于孙中山等人的反对,加上伍廷芳和程璧光拒绝就职,西南联合会议最后流产。

西南军阀不死心,先是暗杀了追随孙中山护法的程璧光,然后又勾结反动政客操纵非常国会,提出改组军政府,并改大元帅单独首领制为若干总裁合议制。

孙中山等人反对,但未被多数议员接受。

5月4日,孙中山被迫辞职,成立仅8个月的大元帅制军政府宣告结束。他在通电中向国民痛心地说:"顾吾国之大患,莫大于武人之争雄,南与北(军阀)如一丘之貉。虽号称护法之省,亦莫肯俯首于法律及民意之下……"

这一点孙中山其实早应该认识到,只不过他太理想和天真。

20日,改为总裁制的军政府成立,非常国会选举出唐绍仪、唐继尧、孙中山、伍廷芳、林葆怿、陆荣廷、岑春煊7人为政务总裁,岑春煊为主席总裁。改组后的军政府完全为桂、滇军阀及其附庸政学会所控制，护法成为空名。

至此，孙中山对西南军阀彻底绝望，遂于次日离开广州，前往上海。

孙中山发动的第一次护法运动宣告失败。

在南方护法军政府内部矛盾尖锐的时候，北洋军阀中的皖系和直系斗争也日趋激烈。段祺瑞虽然下台，但他手下的那帮弟兄还都在原岗位待着，继续听从段的调遣。加上段祺瑞背后又有日本的支持，所以皖系实力并未受到什么影响。

1917年12月，作为对冯国璋停战议和不满的反击，段祺瑞唆使直隶、山东、山西等13省的督军代表在天津举行督军团会议，要求冯国璋明令讨伐西南。

冯国璋被迫做出让步，于12月15日任命直隶督军曹锟、山东督军张怀芝分别为第一、二路军总司令南下讨伐湖南的护法联军。18日，冯国璋又任命段祺瑞为"参战督办"，段重新掌握中央军事指挥大权，并以此名义继续向日本借款，扩建"参战军"，增强皖系的实力。

次年1月，不愿坐以待毙的冯国璋以"亲征"的名义准备到自己

1918年桂、滇两系军阀逐渐控制广州护法军政府，孙中山被架空，无奈辞职。图为孙中山辞职离开广州途经梅县时，与谢逸桥等民主革命人士的合影。

的老巢南京纠集力量，策划反击段祺瑞，结果为皖系干将安徽督军倪嗣冲所阻，只好折返北京。皖、直两系的斗争进入白热化阶段。

2月，段祺瑞又以一批军火为代价引奉系军阀张作霖入关，进驻直隶，以声援皖系，威胁冯国璋。接着，皖系各省督军叫嚷着让段祺瑞复出组阁，冯国璋无奈，被迫再一次任命段为国务总理。

段祺瑞重新上台后，为继续实现自己"武力统一"的愿望，就挖冯国璋的墙脚，拉拢直系军阀的曹锟和吴佩孚为其卖力。

曹锟(1862—1938)，天津人，幼年时曾入私塾读过几年书，父亲是个造船工，家贫。16岁时，曹锟不愿继承父亲衣钵，就自主创业，成了布贩子。因他性情豪爽，爱交朋友，好酒贪杯，醉了便席地而卧，有时酒醒后发现钱被人偷走也只是一笑了之，从不追问，所以当地人给他起了个"曹三傻子"的绰号。

好在傻人有傻福，1882年，21岁的曹锟应募入伍，不久即被选送天津武备学堂学习，毕业后分配做了一名哨官。1895年，袁世凯在小站编练新军，曹锟就前去投靠，为右翼步队第一营帮带。

当时的小站新军，可以说是清朝最牛的军队，不但装备好，薪水也比一般军营高许多。曹锟在里面虽然既无背景，又老实巴交，还时常受人欺负，但他喜怒不形于色，不偷奸取巧，且认死理，对长官绝对服从，叫干啥就干啥，很是得到长官的赏识，所以说还算混得不错。待到袁世凯当民国大总统的时候，这个曾经的"曹三傻子"，已是北洋军嫡系主力第三师的师长了。

曹锟升到师长后，自己尽管没什么才能，可手下却有一个非常会打仗的吴佩孚；两次军阀大战，居然连胜皖系的段祺瑞和奉系的张作霖，到后来居然独自

吴佩孚是第一个登上《时代》周刊的中国人。

第二次护法运动失败后，孙中山开始考虑与苏联及中共合作的可能。1923年10月，孙中山委任苏联人鲍罗廷为中国国民党组织教练员。图为1913年《中国公论西报》刊登的反映孙中山思索中国革命道路的插画。

控制北京政府，还弄了个总统当当（虽然是花钱买的）。当然，这是后话了。

至于吴佩孚，因为在后来的军阀战争中还会着重讲，这里不多说，你只需知道他是曹锟带出来的将领，且替曹打了很多胜仗就可以了。

1918年4月，吴佩孚进兵湖南，一路凯歌，接连攻克岳州、长沙、衡山、衡阳等地。谁知段祺瑞不仅没有犒赏，反而任命皖系军阀张敬尧为湖南督军，这使得曹锟、吴佩孚大为不满。

8月，什么好处都没捞到的吴佩孚发布通电，攻击段祺瑞的"武力统一"政策是"亡国之政策"，要求罢战，主张和平。其他直系军阀纷纷响应，南方护法军政府也发表通电，赞成和平。段祺瑞被迫于8月命令前线的各军暂取守势。

"武力统一"政策受挫后，段祺瑞开始加紧训练他操纵的"参战军"，利用日本的借款，强化武力统治。

另外，他还收买政客，组织以徐树铮、王揖唐为首的"安福俱乐部"（依附于皖系军阀的政客集团活动场所，由段祺瑞亲信徐树铮、王揖唐、曾毓隽等人于1917年7月成立于北京安福胡同，其目的是抵制孙中山在广东召开的非常国会，控制即将开始的国会选举），操纵国会的选举，成立"安福国会"。

9月，"安福国会"选出中间派徐世昌为下届大总统，把以冯国璋为首的直系势力挤出中央政府。

冯国璋下野后，曹锟、吴佩孚成了直系军阀的新首领。所以，直、皖两系之间的斗争不但没有结束，而且以新的局面继续进行。

至于结果如何，我在将来的作品中还会讲述。本书关于军阀的内容就到这里，是结束，也是预热。

第 19 章

新文化运动

大师们的"呐喊"

我们常说乱世出英雄，

意思是不好的环境能把某些人的潜能给激发出来，

成就更大的业绩。

试想一下，

朱元璋倘若不是生活在一个大多数人

吃了上顿没下顿的社会，即使父母双亡了，

他也绝不会想到起义，更不会开创一个新朝代。

1. 乱世出大师

本书最后一章与文化有关。

文化类的内容缺少故事性，趣味性可能相对较弱。不过你们不用担心，我尽可能补充一些有意思的东西。

新文化运动在中国历史上具有里程碑的意义，别的不说，要是没有这次运动，我目前写这本书恐怕就没有这么畅快了，因为需要时时注意把口语化的语句转化为一般人看不明白的文言文。

我们常说乱世出英雄，意思是不好的环境能把某些人的潜能给激发出来，成就更大的业绩。

试想一下，朱元璋倘若不是生活在一个大多数人吃了上顿没下顿的社会，即使父母双亡了，他也绝不会想到起义，更不会开创一个新朝代。

同样的道理，文化也一样，往往时代越动乱，文化越繁荣，大师越云集。

但社会动乱和文化繁荣又不是绝对的因果关系，魏晋南北朝、五代十国时期也都挺乱的，文化上和别的朝代相比并没有特别突出的地方。可见光乱还不行，乱到一定程度人们连肚子都填不饱，谁还有闲工夫看书做学问？

因此可以得出一个结论，文化繁荣需要具备两个条件，一是得有饭吃，二是得有矛盾。

有了矛盾，又有了饭吃，文人才能心无旁骛地坐在那里"生产文化"。

但是"矛盾"和"饭"又不一样，人无论吃什么样的饭，制造出来的东西都是一样的，而不同的矛盾所制造的文化却有很大差异。

图为国家博物馆文化名人蜡像展中的蜡像，从左至右依次为：胡适、蔡元培、陈独秀、李大钊。

民国初期的矛盾和今天的矛盾不一样，产生的文化自然也不一样，所以要想了解新文化运动就必须得从当时的矛盾说起。

2. 以笔为枪的人

新文化运动的主要矛盾是资产阶级文化和封建文化之间的矛盾。

其产生的背景是，辛亥革命失败后，帝国主义和封建势力相互勾结，大肆叫嚷复辟帝制，在文化思想领域掀起了一股尊孔复古的逆流。

袁世凯政府认为，西学东渐以来，国内形势一团糟，其原因就是西方的那一套玩意儿不适合中国国情。中国要想和平稳定发展，还得靠老祖宗留下来的东西，所以应该保护国粹，加强对传统文化的学习。

民国初年北京国子监辟雍宫前的"圜桥教泽"琉璃牌坊。"圜桥教泽"指后面辟雍四面环水，周流不断，象征教化不息。

鲁迅不仅是伟大的文学家、思想家、革命家，还是一位优秀的设计师，被看作民国设计史的核心人物之一。鲁迅曾设计过60多个图书封面，个个典雅蕴藉，同时又极有时代感。图为鲁迅设计的《奔流》和《萌芽月刊》封面。

于是，在中央的号召下，全国各地纷纷成立各种名目的尊孔复古组织，如孔圣会、孔道会、尊孔会、孔社等，就差孔子大学了。

这里面，影响最大的是康有为的孔教会。

此会成立于1912年10月7日，以"昌明孔教，救济社会"为宗旨，任务是反对革命，复辟清室。

从这里可以看出，现在的康有为虽然还是戊戌变法时期的康有为，但是时代在进步，这位本来跑在历史前面的老兄却一直感念清朝皇帝对他的恩德，抱住清朝的大腿，死活不肯再往前走一步。

为了实现自己的政治理想，康有为掀起请愿活动，要求把孔教作为国教，编入宪法。另外，他还在自己主编的杂志上长篇累牍地攻击共和制，鼓吹只有孔教、复辟才能救中国。

而袁世凯呢，一会儿祭孔，一会儿祭天，甚至要求娃娃都要和他保持高度的思想统一。

为此，他规定"各学校"应崇奉古圣贤，"以为师法""中小学均加读经一科"。复古的逆流看似浩浩荡荡。

但是，在经历辛亥革命后，民主思潮得到很大传播，哪怕是没文化的老百姓，也没有先前那么好糊弄了。

在这种环境下，一些走在时代前面的知识分子在文化思想领域，以笔为枪，掀起了一场新的斗争，主要代表人物有陈独秀、蔡元培、胡适、鲁迅、李大钊、刘半农、钱玄同、周作人……

3.《新青年》：史上最牛杂志

首先吹响新文化运动号角的是陈独秀。

陈独秀(1879—1942)，安徽怀宁人，早年毕业于求是书院(浙江大学前身)，后留学日本，曾参加过反清和反袁的斗争，是中国新文化运动的发起人和旗帜，中国文化启蒙运动的先驱，五四运动的总司令，中国共产主义运动的先行者，中国共产党的创始人之一，中共一大至五大期间党的最高领袖。

1915年9月，陈独秀在上海创办《新青年》(6期为1卷，第1卷称《青年杂志》)，最初发行量为1000份，主要刊发一些抨击尊孔复古的文章。

《青年杂志》封面。

在创刊号上，陈独秀发表创刊词《敬告青年》，对青年提出6点要求：自主的而非奴隶的；进步的而非保守的；进取的而非退隐的；世界的而非锁国的；实利的而非虚文的；科学的而非想象的。

他还指出："国人而欲脱蒙昧时代，羞为浅化之民也，则急起直追，当以科学与人权并重。"

但是没多久，杂志社接

《新青年》封面。

到上海基督教青年会来信，信上说该杂志同青年会杂志《青年》《上海青年》同名，要求《青年杂志》改名(历史经常会重演，大家熟知的《读者》杂志当年名叫《读者文摘》，和美国的一本杂志也重名，最后也被迫改了)，于是自第2卷起《青年杂志》改为《新青年》。

1917年初，因陈独秀受聘担任北京大学文科学长，《新青年》编辑部也随之从上海移至北京。

在北京，《新青年》杂志的影响力进一步增大，发行量达1.6万多份。

有了发行量，也就有了钱，有了钱，也就有了能力扩充自己。

在当时，《新青年》杂志的编辑阵容不仅强大，而且能力超群。编辑人员包括李大钊、鲁迅、钱玄同、刘半农、周作人、胡适、沈尹默、高一涵等人，全都是大师级人物。

而这些编辑的工作内容不是光审审稿子，还同时参与杂志的撰稿。

在如此强大的工作压力下，杂志内容的质量如何呢？

让事实说话，我们看一下它曾刊发的文章吧：毛泽东的《体育之研究》，胡适的《建设的文学革命论》《贞操问题》，李大钊的《庶民的胜利》，鲁迅的《狂人日记》《孔乙己》，陈独秀的《本志罪案之答辩书》，周作人的《人的文学》，等等，每一篇都可以说是在文学和思想史上排得上号的。

所以，作为中国历史上最牛的杂志，《新青年》当之无愧地成为新文化运动的主要阵地。

4. 北大：新文化运动的活动基地

发起新文化运动这件大事，显然光靠一本杂志还不够。

《新青年》再怎么厉害，也只能是一个阵地，要想把这场战斗打好，必须要有自己的基地。

新文化运动的活动基地是北京大学。北京大学当时的校长是蔡元培。

蔡元培这个人大家都很熟悉，因为太熟悉，很多人对他的印象可能又显得有点模糊，只知道他是著名的教育家，曾当过北大校长。

他的身份当然不会这么简单，可以毫不夸张地说，蔡元培之于北大（甚至是中国的教育），就相当于华盛顿之于美国，毛泽东之于新中国。

北大刚建校的时候，与其说是一所大学，不如说是一座

蔡元培像。

衙门，其校长更是享受内阁大臣的待遇，校园里一片乌烟瘴气。针对这种情况，蔡元培到任后认为，必须先确立北大的办学方针，即究竟什么是"大学"？大学培养的是什么样的人才？如果这两个问题不解决，其他问题就免谈。

经过一番深思熟虑，蔡元培说，大学之大不在于名气之大，面子之大，规模之大，官有多大，学生有多多，而在于大师之大，学术之

大。因此北大作为囊括大典、包罗万众之最高学府，必须按照"思想自由""兼容并包"的方针去办学。

他向学生指出，上大学是来求学的，不是为了做官、发财，即"大学为纯粹研究学问之机关，不可视为养成资格之所，亦不可视为贩卖知识之所。学者当有研究学问之兴趣，尤当养成学问家之人格"。

显然，光有方针政策还不行，口号谁都会喊，关键是落实。

蔡元培首先采取的措施是打破衙门条框，实行教授治校，民主管理，把推动学校发展的责任交给教授，让真正懂得学术的人来管理学校。

接着，为提高北大的学术水平，蔡元培对教师队伍进行了充实和整顿。

一方面，他裁掉那些没能力或整天混日子的关系户；另一方面，他以"学诣"为第一的原则，只要有真才实学，热心教学，则不管他国籍、资格、年龄、思想倾向如何，都加以聘任。

如只有初中文凭的梁漱溟，因对佛学有独到见解，发表了非常有分量的学术论文，深为蔡元培所赏识，就被破格聘为印度哲学教席。

经过一番整顿，到了1918年，北京大学大部分教员都是三四十岁的棒小伙子，像胡适、刘半农等人，被聘为教授时不过二十六七岁，这在今天也就研究生刚毕业。

最后，由蔡元培治理过的北大就变成了这个样子："保守派、维新派和激进派，都同样有机会争一日之短长。背后拖着长辫，心里眷恋帝制的老先生与思想激进的新人物并坐讨论，同席笑谑。""……有一些学生正埋头阅读《文选》中李善那些字体极小的评注，而窗外另一些学生却在大声地朗读拜伦的诗歌。在房间的某个角落，一些学生可能会因古典桐城学派的优美散文而不住点头称道，而在另一个角落，其他几个学生则可能正讨论娜拉离家后会怎样生活。"

19世纪20年代剪去长发、手拿书本的新女性。

5. 新文化"新"在哪儿?

有了阵地和基地,又有文化界大腕的参与,新文化运动便如火如荼地展开了。在运动的初期,其主要内容有:

一、提倡民主与科学,反对专制和愚昧

这是新文化运动的口号,由陈独秀提出。他认为,中国要想富强,要想被别人看得起,必须提倡民主与科学。因为只有自己实行民主了,才能有信心,别人才能对你民主;只有自己重视科学了,才能使身体健壮,别人才不敢欺负你。

二、提倡新道德,反对旧道德

所谓旧道德,指的是以孔子为代表的儒家传统道德。为了批判旧道德,运动干将们提出"打倒孔家店"的口号。

有些人看到这里可能会感觉奇怪,为什么要批判儒家传统道德啊,我们今天不是经常说要注重传统文化的学习吗?

是的,学习传统文化不仅没有错,还应该大力提倡,但是我们要学习的是其中的精华部分,至于裹小脚、忠君愚昧等东西我们还是离得越远越好。

这一点鲁迅先生在他的《狂人日记》中有深刻揭露,有兴趣的话可以找来看一下。

三、提倡新文学,反对旧文学

新文学说白了就是大众通俗文学,是下里巴人。倡导新文学标杆性的人物是胡适和陈独秀,其代表作分别为《文学改良刍议》和《文学革命论》。

胡适主张用白话文代替文言文,强调写文章须言之有物,讲求文法,不模仿古人,不无病呻吟,不用典,不讲对仗,不避俗字俗语。

陈独秀则主张推倒雕琢的、阿谀的贵族文学，建设平易的、抒情的平民文学；推倒陈腐的、铺张的古典文学，建设新鲜的、立诚的写实文学；推倒迂晦的、艰涩的山林文学，建设明了的、通俗的社会文学。

不过需要说明的是，《文学改良刍议》和《文学革命论》都是用文言文写的，用意自然是给那些坚持旧文学的人看的。

而至于新文学和旧文学哪个好，我们站在今天的角度来看，其实各有优缺点。可在当时，新文学的提倡对打破文化垄断，促进平民文化水平的提高，有着非常重要的意义。

6. 为五四动员

　　新文化运动兴起的时候，恰值俄国十月革命爆发。在革命后的第三天，即1917年11月10日，上海《民国日报》就以《突如其来之俄国大政变》为题进行了报道。

　　后来随着俄国革命形势的胜利发展，中国舆论逐渐明朗起来，新文化运动中的一些先进分子，积极宣传十月革命，连以孙中山为首的资产阶级革命派也对这场革命持真诚欢迎的态度。

　　1918年，《新青年》第5卷第5号上，发表了详尽描述十月革命胜利的文章《布尔什维主义的胜利》，作者是李大钊。

李大钊赠送给好友吴弱男的照片。

　　李大钊（1889—1927），河北乐亭人，19岁时考入天津北洋法政专门学校，毕业后东渡日本，入东京早稻田大学政治本科学习。

　　在那个特殊时代，李大钊逐渐培养了忧国忧民的情怀，"铁肩担道义，妙手著文章"，是中国共产党的主要创始人之一。他注意研究社会主义思潮，认为俄国十月革命预示着社会主义革命时代的到来。

　　新文化运动是一群先进知识分子的呐喊，他们中的很多人后来都成为大师级的人物。我这

1918年11月，第一次世界大战结束，中国成为战胜国。消息传来，国民政府特开大会庆祝胜利，并在故宫太和殿广场举行盛大的阅兵式。图为时任总统徐世昌在庆典上致辞。

五四运动爆发后，数以千计的学生走上北京街头，开展大规模的宣传活动。图为北大学生正在演讲。

本书里讲得比较简略，希望有精力和有兴趣的读者找些相关资料更详细地了解他们。最后说一下新文化运动的影响，其内容主要有：

一、动摇了封建思想的统治地位，人们的思想得到空前解放；

二、中国知识分子在运动中受到了一次民主与科学的洗礼，民主和科学思想得到弘扬，推动了中国自然科学的发展；

三、对五四运动的爆发起了宣传动员的作用；

四、后期传播的社会主义思想，为中国先进的知识分子所接受，成为拯救国家、改造社会的思想武器。

7. 不是结束

　　新文化运动发生在五四运动的前夕，从时间上看，刚好赶在了旧民主主义革命(1840—1919)的尾巴上。

　　因此，这不是结束，而是新的开始。

　　本书最后，我需要对一个问题进行说明，那就是关于中国近代史的年代划分问题。长期以来，中国史学界在这个问题上存在着两种不同的观点。

　　第一种观点主张以1919年五四运动划界，将1840年鸦片战争至五四运动作为近代史(即旧民主主义革命时期)，五四运动至新中国成立作为现代史(即新民主主义革命时期)。

　　第二种观点主张以1949年中华人民共和国成立为分界线，将鸦片战争至新中国成立前作为近代史，1949年以后作为现

1919年1月，第一次世界大战战胜国在法国巴黎召开所谓"和平会议"，中国代表在和会上提出废除帝国主义在中国的势力范围、撤退帝国主义在中国的军队和取消"二十一条"等正义要求，但巴黎和会拒绝中国代表提出的要求，竟然决定将德国在中国山东的特权转让给日本。消息传出，举国愤怒。图为1919年6月28日，各国政府代表在凡尔赛宫签订《凡尔赛条约》。

1919年5月4日，北京学生在天安门前集会。他们高呼"誓死力争，还我青岛""废除'二十一条'""外争主权，内除国贼"等口号，并要求惩办交通总长曹汝霖、币制局总裁陆宗舆、驻日公使章宗祥。随后，军警出面控制事态，并逮捕了30多名学生。图为1919年6月4日，被拘捕的学生。

代史。

　　我的这套书是按照第一种观点进行划分的，所以关于五四运动及其以后的内容需要放在另一本书中进行讲述。

　　喜欢这本书的读者读到这里可能会有一种意犹未尽的感觉，但是没办法，历史就是这样，因为它毕竟不像影视剧，可以根据观众的口味来制定一个或喜或悲的结尾。

　　时间不断流逝，历史也在不断变迁，在这里，我不想废话，如果这本书你是从头读到尾，那我在这里表示感谢。

　　历史无穷无尽，只要你看着觉得不累，我就会继续写下去。

　　让我们共勉吧。

参考书目

《中国大历史》，黄仁宇著，生活·读书·新知三联书店，2007年版。

《中国人史纲》，柏杨著，山西人民出版社，2008年版。

《天朝的崩溃：鸦片战争再研究》，茅海建著，生活·读书·新知三联书店，2005年版。

《剑桥中国晚清史（1800—1911年）》，[美]费正清编，中国社会科学院历史研究所编译室译，中国社会科学出版社，1985年版。

《从鸦片战争到五四运动》，胡绳著，人民出版社，2010年版。

《中国近代史》，李侃等著，中华书局，1994年版。

《中国近代史（插图本）》，蒋廷黻著，上海古籍出版社，2004年版。

《中国近代史》，陈恭禄著，中国工人出版社，2012年版。

《中国近代史十五讲》，陈旭麓著，中华书局，2008年版。

《晚清七十年》，唐德刚著，岳麓书社，1999年版。

《吕著中国近代史》，吕思勉著，华东师范大学出版社，2007年版。

《太平天国》，[美]史景迁著，朱庆葆等译，广西师范大学出版社，2011年版。

《中国近代史十五讲》，朱英著，北京大学出版社，2011年版。

《近代史》，段昌国著，九州出版社，2010年版。

《教科书里没有的近代史》，董佳著，中华书局，2011年版。

《李鸿章传》，梁启超著，东方出版社，2009年版。

《甲午战争史》，戚其章著，上海人民出版社，2005年版。

《甲午战争》，[日]陈舜臣著，李翟译，重庆出版社，2009年版。

《袁氏当国》，[美]唐德刚著，广西师范大学出版社，2004年版。

《北洋军阀史话》，丁中江著，中国友谊出版公司，1992年版。

《北洋军阀史》，来新夏等著，东方出版中心，2011年版。

《戊戌变法史》，汤志钧著，上海社会科学院出版社，2003年版。

《戊戌变法史事考》，茅海建著，生活·读书·新知三联书店，2005年版。

《再说戊戌变法》，张鸣著，陕西人民出版社，2008年版。

《义和团研究》，戴玄之著，北京大学出版社，2010年版。

《辛亥：摇晃的中国》，张鸣著，广西师范大学出版社，2011年版。

《历史的碎片：侧击辛亥》，张鸣著，当代中国出版社，2011年版。

《帝制的终结：简明辛亥革命史》，杨天石著，岳麓书社，2011年版。